U0142562

圖解
國際關係

陳牧民、陳宛郁 著

自序

2012 年 7 月 20 日,我和一群來自臺灣的大學生在瑞士蘇黎世參觀彭博新聞社(Bloomberg News)的歐洲分部。這是一個由奧地利茵斯堡大學主辦之暑期歐洲政經研習營課程的一部分。一位年輕且英語流利的主管向大家展示這個公司向客戶提供的線上軟體:這是一套報導全球政經現況的及時資訊系統, 我們可以從畫面上看到全球所有上市公司的營運表現,透過連接其上游供應商及下游經銷商的情況,觀看並比較所有所有國家的貨幣匯率、經濟表現及重大的財經政策。彭博的客戶只要一連上網際網路,就能立刻掌握到全球政治經濟發展的最新趨勢與動脈。

我問了這位主管一個問題:彭博位於全球不同地區的客戶對於資訊的需求偏好是否有所不同?我的假設是:亞洲的客戶或許因為文化的不同,因而對資訊的需求與歐美客戶不同。而彭博這樣一個宣稱能滿足所有客戶需要的財經新聞媒體,究竟如何因地區不同來設計其資訊系統?這個主管想了一下,說:在十年前亞洲地區的客戶的確比較關心亞洲的情況,而歐洲的投資者也比較不會去在乎其他地區的經濟表現。但是現在已經完全不同:日本海嘯和歐債危機幾乎已經成為全球所有分析家與投資者所關切的話題。接著他把電腦畫面轉到類似 Google Map 的世界地圖,圖上標示著全球所有油輪在海上目前的位置及航路,他隨便點選一艘位在大西洋航行的油輪,畫面立刻顯示這艘油輪的所有資訊,包括裝載的石油數量、航速、目的等等。接著,他再點選一下這艘油輪的目的地,畫面立刻顯示所有儲油槽的衛星照片,以及每一個儲油槽的存量。他說:「如果想瞭解全球油價對產業的影響,不創造出這樣詳細的資料庫根本無法滿足客戶。我們提供這樣的資訊,正是因為客戶有需要」。

這次彭博新聞社的經驗其實正點出我們撰寫這本書的初衷:生活在全球化的時代裡,幾乎沒有人能夠迴避世界其他地方的影響;掌握全球各地的訊息與動脈不僅是在商場上存活的最佳策略,更是生活在 21 世紀的基本條件。作為一位國際關係的學者,過去幾年來我一直在大學開設國際關係的相關課程,以推廣大學生的國際觀、建立全球視野為職志。不過在授課的過程中,一直感覺到臺灣學生對於國際政治現況的理解實在太少(例如分不清巴勒斯坦與巴基斯坦,不知道潘基文是聯合國秘書長等等)。而坊間所出版的國際關係相關書籍,不是過於學術性、就是翻譯自國外的著作,因此興起動手寫一本具有臺灣觀點的通俗性國際關係入門書之念頭。兩年前,在一偶然的機會下,與五南圖書的劉靜芬副總編輯談到這個想法,她說五南正好出版一系列圖解書,有系統地介紹社會科學與人文各領域的基礎知識。就在這個機緣下,我邀請本所博士生宛郁共同撰寫這本圖解書,預計以一年為期完成。

依照出版社的要求,我們先將國際關係劃為十多個主題、一百來個單元,每人負責撰寫一半,然後邀請中興國際政治所的六位碩士班學生(柏顯、宥潔、筱涵、涵如、夏耘、語宸)協助構想每一個單元的圖像。開始動筆的時候,發現這件事比想像中難:要把一個國際關係

的主題縮寫成一千字左右的單元，又要將抽象觀念予以圖像化，的確不是一件容易的事。不過還好在眾同學的協助下，書稿終於在期限內完成，並在靜芬副總編輯及設計師藍珮文小姐的協助下一一將每個單元完成繪圖。

　　為了要讓本書具有可讀性，我們還在單元安排上力求理論與實務的平衡，並強調抽象國際關係概念與實際政治現象之間的聯結；此外，為了凸顯這本書的臺灣觀點，我們也加入了一些與臺灣國際地位有關的單元；最後，我們增加了一些關於國際關係前沿理論的介紹以及對預測未來國際政治發展趨勢的單元，希望能夠在基礎知識外提供更多、更實用的訊息。因此我們希望本書的讀者不僅僅是為了準備考試或修習通識課程的學生，還包括社會上所有希望培養國際觀、瞭解國際現勢的一般人士。這本書最終能夠問世，與其說是兩位作者專業知識的匯集，更應該說是一群國際關係學生集體努力的成果。

　　回到彭博。在結束參訪前，我問了最後一個問題：既然客戶的需求如此重要，彭博新聞社如何讓完全不懂英語的客戶使用這些及時的財經資訊？這位主管微笑地按了一下鍵盤，畫面所有的英文資訊立刻轉換成繁體中文。看來全球化的結果不僅僅是讓所有人都（自願或被迫）生活在充滿資訊與知識的環境中，也讓語言不再成為拒絕全球化的藉口。

　　僅以這本中文書獻給所有關心國際現勢、願意更瞭解世界動脈的朋友。

陳牧民
2012 年 8 月 3 日

本書目錄

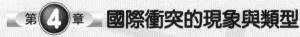

本書目錄

第 6 章　民族與宗教對立所引起的國際政治問題

本書目錄

第 8 章 國際貿易與金融機制的運作

本書目錄

第 12 章 區域整合

第**13**章 **國際法體系**

本書目錄

第 15 章　外交決策

本書目錄

第 16 章 當代國際關係理論的發展

第17章 國際關係的現況與挑戰

第 1 章

如何研究國際關係

●●●●●●●●●●●●●●●●●●●●●●●●●●●●●● 章節體系架構

UNIT *1-1*
什麼是國際關係

國際關係（International Relations, IR）是一門研究國際社會中各成員之間如何互動、並影響彼此關係發展的學科。從學術領域的分類來看，國際關係是政治學（Political Science）中的一個子題，但是也和其他人文社會科學領域的學門（如哲學、社會學、經濟學、歷史、法律、心理學、文化研究、甚至人類學）有密切的聯繫。不過國際關係學者對這個學門的研究範圍並沒有共識，因此不同的學者對於哪一些「成員」值得被研究、哪一類的「互動」才值得關注等問題可能提出截然不同的答案。只是大致上我們仍然能夠從多數學者關注的議題內容以及他們研究的方式，來勾勒出這個學門的基本樣貌。

（一）國家或政府間的互動

許多學者認為國際關係主要研究的是國家之間的互動，或是更精確的說是政府之間的交往。從這個角度來看，兩個國家之間的關係走向、國家之間為何會走向軍事衝突或願意進行貿易合作等議題都是國際關係的研究範圍。實際的例子像是印度與巴基斯坦會不會為喀什米爾而開戰、美國和中國是不是能迫使北韓放棄發展核武？各國政府之間是不是能夠協調出一個能有效減緩溫室效應的國際協議等等。

（二）國際社會的非國家行為者

也有學者認為國際關係不應該只是研究國家之間的互動，因為國際社會中的成員除了國家之外，還有各種類型的國家組織、跨國公司、團體、甚至個人。因此這些非國家成員的行為也應該被納入國際關係的研究範圍之內。這些人或團體的作為有時能對國際局勢的發展產生深遠的影響，例如發動九一一恐怖攻擊事件的賓拉登及其基地組織（Al Qaeda），2008 年雷曼兄控股公司宣布破產引發全球金融危機等。

（三）國際關係的研究範圍

至於哪一類的互動才算是國際關係的研究範圍？有些學者認為軍事、衝突、外交等議題才真正值得研究，但也有學者認為經濟、社會、文化等領域也同樣值得關注。這樣的差異產生了國際關係學者之間關於「高階政治」與「低階政治」何者較為重要的辯論（將在單元 1-3 詳細說明），不過這也顯示這個領域的界限至今仍在不斷變動。

（四）國際關係的研究方式

國際關係學者之間研究的方式有很大的差異，有些學者致力於發展出較為抽象的理論或模型來解釋國際社會上的各種現象，也有些學者對於如何將人們對現象的理解轉化為實際的政策感到興趣，因此在這個領域裡可以看到用數學模型來研究國際戰爭發生的頻率，也能看到類似外交政策與國際情勢的分析，例如中國的崛起是否會挑戰美國在國際事務的領導地位，就是近年來許多國際關係學者感興趣的議題。

今日生活在地球上的所有人都深受國際情勢變化的影響，我們也會對這些發展做出相對的回應，這些回應將進一步改變我們所創造的世界。

國際關係的歸屬

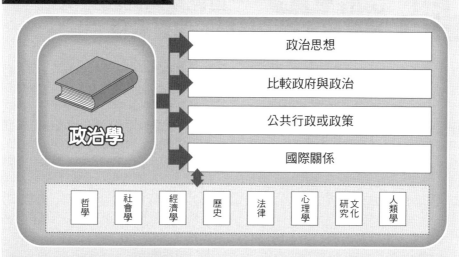

政治學
- 政治思想
- 比較政府與政治
- 公共行政或政策
- 國際關係

哲學 | 社會學 | 經濟學 | 歷史 | 法律 | 心理學 | 文化研究 | 人類學

國際關係的範疇

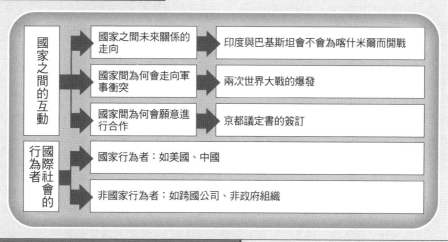

國家之間的互動
- 國家之間未來關係的走向 → 印度與巴基斯坦會不會為喀什米爾而開戰
- 國家間為何會走向軍事衝突 → 兩次世界大戰的爆發
- 國家間為何會願意進行合作 → 京都議定書的簽訂

國際社會的行為者
- 國家行為者：如美國、中國
- 非國家行為者：如跨國公司、非政府組織

國際關係與生活息息相關

中東發生戰爭

全球油價上漲

UNIT **1-2** 一世紀以來的歷史概觀：國際政治權力結構的演變過程

圖解國際關係

研究國際關係的學者大多同意：主權國家仍然是國際體系中最重要的行為者，因此分析國家之間的互動，特別是主要強權之間的實力消長，是研究者的主要任務。今天我們所熟悉的國際體系，大概是在 19 世紀末到 20 世紀初逐漸形成的，因此我們將這個時期做為描述國際政治權力結構演變的起點。

（一）第一次世界大戰（1914-1918）

此時歐洲的主要強權如英國、法國、德國、奧匈帝國、俄羅斯、義大利等國仍然是國際舞台的主角，不過在歐洲範圍以外的國家（如美國與日本）也開始躋身強國之林。第一次世界大戰結束之後，俄國（在十月革命後改稱蘇聯）、德國與奧匈帝國被踢下權力的舞台，英國與法國雖為戰勝國但已元氣大傷，美國與日本則確立其強權的地位。之後經過短短二十年的休兵，又再度爆發第二次世界大戰。

（二）第二次世界大戰（1941-1945）

第二次世界大戰期間，德國、義大利與日本組成軸心國集團，與美、英、法、蘇聯、中國所組成的同盟國彼此對抗。最終同盟國得到勝利，並取得主導國際政治秩序的權力。直到今天我們都能看到當時的影響：最明顯的例子，即為二次大戰之後建立的聯合國，其安全理事會中具有否決權的常任理事國就是這五個戰勝國。

（三）冷戰（1949-1989）

但就在此時，原本合作對抗軸心國的美國與蘇聯反目成仇，世界自此進入了持續四十年的冷戰（Cold War）狀態。

美國與蘇聯兩個主要的強權為了維持彼此力量的平衡，製造大量足以毀滅地球的核子武器做為嚇阻的力量，並不斷在世界各地爭取盟邦以擴充影響力，打代理人的戰爭。因此冷戰雖然不是真正的戰爭，卻讓全世界的人類生活在恐懼的陰影下。1989 年間，東歐共黨政權因其內部的經濟危機紛紛垮台，兩年後共產世界集團的領袖蘇聯也自行解體。國際體系正式告別兩強對立的局面，進入後冷戰的新階段。

（四）後冷戰世界

究竟我們應該如何理解後冷戰世界的權力結構？過去有人預測日本將會崛起成為新的超級大國，但是隨著 1990 年代日本經濟泡沫化，這個預測並沒有實現。也有些學者主張美國是今日世界的唯一超級強權，因此今日的國際體系是由美國單一霸權所主導的局面。如果僅從軍事實力來說，這個說法確實具有相當程度的說服力：美國的國防支出大約是全球的一半，甚至能獨立出兵推翻阿富汗與伊拉克的政權，稱其為霸權並不為過。不過從美國在面臨 2008 年全球金融危機時必須依靠其他國家的合作才能渡過難關，甚至其國土都曾在九一一事件中遭到恐怖份子攻擊，證明在軍事力量之外，美國很難稱得上是絕對的霸權。目前大眾關注的焦點是，中國是否真的能夠崛起並挑戰美國的地位，以及其他具有影響力的區域性強權如印度、俄羅斯、巴西等國是否能夠影響國際局勢的走向。因此未來國際體系會如何演變？由誰稱霸？短期內似乎還難有定論。

19世紀

歐洲的主要強權如英國、法國、德國、奧匈帝國、俄羅斯、義大利，之後美國與日本躋身強國之林。

第二次世界大戰

中華民國

英國　蘇聯

美國　法國

同盟國

軸心國　日　德　義　VS

第二次世界大戰期間，德國、義大利與日本組成軸心國集團，與美、英、法、蘇聯、中國所組成的同盟國彼此對抗。最終同盟國得到勝利，並取得主導國際政治秩序的權力。

冷戰

同盟國中的美國跟蘇聯反目成仇，形成冷戰狀態，持續40年。德國、韓國與越南也一分為二。

到底誰是現今的超級強國？

美國？　　日本？　　中國大陸？　歐盟？

UNIT 1-3
國際關係現象的分類

圖解國際關係

理解國際關係的開始，是先釐清什麼是國際關係研究的範圍。從單元 1-2 所討論的內容來看，國際關係看似以討論國家之間是否會爆發衝突、衝突的背後原因為何，以及如何避免衝突的發生為主。「戰爭與和平」的確是國際關係學者最感興趣的主題，至今也沒有任何一個理論或學者能宣稱已經真正解決了這個問題。其實除了戰爭與衝突之外，今日的國際社會其實有更多合作的現象，舉凡各類國際組織、國際條約、國家間貿易，以及跨國界的思維和運動等都屬於合作的範疇。「衝突」與「合作」兩種現象並存可說是今日國際關係的最主要特徵。

（一）高階政治與低階政治

部分國際關係學者認為維持國家的生存是當代國際社會最核心的議題，因為如果國家的生存與利益受到威脅，則人民的生活、經濟的發展、社會的秩序都不可能繼續維持，因此這個領域的研究應該要把國家如何避免遭到武力威脅作為最主要的研究問題。這些與國家的生存密切相關的議題，特別是軍事戰略、外交政策、國家安全等，就被稱為「高階政治」（high politics），以別於經濟、社會、發展等「低階政治」（low politics）議題。現實主義理論學者認為有必要用這兩個概念來區分所有國際關係所研究的現象，並主張高階政治的議題永遠比低階政治的議題來的重要。因為如果國家的生存受到威脅，談其他經濟社會議題也就沒有太大意義。但是自由主義或多元主義學者卻認為經濟、社會、發展等議題同樣會影響到人類的生存與福祉，因此在國際關係研究中不應該存在高階政治與低階政治之分。

（二）國際關係議題的四種類型

將衝突／合作與高階／低階政治這兩種分類方式放在一起，我們就可以得到四種議題的類型，幾乎所有國際關係的現象都能被歸納在這四個類型之中：

❶衝突／高階政治

這包括主權國家之間各種與軍事、安全相關的議題，以及威脅國家基本生存與發展的因素，例如因爭奪領土及其他因素引發的軍事衝突、全球及區域的安全秩序、防止大規模毀滅性武器擴散，以及能源爭奪及地緣政治等。

❷合作／高階政治

指的是由主權國家所主導的各式合作議題，例如區域性的軍事同盟；聯合國等國際組織的活動、國際法與國際條約等各類制度規範的建立等。

❸衝突／低階政治

具有衝突面向的各種非政治議題屬於此類，例如因發展不平均引發的南北問題、具有跨國的性質的全球性問題，如環境惡化、經濟危機、氣候變遷、能源短缺、非法人口流動與犯罪等，也可包括對現存國際政經秩序構成威脅的新力量如極端宗教主義與恐怖主義等。

❹合作／低階政治

這些是與人類生存福祉相關，且已經有合作經驗的議題，例如國際貿易、經濟整合、和平運動、網路世界、非政府國際組織的活動等。

高階政治與低階政治

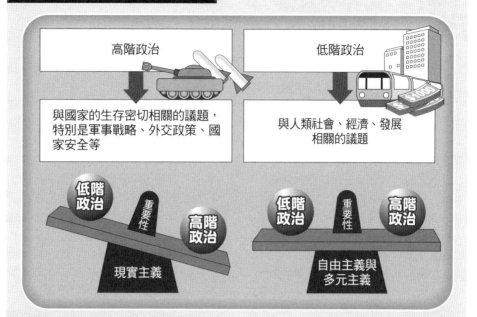

	衝突	合作
高階政治	主權國家之間各種與軍事、安全相關的議題。例如軍事衝突、防止大規模毀滅性武器擴散等。	主權國家之間各種合作的議題。例如軍事同盟、國際組織活動等。
低階政治	主權國家之間非政治的衝突議題。例如南北問題、氣候變遷等。	主權國家之間與人類生存相關的合作議題。例如經濟整合、和平運動等。

值得注意的是，上述的國際關係現象的分類並非絕對。因為在全球化潮流的影響下，今日國際社會的所有成員關係已經愈趨緊密，而議題的發展也愈趨複雜。有更多的國際政治現象本身就具有衝突與合作或高階政治與低階政治的雙重性質（例如環境議題），也有更多原本被視為低階政治的現象已經直接衝擊國家的生存與安全（例如極端宗教思想引發的恐怖主義），預料未來各種議題的界線會愈來愈模糊，政府與非政府之間的界線也會愈來愈模糊。

UNIT *1-4*
國際關係的分析層次

作為一個獨立的研究領域，國際關係似乎應該要有一個專屬的研究範圍及研究方法。不過學者之間對於要研究什麼、如何研究似乎很難產生一致的看法。舉例來說，探討戰爭發生的原因是這個領域裡歷久彌新的主題，許多人都想找出人類走向戰爭背後的行為邏輯。然而主張戰爭的原因是「人」（是決策者所做出的錯誤決定）的觀點與主張戰爭的原因是「結構」（強權之間實力對比失去平衡導致戰爭）這兩種說法在本質上是矛盾的，任何一方都很難說服另一方。因此國際關係學者在研究的時候往往必須說明自己選擇的是哪一種的角度來看問題，這就是分析層次（level of analysis）的概念。

（一）個人層次

其中最低的層次是「個人」，也就是認為人的思想、選擇與行動是影響國際情勢發展的關鍵。假如中共領導人毛澤東沒有在 1949 年初下令解放軍渡江南下，國共可能就會隔長江而繼續對峙，整個中國的近代史就會完全改寫；2003 年美國總統小布希下令發動對伊拉克的軍事攻擊，理由是海珊政府即將成功製造出核子武器，但是事後證明這是個錯誤的訊息。如果從個人的層次來研究國際關係，觀察的重點大多會放在決策者的個性、決策的方式、其接收的訊息、影響其決定的突發事件等等。

（二）國內層次

其次是「國內」（或稱國家、社會）的層次，這裡的重點放在國家內的各種團體、政治組織、或社會的特性如何影響國際政治的發展。舉例來說，

有人認為美國之所以頻繁對外用兵是因為其國內擁有強大的「軍工複合體」（military-industrial complex），使其國防工業對於外交政策具有一定的影響力，也有人認為美國獨立革命的經歷與自由民主的意識形態，使其政府在國際事務上有強烈的使命感，認為美國有義務幫助其他國家的人民建立民主的政府。近年來學界所討論的民主和平論（民主國家之間永遠不會發生戰爭）也算是從國內層次所提出的論點。國內層次的觀察重點多半會放在國家的政治體制、意識形態、不同團體之間的關係等等。

（三）體系或國際層次

第三個層次是「體系」或「國際」，意思是從國際社會的結構以及成員之間的互動方式來解釋國際政治的現象。例如有些學者認為國家間的衝突之所以不斷出現，是因為國際社會缺乏一個能夠維持秩序的中央政府，各國為了維護其利益，往往會採取比較激烈的手段。以體系層次來研究國際關係，研究者所觀察的多半是國際體系裡主要強權之間的實力對比及分布。

（四）全球層次

也有學者主張在以上三個層次以上另外增加一個「全球」的層次，也就是足以對全球發揮影響力的一些新趨勢，例如新科技的發展（電腦網路出現改變資訊傳播的方式）、生態環境的變化（溫室效應促使人類重新思索人與環境的關係），以及一些新思想的出現（區域整合的概念逐漸流行）。

分析層次

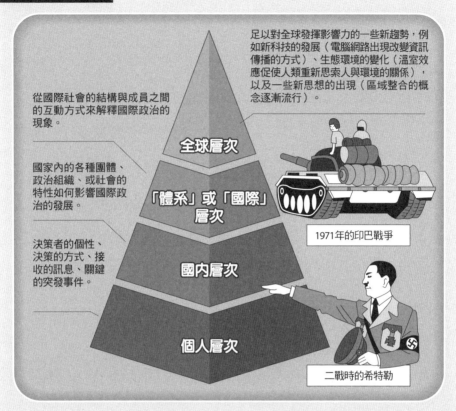

從國際社會的結構與成員之間的互動方式來解釋國際政治的現象。

足以對全球發揮影響力的一些新趨勢，例如新科技的發展（電腦網路出現改變資訊傳播的方式）、生態環境的變化（溫室效應促使人類重新思索人與環境的關係），以及一些新思想的出現（區域整合的概念逐漸流行）。

全球層次

國家內的各種團體、政治組織、或社會的特性如何影響國際政治的發展。

「體系」或「國際」層次

1971年的印巴戰爭

決策者的個性、決策的方式、接收的訊息、關鍵的突發事件。

國內層次

個人層次

二戰時的希特勒

 ★「體系層次」與「全球層次」的差別

國際關係學者所說的「國際體系」（international system）指的是國際政治的結構，特別是主要的強權數目及彼此之間的關係，而「全球」層次（global）指的是範圍可涵蓋到全世界的各種力量。因此受馬克思主義影響的學者將資本主義在全世界範圍的擴張過程視為理解國際政治的必要前提，這種研究方式就屬於全球的層次。

 ★簡約理論（reductionist theory）與系統理論（systemic theory）

分析層次就是理解問題的切入點。學者利用這個概念在一個範圍內觀察國際政治的現象，並提出可能的解答。新現實主義理論家華茲（Kenneth Waltz）提出「三個意象」來表示國際關係的三個主要分析層次，其中第一意象指的是個人層次，第二意象是國家層次，第三意象是體系層次。他主張所有用第一或第二意象發展出的理論都只能解釋部分的現象或案例，都只能稱為「簡約理論」；只有用體系或結構的因素（第三意象）來解釋個別成員的行為的理論才是真正的理論，他稱之為「系統理論」。舉例來說：希特勒的出現（個人層次）只能解釋第二次世界大戰何以爆發，但國家體系中強權彼此的力量是否平衡（體系層次）卻能解釋多數的戰爭。

第 **2** 章

現實主義觀點

UNIT 2-1
現實主義的基本概念

圖解國際關係

現實主義是當代國際關係研究中最重要的理論流派之一。現實主義學派基本上繼承了歐洲近代以來關於「自然狀態」的分析傳統與思想理論，認為國際社會同樣受到人性與自然狀態法則的支配。今日國際關係學者多將卡爾（E. H. Carr）在 1939 年出版的《二十年危機》（Twenty Years' Crisis, 1919-1939）一書視為當代現實主義的起點。該書除了對理性主義的過分樂觀與脫離現實提出質疑外，更進一步強調國際關係中權力與國家利益的重要性，也因此成為現實主義理論的奠基之作。

在進一步認識現實主義各流派的主要內容之前，在此先說明這個理論的一些基本概念：

（一）無政府狀態（Anarchy）

現實主義者認為國際社會處於無政府狀態，是因為國際體系並不存在一個更高的權威位居國家之上，因此所有的主權國家都擁有獨立運作與不受干涉的權利，而此種權力運作方式並不同於國內政治。只要國際體系缺乏中央權威，無政府狀態將永遠存在，這是國際社會的常態環境，更是影響國家行為的重要因素。

（二）主權國家（Sovereign State）

基於「國家中心論」，主權國家被視為國際政治中的基本單位，並且假設國家為理性的單一實體，意即所有國家在國際社會的本質與行為考量具有一致性，並且會基於成本效益與利害關係來評估國家情勢，設定國家的目標與對外政策。

（三）權力（Power）

追求權力是所有國家的本能，這種追求權力的主張也使現實主義與人類社會所主張的道德與正義原則背道而馳。權力有時指的是國家的軍事能力、領土範圍、人口總數、經濟程度等物質能力；有時指的是用來構築國家物質能力的社會基礎，例如國民素質、政治穩定程度等。而相較於物質能力，非物質能力的評估往往缺乏一個客觀的標準。

（四）國家利益（National Interest）

所有國家在制訂外交政策時，都以促進國家利益作為考慮標準。這是因為在理性原則下，國家利益凌駕所有其他的利益與價值，因此政府的首要義務便是追求符合國家的利益。而對現實主義者而言，若要將國家利益進行優先順序的排列，「求取生存」無疑是最基本、也最重要的目標。

（五）衝突與戰爭（Conflict and War）

由於國際社會的無政府狀態與國家追求權力的本能，使得國際政治必定充滿大國之間的各式權力衝突甚至戰爭。不過現實主義並不是鼓勵國家進行無窮無盡的權力爭奪，而是主張讓國家之間的權力保持平衡，以保持國際社會的和平狀態。

現實主義基本概念

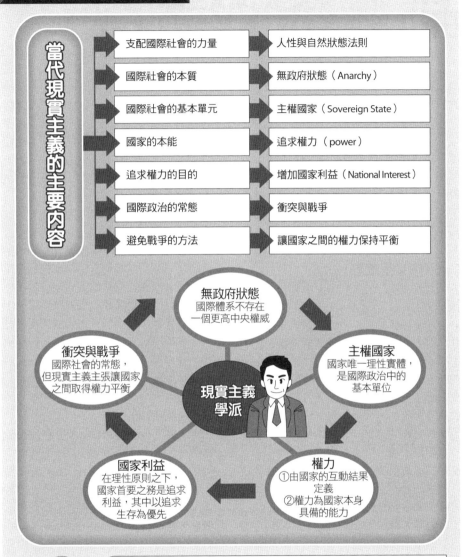

當代現實主義的主要內容

支配國際社會的力量	人性與自然狀態法則
國際社會的本質	無政府狀態（Anarchy）
國際社會的基本單元	主權國家（Sovereign State）
國家的本能	追求權力（power）
追求權力的目的	增加國家利益（National Interest）
國際政治的常態	衝突與戰爭
避免戰爭的方法	讓國家之間的權力保持平衡

無政府狀態
國際體系不存在一個更高中央權威

衝突與戰爭
國際社會的常態，但現實主義主張讓國家之間取得權力平衡

現實主義學派

主權國家
國家唯一理性實體，是國際政治中的基本單位

國家利益
在理性原則之下，國家首要之務是追求利益，其中以追求生存為優先

權力
①由國家的互動結果定義
②權力為國家本身具備的能力

 ★如何定義「權力」

關於權力的定義與內涵普遍區分為兩種類型：

❶從國家間互動的結果來定義權力，意即當行為者A能迫使行為者B從事其原本不願做的事情；反之，行為者B卻不能對行為者A做同樣的事情，這就是權力展現。

❷將權力界定為國家本身具備的「能力」，而「能力」是物質能力與非物質能力的總和。這兩種能力源自不同類型的資產，前者指的是國家的軍事能力、領土範圍、人口總數、經濟程度等；後者指的是用來構築國家物質能力的社會基礎，例如國民素質、政治穩定程度等。而相較於物質能力，非物質能力的評估往往缺乏一個客觀的標準。

UNIT **2-2** 現實主義理論的先行者：
修昔提底斯、馬基維利、霍布斯

　　現實主義理論其實並不是一套單純的理論，而是一種對國際政治的理解方式、一種世界觀。這套世界觀一方面建立在國際政治的無政府狀態以及國家是理性行為者等諸多假設上，另一方面也提供了一套政治決策者可以遵循的行為準則，因此歷久不衰。不過今日現實主義者在追溯其理論來源時多半會提到幾個西方歷史學與政治思想傳統有貢獻的人，在此介紹最具有代表性的三位。

（一）修昔提底斯

　　修昔提底斯（Thucydides 或譯修昔底德，約生於公元前 460-455 年之間，逝於公元前 400 年）是古希臘歷史學家，其最重要的傳世之作是講述雅典與斯巴達戰爭的《伯羅奔尼撒戰爭史》（The Peloponnesian War）。該書以編年的方式紀錄了雅典與斯巴達二十八年戰爭中的二十一年，堪稱是對這場戰爭最原始也是最完整的紀錄。在書中修昔提底斯不僅紀錄了兩大軍事強權衝突的過程，還提出了他對於這場戰爭的看法。他認為戰爭的根本原因在於雅典與斯巴達雙方都對軍事力量失衡感到恐懼，為了防止敵方勢力凌駕於自身之上而必須採取軍事擴張與鞏固同盟等手段，其結果是兩方均陷入永無止境的軍備競賽。書中有一段關於雅典遣使至斯巴達的殖民地與軍事盟友梅洛斯島（Melos）勸降的過程，其中雅典使節對梅洛斯人所說「強者依其權力為其所為，而弱者只能接受」，被後世稱為現實主義思維的經典之語。

（二）馬基維利

　　馬基維利（Niccolo Machiavelli, 公元 1469-1527 年）是 16 世紀初期的義大利政治思想家，以《君王論》（The Prince）一書而聞名。他生活的時代剛好是義大利處於不同小王國割據競爭的時代，馬基維利創作君王論的目的是希望能夠為當時佛羅倫斯的統治者梅第奇（Lorenzo di Medici）創造出一套治國之術。這套治國之術的核心概念是權力，主張統治者必須知道如何取得、保持、並擴張權力。為了維持國家的安全，統治者刻意採取任何必要的手段來達到目的，即使這些手段違背正義或道德的原則。馬基維利認為現實世界迫使統治者必須採取這樣的方式來統治才能生存，但也因此讓他的學說被後世貼上負面的標籤。無論學者如何看待馬基維利，今日現實主義的許多概念，包括權力、權力平衡、軍事同盟等等都在《君王論》一書中完整呈現出來。

（三）霍布斯

　　霍布斯（Thomas Hobbes, 公元 1588-1679 年）為 17 世紀英國的政治思想家，其著作《利維坦》（Leviathan 或譯為巨靈）是第一部以英文寫成的政治理論著作。在此書中霍布斯闡述了給他對人類社會政治制度的看法。他認為人類在自然狀態下，會盡一切所能來保護自己，因此造就出追求權力的本能。但是因為世界上的物質不能滿足所有人的需要，因此爭奪權力就成了所有人對所有人的戰爭。霍布斯主張每個人將其權力交付給更高的政治權威，由其來維持社會內部的和平並抵禦外患。《利維坦》所描繪的人類自然狀態完整闡述了無政府狀態的概念，也就是在沒有中央政府權威下，個人必須追求權力來保護自己免於暴力或死亡。這也使得霍布斯被視為現代現實主義理論的先驅者。

現實主義理論的先行者

現實主義理論的
先行者

修昔提底斯 （Thucydides）	馬基維利 （Niccolo Machiavelli）	霍布斯 （Thomas Hobbes）
古希臘歷史學家，其最重要的傳世之作是講述雅典與斯巴達戰爭的《伯羅奔尼撒戰爭史》（The Peloponnesian War）。	16世紀初期的義大利政治思想家，以《君王論》（The Prince）一書而聞名。	17世紀英國的政治思想家，其著作《利維坦》（Leviathan）是第一部以英文寫成的政治理論著作。
該書以編年的方式紀錄了雅典與斯巴達二十八年戰爭中的二十一年，堪稱是對這場戰爭最原始也是最完整的紀錄。 他認為戰爭的根本原因在於雅典與斯巴達雙方都對軍事力量失衡感到恐懼，為了防止敵方勢力凌駕於自身之上而必須採取軍事擴張與鞏固同盟等手段，其結果是兩方均陷入永無止境的軍備競賽。	馬基維利創作君王論的目的是希望能夠為當時佛羅倫斯的統治者梅第奇（Lorenzo di Medici）創造出一套治國之術。這套治國之術的核心概念是權力，主張統治者必須知道如何取得、保持、並擴張權力。 今日現實主義的許多概念，包括權力、權力平衡、軍事同盟等等都在《君王論》一書中完整呈現出來。	《利維坦》所描繪的人類自然狀態完整闡述了無政府狀態的概念，也就是在沒有中央政府權威下，個人必須追求權力來保護自己免於暴力或死亡。這也使得霍布斯被視為現代現實主義理論的先驅者。 

戰爭的根本原因在軍事強權陷入永無止境的軍備競賽。

統治者必須知道如何取得、保持、並擴張權力，未達目的不擇手段。

在沒有中央政府的自然狀態之下，個人必須追求權力以自救。

接下來，我們請三位現實主義大師闡述各自的中心思想。

修昔提底斯　　馬基維利　　霍布斯

UNIT 2-3
20 世紀的現實主義：摩根索理論

漢斯・摩根索（Hans J. Morgenthau, 1904-1980）可說是讓現實主義學派成為國際關係理論主流思想的關鍵人物。摩根索最主要的貢獻在於將現實主義的概念整合成一個全面、且有系統的成熟理論，他在 1948 年正式出版的《國際政治學》（Politics Among Nations）如今已成為當代國際關係理論最主要的經典著作之一。摩根索是戰前為躲避納粹而由德國移民美國的猶太人，其親歷戰爭的背景使其堅信人性本惡的觀點，這也造就了他以人性為出發所詮釋的現實主義，這種觀點也被稱為「古典現實主義」。他的理論主要基於以下的五點假設：

（一）人性的政治哲學

由於摩根索認為人的天性是自私自利的，而且這種利己的本性無法透過後天的教育而有所改變，這樣的天性使人類一直無法建立一個凡事只論道德原則的國際社會。因此在此種社會環境下，人們經常會對自身的生存感到擔憂，並且為求自保而不斷追求權力，因此人類的政治生活的本質就是權力鬥爭。

（二）國家是個人意志的延伸

由於個人追求權力的本性，當許多個人組成國家時，這種本性就會影響國家的對外行為。在無政府狀態下，當國家為了維護自身利益而不斷追求權力的結果就是衝突與戰爭。

（三）國家利益決定國家行為

國家追求利益的動機與個人追求利益的動機是很類似的，且由於國家的行為基於理性，因此國家會有意識地追求利益最大化，並設法將風險降到最低。

（四）追求生存便是國家的道德

個人的行為或許會受到道德規範的約束，但是普世道德原則不可作為指導國家的行為準則。對國家而言，採取成功有效的政策才是國家生存的道德原則。

（五）權力政治範疇的獨立性

以權力界定利益是國際政治的主要特徵，使其成為一個獨立自主的研究領域，在分析與評估國家行為上自成一格。因此所有國家的政策無非是試圖保持權力、增加權力，以及展現權力。

根據這些假設，摩根索提出政治現實主義的六條原則：❶政治現實主義相信：政治就如同一般社會，是由那些已經根深蒂固在人性之中的客觀法則所支配；❷政治現實主義的主要特徵是用權力的方式來定義利益的概念。這個概念使國際政治成為一個獨立的領域，而與經濟、倫理、美學和宗教等領域有所區別；❸利益與權力等概念的客觀存在不受時間或空間所影響，並且是判斷和主導政治行動的永恆標準；❹普世的道德原則並不能適用在國家的行為上；政治現實主義認為採取成功與有效的行動才是符合國家生存的道德原則；❺不同的國家有不同的利益，因此所有國家對道德的追求都只能是暫時的。政治現實主義拒絕承認特定國家對道德的渴望與法則能夠普遍適用在其他國家；❻政治現實主義與其他學門之間的差異是真實存在的，政治現實主義是一門獨立的研究領域。

這些原則讓現實主義首次成為一個完整的理論體系，並在冷戰時期深深影響美國的對外政策。

摩根索的現實主義理論

理論假設	政治現實主義六原則
人性的政治哲學	➡ 政治由人性所支配
國家是個人意志的延伸	➡ 利益由權力來定義
國家利益決定國家行為	➡ 利益與權力不受時空影響
追求生存是國家的道德	➡ 普世道德不適用於國家行為
	國家對道德的追求具有目的性
政治權力範疇的獨立性	➡ 現實主義是一門獨立的研究領域

摩根索理論的五假設

摩根索理論的五假設

人性的政治哲學
摩根索認為人的天性是自私自利的，而且這種利己的本性無法透過後天的教育而有所改變，這樣的天性使人類無法建立一個凡事只論道德原則的國際社會。

國家是個人意志的延伸
由於個人追求權力的本性，當許多個人組成國家時，這種本性就會影響國家的對外行為。

國家利益決定國家行為
國家追求利益的動機與個人追求利益的動機是很類似的，且由於國家的行為基於理性，因此國家會有意識地追求利益最大化，並設法將風險降到最低。

追求生存便是國家的道德
對國家而言，採取成功有效的政策才是國家生存的道德原則。

權力政治範疇的獨立性
所有國家的政策無非是試圖保持權力、增加權力，以及展現權力。

UNIT **2-4**
新現實主義

新現實主義理論始於美國學者肯尼斯‧華茲（Kenneth Waltz）在 1979 年出版的《國際政治理論》（Theory of International Politics）一書。華茲在書中提出了以體系理論的觀點來重新詮釋現實主義的方法，也就是必須從國際社會結構的特質來理解個別國家的行為。在本書中他提出國際關係理論的三個原則：❶國際體系結構的無政府狀態：在國際社會上沒有中央政府來分配資源或維持秩序，因此所有國家都以生存為最高原則；❷所有國家都發展成為類似的單元，並為了生存需要而執行相同的功能（例如都必須有軍隊來抵抗外來威脅）；❸國際政治型態是強權之間能力分配的結果。

體系的無政府狀態、國際社會中不同單元執行類似功能，以及單位之間實力分配三者構成華茲理論的核心內容，也因為他強調國家行為受國際社會的結構所支配，與摩根索理論強調的「人性本於理性自利、國家追求利益權力」原則有很大不同，因此被稱為「結構現實主義」或「新現實主義」。華茲認為，由於國際社會的面貌是由強權之間的實力分配所決定，因此國際政治發展的結果必定是不同強權之間的權力平衡。他並斷定兩極體系（也就是國際體系中有兩個勢力相當的強權）比多極體系（擁有三個或三個以上的強權）或單極體系（只有一個霸權存在的體系）更為穩定。

新現實主義與古典現實主義的差異主要可歸結為下列四點：

（一）國際政治的分析層次

新現實主義強調國家是國際體系內的單元，其行為受到結構的限制，認為傳統現實主義對國際政治的研究僅著重於國家分析層次，忽略了體系層次對國家的影響力。

（二）國際衝突的來源

摩根索認為衝突的發生源自於人性的自利（見單元 2-3），國家間的差異性決定了國家行為與行為結果。但華茲則以體系結構來解釋國際政治中的衝突現象，認為無政府狀態下的國際體系結構才是決定國家行為的最終變數，國家在國際體系內的權力分配位置決定了國家行為以及行為結果。

（三）國家的優先目標

傳統現實主義主張國家傾向追求權力的極大化；但新現實主義認為權力只是實現目標的一種手段，國家最終的目標應該是追求生存與安全。

（四）國際政治與經濟的關聯性

為了修正古典現實主義過分強調權力鬥爭而忽略經濟因素的缺點，新現實主義正視了國家之間經濟上的相互依賴關係，強調只有將政治與經濟關係兩者結合，才能全面地反應國際關係的現實。

在華茲之後，許多受其影響的現實主義學者陸續發展出一些對其理論的修正。例如瓦特（Stephan Walt）認為一個國家的安全政策並非追求與其他國家之間的權力平衡，而只會針對對其構成最大威脅的國家，這種理論被稱為威脅平衡論（Balance of Threat）；米爾斯海默（John Mearsheimer）主張並非所有國家都以生存作為最高原則，有些強權國家會追求利益極大化，其結果就是成為霸權，這種主張被稱為攻勢現實主義（Offensive Realism）以別於華茲的原型理論（被稱為守勢現實主義）。

肯尼斯·華茲的國際理論原則

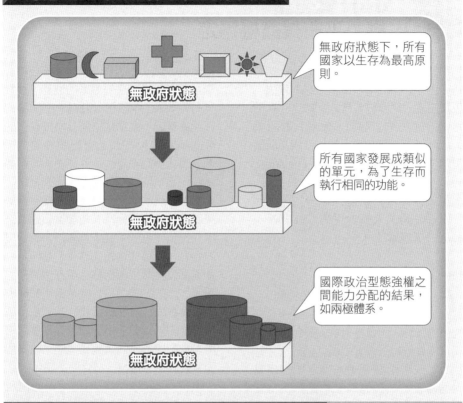

無政府狀態下，所有國家以生存為最高原則。

所有國家發展成類似的單元，為了生存而執行相同的功能。

國際政治型態強權之間能力分配的結果，如兩極體系。

新現實主義與古典現實主義的差異

差異　　　　　　學派	新現實主義（華茲）	古典現實主義（摩根索）
國際政治的分析層次	強調國家是國際體系內的單元	對國際政治的研究僅著重於國家分析層次，忽略了體系層次對國家的影響力。
國際衝突的來源	以體系結構來解釋國際政治中的衝突現象，認為無政府狀態下的國際體系結構才是決定國家行為的最終變數。	衝突的發生源自於人性的自利，國家間的差異性決定了國家行為與行為結果。
國家的優先目標	認為權力只是實現目標的一種手段，國家最終的目標應該是追求生存與安全。	主張國家傾向追求權力的極大化
國際政治與經濟的關聯性	正視了國家之間經濟上的相互依賴關係，強調只有將政治與經濟關係兩者結合，才能全面地反應國際關係的現實。	過分強調權力鬥爭而忽略經濟因素

UNIT **2-5**
權力平衡與霸權穩定

由於國際社會處於無政府狀態，國家為了生存必須不斷地擴張自身的權力。現實主義大師摩根索曾說：國家存在的目的，就是為了增加、保持和展現權力。然而國際體系穩定的程度與當時國際間主要強權，也就是「極」（polarity）的數目有關，因此現實主義者對如何保持國際和平的論述往往建立在霸權（Hegemony）或權力平衡（Balance of power）的基礎上。

（一）權力平衡

權力平衡普遍被視為兩個或兩個以上的國家群體彼此權力相當，並且互相抗衡的狀態。因此在對抗的過程中，小國可能會依附一個實力較強的國家（扈從），或者兩個強權集團之間出現實力的落差時，其他國家會選擇支持實力較弱的一方（抗衡），使得體系之內的權力結構保持平衡穩定。主張權力平衡的現實主義者之間的差別只在於兩極（體系內有兩個主要強權，例如冷戰時期的美蘇對抗），或是多極體系（例如19世紀的歐洲，由英、法、德、俄、奧等國維持秩序）比較能夠維持體系的穩定。早年的現實主義者多認為多極體系比較穩定，而新現實主義者華茲（Kenneth Waltz）則主張兩極體系最為穩定。

（二）霸權

所謂的霸權，泛指一個國家擁有足夠的軍事和經濟力量去維持國際社會的基本規範，更重要的是這個霸權本身必須具有足夠的意願來扮演這個角色。「霸權穩定論」的概念最早是由美國自由主義學派經濟學家金德柏格（Charles Kindleberger）所提出，該理論興起的背景是源自於當時國際體系的變動（1971年布列敦森林體系的崩解與1973年的石油危機）。金德柏格認為國際秩序的混亂通常發生在缺乏霸權領導的情況下，因此一個穩定的世界經濟與貨幣體系秩序必須依靠一個領導國家來維持，這個領導國家除了制訂國際互動的標準規範之外，還要促使其他國家願意遵守這些規範，也就是必須具備干預和管理的能力。而霸權國的任務除了為國際社會提供公共財（包括政治與經濟秩序的穩定）之外，還必須具有負擔鉅額成本的經濟實力，然而最重要的是，這種領導地位的維持並非單純地依靠軍事與經濟力量的優勢，同時也必須建立在其他國家對其領導地位合法性的認同。

霸權穩定理論者認為霸權國的出現有助於維持關於國際體系的穩定，這是因為只有靠霸權的領導，國際社會才會出現更有效且能持續維持的國際制度。後來新自由制度主義者基歐漢（Robert Keohane）建立了一個更完整的理論架構，認為即使霸權國的力量衰微，由其建立的國際制度有時還能繼續維持下去。也就是說：既存的國際制度與合作仍將繼續存在，並不必然會隨著霸權消亡。

在冷戰結束後，美國成為當今國際體系中的唯一的超級強權，有些人認為在霸權領導下國際體系已經比過去冷戰時期的權力平衡狀態更為穩定，但也有學者認為霸權只是一時的現象，國際體系最終還是會回歸權力平衡的狀態，究竟是霸權還是權力平衡才能帶來穩定的國際秩序，已成為現實主義學者間辯論的重要議題。

權力平衡

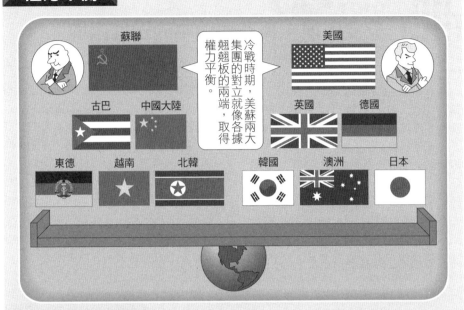

霸權穩定論

UNIT **2-6**
安全困境：賽局理論中的囚徒困境

（一）安全困境

基於現實主義對國際社會與國家行為的假設，在一個缺乏中央政府提供安全保障以及無法確定他國意圖的情況下，國家將會藉由不斷地提升自身的軍事能力來追求國家利益與生存空間。然而當一個國家以維護安全為由大舉提升國家軍備時，必定連帶對其周邊國家的安全形成新的威脅，引發他國的不安全感，迫使他國必須同樣以更新或提升軍備作為回應，其結果就是無止境的軍備競賽（Arms race）。這種惡性循環的過程被稱為「安全困境」（Security Dilemma）。冷戰期間美國與蘇聯之間的核軍備競賽即為安全困境最經典的案例。

（二）「囚徒困境」賽局

國際關係學者必須解釋國家之間為何不可能藉合作來降低彼此之間的緊張或敵意，而賽局理論中的「囚徒困境」正提供了合理的解答。賽局理論是二次大戰後美國智庫蘭德公司（RAND Corporation）中幾位數學家所發展出來，用來研究在競爭環境下行為者如何選擇適當策略的方法。馮紐曼（John Von Neumann）、摩根斯坦（Oskar Morgenstern）、納許（John Nash）等人奠定了賽局理論的基礎，而另一位學者塔克（Albert Tucker）則率先定義出最具代表性的「囚徒困境」（Prisoners' Dilemma）賽局。

塔克為了說明這種賽局，設計出以下的情節，而這也成為日後人們理解囚徒困境賽局的基本方式：

檢察官將兩名被控共同犯下某項罪行的嫌犯分開羈押訊問。檢察官雖然知道他們犯罪，但若兩位囚犯都拒絕認罪，將因為沒有充分的證據而無法對其從重量刑。因此檢察官分別告訴這兩人：

❶如果他們其中一個人願意承認犯行並供出對另一人不利的證據，認罪者將獲得無罪釋放，拒絕認罪者將被判刑十年。

❷若兩個人都招供，則兩人都可獲得較短的五年刑期。

❸若雙方都拒絕招供，檢察官最後會因為沒有直接證據而只能將兩人輕判一年。

對囚犯 A 來說，最好的結果是不招供，因為如果 B 也拒絕招供的話，則兩人都只獲得一年的刑期（圖中左上角）；但如果囚犯 A 不招供而 B 招供的話，則囚犯 A 會獲得最重的 10 年刑期（右上角）。因此雙方在不確知對方是否會背叛自己的情況下，最終會選擇向警方招供，都獲得五年的刑期（右下角）。這個故事說明的是個別的行為者因為在資訊不完全與自利的評估之下，可能會選擇招供，失去了原本獲得最佳結果（輕判一年）的機會。

「囚徒困境」非常適用於冷戰時期美蘇兩國之間的核武安全困境，因為對雙方最有利的策略應該是信任對方並減少核武器的部署，也就是雙方共同合作裁減核武；但是如果只有單方面放棄發展核武，則另一方就具有核武優勢。因此最保險的策略是繼續追求發展核武，最後演變成核武的恐怖平衡。

囚徒困境

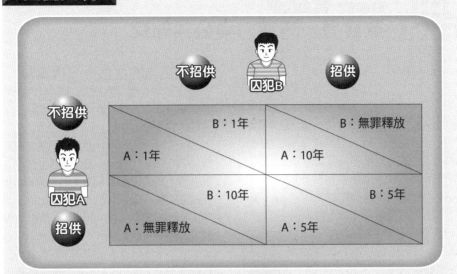

冷戰時期的「核武安全困境」

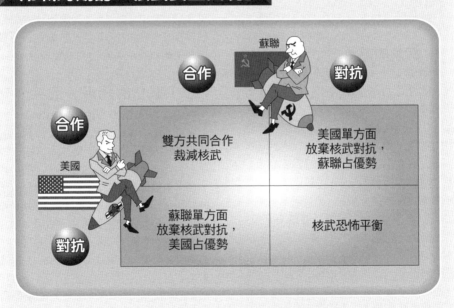

★修昔底德陷阱（Thucydides Trap）

知識補充站

最早由希臘歷史學家《伯羅奔尼撒戰爭史》的作者修昔底德指出，因為雅典的崛起導致斯巴達產生恐懼，最終使戰爭不可避免，這是一種至今仍在戰略思想中引起共鳴的觀點。格雷厄姆・艾利森在其著作《注定一戰》（Destined For War）中引述這個觀念且用來比喻中國崛起對美國霸權的威脅，可能成為爆發戰爭的關鍵。

UNIT 2-7
軟實力、巧實力與公共外交

在國際關係的傳統研究途徑中，「權力」一詞，起源於現實主義（相關內容請見第二章「現實主義的觀點」），講求的是人性對權力極大化的追求。但權力是一種抽象的概念，不像身高和體重可以藉由儀器測量得到數據，所以國際關係學者一般多從軍事和經濟實力等容易觀察到實際數據的指標來評估國家實力，依照國家擁有的權力或資源多寡來分類，使國際體系能以層級的概念加以區分。然而這種以能力來衡量權力的方法是有缺失的，例如在 1964 年爆發的越戰中，儘管當時的美國擁有超越北越越共的經濟、軍事力量和科技，但仍無法取得最終勝利。

（一）概念的起源

冷戰結束後，隨著國際互賴程度加深，國家之間發動戰爭的代價變得高昂，導致權力結構的改變，於是美國學者奈伊（Joseph S. Nye）提出從「對資源的掌控」和「對結果的影響力」來評估權力的大小，前者即為「硬實力」；後者則是「軟實力」概念的起源。換而言之，軟實力是一種時代的產物，奈伊並將軟實力塑造成正面、非強制的力量，強調「世界本質的改變」與「權力性質的多元」造就了軟實力。而權力所產生的影響力並不等同於軟實力，因為行使像威脅和利誘等硬實力的手段時，也可能產生影響力，所以軟實力是一個塑造他人偏好、讓人願意主動為了成就特定目標而努力的能力，意即一種吸引力，而國家軟實力的來源可歸納為三種：文化（吸引他人的特色）、政治價值（國內外行事原則一致）和外交政策（具正當性與道德說服力）。

（二）概念的進化──巧實力

正因軟實力強調的是「無形」的吸引力，所以奈伊曾將軟實力比喻為難以捉摸的愛情和多變的天氣。

後來奈伊進一步提出結合硬實力與軟實力的「巧實力」（smart power）概念，其強調由於時代變遷，國與國之間的關係已經無法單純區分為敵人或朋友，而是呈現出一種複雜的「競合關係」，因此一個聰明的國家戰略除了應該了解如何利用權力來壓制其他國家、也應該了解如何與其他國家進行合作，甚至拋開現實主義與自由主義的分野，以「自由現實主義」取代之。這種軟硬兼施的概念在 2009 年美國國務卿希拉蕊誓言透過巧實力來重建美國的領導地位後，更加奠定了巧實力在美國政府決策過程的重要地位。

（三）概念的運用─公共外交（Public Diplomacy）

在這個資訊爆炸的時代，取得資訊的管道變得多元，卻也容易讓人們陷入混亂，因此如何抓住重點和吸引人民的注意力變得更加重要，奈伊曾表示「資訊政治的時代，誰的故事說得最動聽，誰就是贏家。」而公共外交被定義為「政府、個人和團體透過直接或間接的方式去影響那些能夠直接影響他國政府外交決策的民眾的態度和意見」，因此成為政府用來說服和吸引他國民眾（製造軟實力）、最終影響他國政府的重要工具。然而，值得注意的是軟實力與公共外交之間的關係並非絕對正相關，如果一個國家的文化、價值和政策不具吸引力，那麼即使投資再多的公共政策也無法產生軟實力。一個好的文化傳播無法彌補差勁外交政策所造成的傷害，然而最好的外交政策，少了適度的說明或過度渲染同樣可能帶來失敗。

軟實力與硬實力的比較分析

| 軟實力 | 一種使別人做你想做的事情的無形力量。因為軟實力的使用不會造成對方實質的損傷，而是透過訴求、影響和說服等方式使他人對某些價值觀產生認同感，因此較不具威脅性，反而賦予國家談判的能力，帶來合作的機會（例如廣告行銷，消費者可以自行決定接受與否）。行使軟實力的國家主要是透過吸引力和「議題設定」（agenda setting）、公共外交和多邊外交等方式運行。 |

| 硬實力 | 一種能夠強制對方做其不想做的事情的有形力量。純粹使用硬實力可能留下負面形象，就像我們使用暴力威脅對方，雖然可以暫時讓對方心存畏懼而服從，但是仍可能產生怨恨尋求反撲的機會（例如：中國威脅論，談的是中國的軍事力量崛起可能帶來的威脅和侵略，因此造成亞洲其他國家的恐懼，尋求美國的介入與中國勢力抗衡）。 |

軟實力和硬實力比較表

	軟實力	硬實力
型態	無形	有形
動機（行為的本質）	使他人改變偏好或利益	使他人做其原本不想做的事情
手段	同化、非強制	施壓、強制
權力來源	文化、政治價值觀、外交政策與國家形象	軍事、經濟

「巧實力」（smart power）

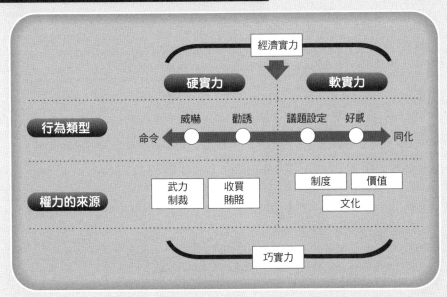

第 **3** 章

自由主義觀點

UNIT **3-1**
自由主義的基本概念

自由主義是一套起源於歐洲啟蒙時代的哲學傳統，以崇尚理性、個人自由和改良人類社會制度為主要內涵。此一傳統不僅開啟了國際關係學界另一種思考國際社會本質的方式，更為日後理想主義、新自由制度主義、民主和平論與歷史終結論等主張建立理論的依據。自由主義者基於理性的原則，相信人類會運用智慧來解決彼此間的衝突，最終完全消弭戰爭；此外，他們相信人性是可以透過後天的教育和環境加以改造，人類可以學習如何透過合作來發展出對彼此都有利的制度安排，這些主張成為自由主義與現實主義的最大分歧點。國際關係中的自由主義主要論點如下：

（一）人類所有行為基於理性

自由主義同樣宣稱以理性作人類行動的依據，但相較於現實主義以追求短期利益極大化為目標，自由主義則認為如果選擇合作能帶來更長期或群體的利益時，即使必須犧牲個人的短期利益仍然符合理性。

（二）國家並非國際社會的唯一單元

隨著國際社會發展日趨多元化與複雜化，國家不再是國際政治中唯一的行為者，國際政治也不再完全受無政府狀態的結構制約。人類才是影響國際社會發展、進步的背後推手。在這個日趨複雜緊密的國際環境中，國家、個人，以及其他的許多非國家行為者，例如國際組織及各種團體等，都會對國際體系的變動造成影響。

（三）合作帶來更大利益

自由主義認為如果所有國際社會的行為者一味追求自身利益，最後可能會落得兩敗俱傷的結果，因此行為者在互動的過程中，會開始尋求合作的可能性。這類合作的例子包括在軍事上以裁軍或建立軍事互信機制來代替軍備競賽，在經濟上以自由貿易協定來代替貿易戰爭或重商主義，在面對環境惡化、疾病擴散、跨國犯罪等全球性問題時，各國會尋求合作建立機制的方式來加以解決，即使這些機制在某些程度上可能侵犯個別國家的利益。

（四）人類具有改良其制度的能力

人類具有學習的本能，並且具有持續完善其社會制度與道德規範的能力。隨著價值觀和國際情勢的變化，過去被視為理所當然的現象有可能被全盤推翻，一些在過去被視為不可能的制度也可能被逐漸接受。

國際關係其實有許多符合自由主義觀點的實例，例如過去在許多社會都存在被認可的奴隸制度，直到 18 世紀才在英國出現批評的聲音，而後經過兩百年的演變，終於在 1948 年世界人權宣言中被完全禁止，成為全世界遵守的規範。

自由主義的論點

自由主義是一套起源於歐洲啟蒙時代的哲學傳統，以崇尚理性、個人自由和改良人類社會制度為主要內涵。

自由主義的論點

人類所有行為基於理性
自由主義與現實主義同樣以理性作為人類行動依據，但認為當合作帶來更長期利益時，即使必須犧牲短期利益仍符合理性。

國家並非國際社會的唯一單元
隨著國際社會發展日趨多元化與複雜化，國家不再是國際政治中唯一的行為者，國際政治也不再完全受無政府狀態的結構制約。

合作帶來更大利益
自由主義認為當所有國際社會的行為者一味顧追求自身利益，最後可能會落得兩敗俱傷的結果，因此行為者在互動的過程中，會開始尋求合作的可能性。

人類具有改良其制度的能力
人類具有學習的本能，並且具有持續完善其社會制度與道德規範的能力。

自由主義對世界如何運作的看法

世界和平

↑

正義、道德、自由等原則的實現

↑

利益、制度、觀念的改變

↑

理性、合作、學習

國家　個人　國際組織　NGO

知識補充站

★自由主義的實際案例

過去在戰爭中廣泛使用的地雷，因為對人民生命財產造成極大威脅，經過國際民間人士的奔走努力，終於在1997年由123個國家在加拿大的渥太華簽署了國際禁用地雷的《渥太華公約》。該公約於1999年3月1日生效。迄今有161個國家（超過全世界國家總數的三分之二）已經批准或通過公約並成為《渥太華公約》的締約國。其中茱蒂·威廉斯（Judy Williams）更因積極參與國家禁止地雷運動與推動公約的簽訂，於1997年獲頒諾貝爾和平獎。

UNIT 3-2 近代自由主義理論的先行者：盧梭、康德、威爾遜

圖解國際關係

自由主義者認為人類既然是理性的行為者，具有改變環境，建立永久和平的動機與能力，因此對國際關係抱持樂觀、積極的態度。這種思維始於 18 世紀歐洲的啟蒙運動，並隨著理性主義的傳播成為許多西方思想家的理論內容。以下僅介紹三位對現代自由主義理論具有較大影響力的思想家：

（一）盧梭

盧梭（Jean-Jecques Rousseau, 1712-1778）：出生於日內瓦，是 18 世紀歐洲啟蒙運動的代表人物之一，也是法國大革命的思想先驅者。其主要著作《社會契約論》一書中，談到霍布斯所說的「人類自然狀態」：由於自然資源的稀少導致人與人之間的不信任，最後戰爭成為常態。但盧梭認為人類行為的根本動機在於自我保存，且天生具有憐憫與同情心。這種美德使人類與禽獸不同，並制約人類進行無止境地爭鬥與殘殺的衝動。在「憐憫心」和「自我保存」兩種天性驅動下，人類創造出「合作」的觀念，以合作的方式來建立更完美的政治與社會制度。

（二）康德

康德（Immanuel Kant, 1724-1804）：德國哲學家，一般認為他是對現代歐洲最具影響力的思想家之一。他在 1795 年曾經出版一篇名為「永久和平論」的論文（英文稱為 Perpetual Peace），闡述國際社會如何才能保持和平的狀態。他主張要保持永久和平，所有國家都必須採行共和體制；再由這些自由國家共同建立聯邦，並制訂彼此共同遵守的國際法；如此一來，所有違反和平的戰爭

行為便成了非法行為。康德設計這套制度的目的在提倡建立世界聯邦的步驟，而其中最獨特的論點是將所有國家採行一致的共和政體做為建立永久和平、徹底消弭戰爭的前提。

（三）威爾遜

威爾遜（Woodrow Wilson, 1856-1924）：美國第 28 任總統，也是 20 世紀初的著名的政治學者。威爾遜擔任總統期間決定參加第一次世界大戰並獲得勝利，戰後更主導重建國際政治秩序的工作。他所提出的許多構想，包括廢除祕密外交、裁減軍備、撤除貿易障礙、民族自決、設立維持國際和平的機構等等，都成為美國在參加 1919 年巴黎和會時的主要主張，也使他成為理想主義的代表人物，其理念被後世稱為威爾遜主義（Wilsonism）。威爾遜主義代表了受到戰爭摧殘的人們對世界和平的嚮往，期望透過建立新的制度來改良國際社會，減少戰爭發生的可能性。

盧梭與康德二人並非國際關係學者，嚴格來說他們的主張並沒有對 20 世紀國際關係自由主義理論構成直接的影響，不過盧梭主張人類在自然狀態下尋求合作的論述，以及康德將共和制度視為國際間和平前提的設計都與現代自由主義者的主張不謀而合；威爾遜則是促成自由主義在一次世界大戰之後成為國際關係主流思維的關鍵人物，他所提出的制度設計，如國際聯盟、集體安全、裁減軍備等等都是自由主義理論的重要內容。

現代自由主義理論三大思想家

思想家	生平簡介	著作及想法	主要作為
盧梭	出生於日內瓦，是18世紀歐洲啟蒙運動的代表人物之一，也是法國大革命的思想先驅者。	《社會契約論》	盧梭認為人類行為的根本動機在於自我保存，且天生具有憐憫與同情心。這種美德使人類與禽獸不同，並制約人類進行無止境地爭鬥與殘殺的衝動。
康德	德國哲學家，一般認為他是對現代歐洲最具影響力的思想家之一。	《永久和平論》	康德主張要保持永久和平，所有國家都必須採行共和體制；再由這些自由國家共同建立聯邦，並制訂彼此共同遵守的國際法。
威爾遜	美國第28任總統，也是20世紀初的著名的政治學者。	在巴黎和會提出的「十四點和平原則」使其成為理想主義的代表人物	威爾遜擔任總統期間決定參加第一次世界大戰並獲得勝利，戰後更主導重建國際政治秩序的工作。提出許多構想，包括廢除祕密外交、裁減軍備、撤除貿易障礙、民族自決、設立維持國際和平的機構等等。

要保持國際社會永久和平、消弭戰爭，各國必須採共和體制，建立聯邦，制定國際法，以達到「世界聯邦」的最終目的。

同意霍布斯「人類自然狀態」，但相信人類行為的根本動機在自我保存，且具天生的「憐憫心」，使人懂得「合作」創造美好的社會與政治制度。

自由主義的實踐者，在一次戰後主導重建國際政治秩序，期待透過新制度改善國際社會、減少戰爭，如：國際聯盟（NU）、集體安全、裁減軍備等。

康德

盧梭

威爾遜

UNIT 3-3 新自由主義的基本概念

圖解國際關係

（一）新自由主義的起源

新自由主義是一套延伸自古典自由主義概念的國際關係理論，相較於理想主義經常被視為烏托邦的幻想，新自由主義則較為務實，其基本觀念建立在對現實主義的批判，主張隨著國家之間互賴的程度日漸加深，不能再單純地以權力和利益的角度來檢視國際體系的發展，但在理論發展過程中也吸納了部分現實主義的主張。新自由主義的代表學者，基歐漢（Robert O. Keohane）和奈伊（Joseph S. Nye）於 1977 年出版的《權力與相互依賴》（Power and Interdependence）即象徵新自由主義正式向當時被國際關係學界奉為圭臬的現實主義學派提出挑戰。

（二）複合的相互依存

《權力與相互依賴》一書主要以複合的相互依存（Complex Interdependence）模式作為理論的基礎，並探討國際建制對於國際關係發展的重要性。複合的相互依存是一種與現實主義權力政治相反的主張，認為國際社會具有三個基本的特徵：❶國家間存在著政府、非政府組織與跨國組織等行為者構成的多元溝通管道；❷國際關係的議題並沒有明確的高低階層之分，意即軍事安全並非永遠是影響國家關係的首要因素，國際與國內事務的界線已經愈來愈模糊；❸當國家之間存在著普遍的相互依賴關係時，軍事力量不再是國家間解決爭端的主要手段，例如：國家間在經貿關係上互動頻繁，甚至形成自由經濟貿易區時，使用軍事手段將無助於解決問題。戰爭的代價太大，以致國家傾向不再以軍事作為解決爭端的主要方法。

基歐漢和奈伊指出，在一個國家對外在環境的改變具有高度敏感性和脆弱性的世界裡，即使國際社會處於無政府狀態，國家之間依然可以透過規範和制度來促使國家的決策更加透明化，以減少外部的不確定性因素、資訊成本和達到監督的功效，增加合作和降低衝突發生的可能性。這些規範或制度就是「國際建制」。新自由主義者強調國家追求的是長期的利益，只要最後得到的利益大於損失，即使在短期內吃虧也可以接受，這個概念稱為絕對利益。

（三）與現實主義的比較

鮑德溫（David A. Baldwin）認為新現實主義與新自由主義之間的主要差別在於：

❶國家間合作的可能

新現實主義者認為國家間的合作往往很難成功，即使成功了也很難持久；相反的，新自由主義者認為國與國之間的合作情形是可能且持久的。

❷相對利益與絕對利益

新現實主義認為國家的目標是阻止其他國家獲得相對的能力優勢，因此國家將會追求所謂的相對利益，意即計算自己所得的利益是否多於他人所獲；然而新自由主義則認為國家追求的是絕對利益。

❸國家的優先目標

新現實主義強調安全目標，認為國家的首要目標仍然是追求權力與安全；新自由主義強調經濟，並以國際合作、相互依賴作為核心。

古典自由主義者與新自由制度主義者的對談

國家對外在環境的
敏感性、脆弱性

國際建制、規範

NGO、跨國組織、經濟議題環境議題、相對利益、合作、國際⬌國內事務界線模糊

國際社會樂觀主義、人之理性創造和平、道德

奈伊
Joseph S.

基歐漢
Robert

康德
Immanuel Kant

盧梭
Jean Jecques

新現實主義與新自由主義的差別（鮑德溫）

新現實主義與新自由主義的差別（鮑德溫）

國家間合作的可能
新現實主義者認為國家間的合作往往很難成功，即使成功了也很難持久；相反的，新自由主義者認為國與國之間的合作情形是可能且持久的。

相對利益與絕對利益
新現實主義認為國家的目標是阻止其他國家獲得相對的能力優勢，因此國家將會追求所謂的相對利益；新自由主義則認為，國家追求的是絕對利益。

國家的優先目標
新現實主義強調安全目標，認為國家的首要目標仍然是追求權力與安全；新自由主義強調經濟，並以國際合作、相互依賴作為核心。

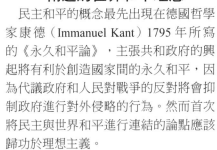

UNIT 3-4
民主和平論（Democratic Peace）

（一）從康德的永久和平論到威爾遜的世界和平理想

民主和平的概念最先出現在德國哲學家康德（Immanuel Kant）1795 年所寫的《永久和平論》，主張共和政府的興起將有利於創造國家間的永久和平，因為代議政府和人民對戰爭的反對將會抑制政府進行對外侵略的行為。然而首次將民主與世界和平進行連結的論點應該歸功於理想主義。

由於第一次世界大戰爆發帶來的慘痛教訓，使理想主義的代表人物威爾遜（Thomas Woodrow Wilson）總統意識到國際社會應該像國內政治一樣，透過國際組織來管理無政府狀態下可能出現的衝突，其核心主張便是使用民主程序來解決紛爭，以及運用集體安全制度來維護世界和平。雖然隨著國際聯盟的失敗以及第二次世界大戰的爆發，使得威爾遜的主張被視為過度理想化的烏托邦主義，但民主制度對於世界和平的重要性已經對美國的外交政策形成相當深遠的影響。

1983 年美國學者多伊意爾（Michael Doyle）發表一篇名為《康德、自由主義遺產與外交》的論文，以實際數據證明自 19 世紀以來，民主國家之間從未發生過戰爭，此後「民主和平」成為國際關係學者熱烈討論的主題之一。不過這個命題的有效性只存在民主國家之間，民主國家與非民主國家之間還是會發生戰爭。

（二）民主和平論的內容與論證

主張「民主和平論」者認為採用民主制度的國家之間不太會發生戰爭的主要原因有兩個：

❶一致的意識形態

民主制度意味著對法治、個人權利、法律之前人人平等、人民才是國家的主人等原則的認同，因此民主國家之間因為具有相互合作與尊重的一致性理念，而減少國家發動戰爭的誘因。

❷政治制度的制約

民主制度中的定期選舉與權力制衡可以解決菁英壟斷的問題，並透過外交決策程序加諸法律限制和監督機制（例如公共輿論或民意代表），以制約國家使用武力解決衝突的機會，因此愈是自由民主的國家便愈不易發生衝突。

然而就過去在歷史上發生過的國際衝突事件來看，其中不乏民主國家發動戰爭的例子，由此可見，民主國家並未因此放棄使用武力作為解決衝突的手段，美國出兵阿富汗和伊拉克便是近年最著名的案例。因此民主和平論者所謂的和平只存在民主國家與民主國家之間，不代表民主國家不會對外發動任何戰爭。

（三）對民主和平論的批判

民主和平論是目前國際關係研究中最接近「定律」的主張，迄今仍然沒有被推翻：只要兩國國家都是民主國家，二者之間就不會發生戰爭。批判民主和平論者的主張集中在兩方面：

❶民主國家如何定義？對一個國家是否民主的認定會影響民主和平論的有效性。

❷民主制度是否淪為外交政策的工具？美國小布希（George W. Bush）總統上台後，其認為應該透過積極的行動來推展民主制度，甚至不惜使用武力，因而被外界質疑以推動民主和平來強化美國欲干涉他國事務的正當性。

民主和平論的進程

德國哲學家康德
1795年發表《永久和平論》

↓

美國威爾遜總統
將民主與世界和平進行連結

↓

1983年美國學者多伊意爾（Michael Doyle）發表一篇名為《康德、自由主義遺產與外交》的論文，證明自19世紀以來，民主國家之間從未發生過戰爭。

但這個命題的有效性只存在民主國家之間，民主國家與非民主國家之間還是會發生戰爭。

我們是民主國家，永遠不打仗，永遠的好朋友！！

民主和平論的論證與批評

贊成者

一致的意識形態
民主制度意味著對法治、個人權利、法律之前人人平等、人民才是國家的主人等原則的認同，因此民主國家之間因為具有相互合作與尊重的一致性理念，而減少國家發動戰爭的誘因。

政治制度的制約
民主制度中的定期選舉與權力制衡可以解決菁英壟斷的問題，並透過外交決策程序加諸法律限制和監督機制，以制約國家使用武力解決衝突的機會，因此愈是自由民主的國家便愈不易發生衝突。

批評者

民主國家如何定義？
對一個國家是否民主的認定會影響民主和平論的有效性。

民主制度是否淪為外交政策的工具？
美國小布希總統上台後，認為應該透過積極的行動來推展民主制度，甚至不惜使用武力，因而被外界質疑以推動民主和平來強化美國欲干涉他國事務的正當性。

UNIT 3-5
福山的歷史終結論

（一）冷戰結束與歷史終結論的出現

隨著1989年東歐與蘇聯共產制度的崩潰，美蘇長達四十多年的意識形態對立終於劃上休止符，這個發展在國際關係學界掀起了一波重新詮釋國際政治未來發展趨勢的熱潮。1989年日裔美籍學者佛朗西斯·福山（Francis Fukuyama）在《國家利益》（The National Interest）發表一篇名為《歷史的終結》（The End of History）的文章，宣稱民主已經取得勝利、人類歷史發展已經到了終點。他認為人類文明發展的過程就是一部不斷探索最佳制度的歷史，而政治上的民主制度與經濟上的自由市場將成為人類政府的最終型態與人類意識形態進化的終點，並建構出一個穩定、和平的世界秩序。最初這篇論文並未受到重視，但是隨著東歐巨變和蘇聯的解體，一夕間歷史終結論的觀點得到驗證，進而引起國際關係學界的關注。1992年，福山出版的《歷史的終結和最後一人》（The End of History and the Last Man）一書，進一步將其觀點做出系統化的整理與完整的陳述。

（二）歷史終結論的內容

福山的歷史終結論與民主和平論者同樣深受自由主義的影響，並且相信歷史會一直穩定地向前邁進，而自由民主將會引導人類社會的進步。對福山而言，自由民主代表一個政治終結的國家，因為自由民主是根據從古至今人類一直在追求的個人價值所設計的，投票權、法律之前人人平等和法治化的自由，這些自由民主的特徵將是人類政府最理想的狀態與歷史的終結。福山更援引19世紀德國哲學家黑格爾（Friedrich Hegel）對於歷史終結的預言，主張驅動歷史進步的渴望已經在自由和民主秩序的核心——普遍相互承認的社會中得到滿足，因此人類不需要再為尊嚴而鬥爭，而且再也沒有其他的社會制度比自由民主更能滿足這種人性的渴望。總之，以福山的話來說：「自由民主，已經使人類對於被承認與其他人平等的理性渴望取代了要求別人承認自己比其他人更優秀的不理性渴望。」

（三）對美國外交政策的影響

雖然福山的論點深受美國學界的重視，並且在美國總統柯林頓任內推動的拓展全球自由經濟政策和小布希任內在阿富汗與伊拉克的改造民主政策上均可見其影響力，但福山的論點仍然面臨許多挑戰與批評，其中以其認為國際社會上所有的國家，不論民族和文化的差異都將會追隨西方的發展腳步，走向自由民主與市場資本主義制度的看法最受質疑。除了全球金融危機突顯出自由資本主義導致的貧富差距懸殊與發展不平等的衝突問題之外，歷史終結論忽略了世界各地的文化與種族的差異，將西方自由民主視為人類社會發展的最適型態，也被質疑為是替美國維持其全球領導地位的一種手段。雖然至今西方文明仍然位居主流，然而九一一事件的發生已經證實了西方所宣揚的民主和平制度並不完全為非西方國家所接受，尤其是伊斯蘭教世界。即使如此，歷史終結論仍被視為當代自由主義的一個重要的主張。

福山的歷史終結論

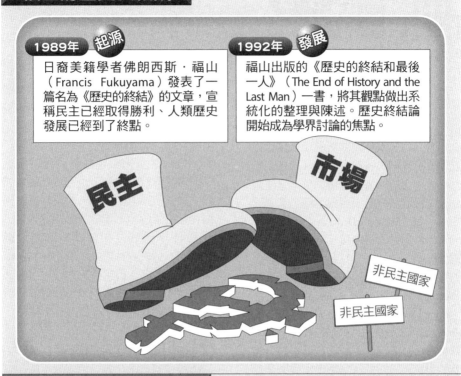

1989年 起源

日裔美籍學者佛朗西斯·福山（Francis Fukuyama）發表了一篇名為《歷史的終結》的文章，宣稱民主已經取得勝利、人類歷史發展已經到了終點。

1992年 發展

福山出版的《歷史的終結和最後一人》（The End of History and the Last Man）一書，將其觀點做出系統化的整理與陳述。歷史終結論開始成為學界討論的焦點。

民主

市場

非民主國家

非民主國家

對歷史終結論的批評

對歷史終結論的批評

福山的論點

深受自由主義的影響，並且相信歷史會一直穩定地向前邁進，而自由民主將會引導人類社會的進步。對福山而言，自由民主代表一個政治終結的國家，因為自由民主是根據從古至今人類一直在追求的個人價值所設計的，投票權、法律之前人人平等和法治化的自由，這些自由民主的特徵將是人類政府最理想的狀態與歷史的終結。

最受質疑的論點

國際社會上所有的國家，不論民族和文化的差異都將會追隨西方的發展腳步，走向自由民主與市場資本主義制度的看法。

批評的聲浪

歷史終結論忽略了世界各地的文化與種族的差異，將西方自由民主視為人類社會發展的最適型態，也被質疑為是替美國維持其全球領導地位的一種手段。雖然至今西方文明仍然位居主流，然而911事件的發生已經證實了西方所宣揚的民主和平制度並不完全為非西方國家所接受，尤其是伊斯蘭教世界。

UNIT *3-6*
國際建制

（一）國際建制的定義

國際建制（International Regimes）是新自由主義中的重要概念。美國學者魯傑（John G. Ruggie）早在 1975 年就將其定義為「國家群體間所接受，包含相互期望、規則、規範、計畫、組織實體及財政承諾等一系列的概念」。這個概念後來被許多學者引用與延伸，其中以克來斯那（Stephen D. Krasner）所提出的定義最廣為學界所接受。克來斯那將國際建制定義為：「行為者在國際關係的特定議題領域下所期望的一系列原則（principles）、規範（norms）、規則（rules）與決策程序（decision-making procedures）。其中原則是事實、因果關係、公正等信念；規範是以權利與義務的方式來界定的行為標準；規則是行為上的明確規定與禁止；決策程序是制訂與實行集體決定的普遍實踐。」這個定義看似抽象難懂，但楊格（Oran Young）認為國際建制其實就是國家之間的協定，目的在協調國家在某一議題領域內的行為，並提出導致國際建制形成的三種途徑：❶自然的，建制的形成是由許多個人的期望匯集而成；❷協商的，建制的形成是透過明確的協議過程而產生；❸強制的，前述兩者皆是以個人利益為出發點，然而有些建制最初形成的原因是來自於外部的施壓。

（二）建制的形成與形式

約在同一時期，基歐漢（Robert O. Keohane）與奈伊（Joseph Nye）從新自由主義的觀點出發，提出國際建制的成立有兩個前提：第一，國際社會的行為者之間必須具有某些共同利益，因此各方均能從合作中得到好處；第二，國際社會組織化的程度已經能夠對成員的行為帶來實質性的影響。他們認為國際建制是「持續且相關聯的一套正式或非正式的規則，用以規定行為者角色、限制行動以及影響期望」。也就是說，建制既可以是國家在互動過程中彼此默認遵守的行為規範，也可以是國家間經由談判所建立的條約，甚至是經由強權在某個議題領域所訂下的制度體系。如 1944 年到 1971 年間穩定國際金融秩序的布列敦森林體系（Bretton Woods System）、聯合國支持下的歷次海洋法公約談判過程、國際間所遵行的禁止核子武器擴散機制等都算是國際建制。

（三）對國際政治的影響

國際建制是當代新自由制度主義的重要主張，許多國際組織及國際談判的研究都是以這個概念為基礎。其重要性在於強調即使國際社會是無政府狀態，且國家基於理性與自利的原則會不斷尋求利益極大化，但正因擔心他國「以牙還牙」的報復行為而逐漸發展出相互合作的關係，並透過制度的建立，讓合作能夠持續下去。故國際建制存在的主要目的就是為了減少不確定性，使採取合作策略的國家能夠在建立互信的過程中保障自我的利益。

國際建制的定義

學者	定義
魯傑 （John G. Ruggie）	「國家群體間所接受，包含相互期望、規則、規範、計畫、組織實體及財政承諾等一系列的概念」。
克來斯那 （Stephen D. Krasner） 最廣為學界接受的定義	行為者在國際關係的特定議題領域下所期望的一系列原則（principles）、規範（norms）、規則（rules）與決策程序（decision-making procedures）。
楊格 （Oran Young）	國際建制其實就是國家之間的協定，目的在協調國家在某一議題領域內的行為。

國際建制的形成途徑

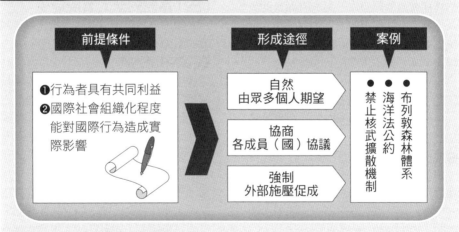

前提條件

❶行為者具有共同利益
❷國際社會組織化程度能對國際行為造成實際影響

形成途徑

自然
由眾多個人期望

協商
各成員（國）協議

強制
外部施壓促成

案例

● 布列敦森林體系
● 海洋法公約
● 禁止核武擴散機制

國際建制的類型

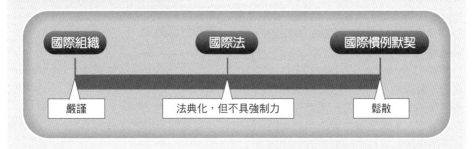

國際組織	國際法	國際慣例默契
嚴謹	法典化，但不具強制力	鬆散

UNIT *3-7*
集體安全制度

（一）集體安全制度的定義

集體安全制度（Collective Security）是自由主義理念在國際安全中最實際的應用。這個機制是建立在「我為人人，人人為我」的假設上，藉由制度的安排，將一定區域內所有國家的安全綁在一起。當其中任何一個國家遭受到其他國家軍事的威脅時，機制內的所有國家均有義務來共同抵抗，因此侵略集體安全機制中的任何一個國家，就必須面臨其他所有國家共同對抗的結果，侵略者可能會就此打消念頭。這種作法的優點在於，一方面可以將原本國家在防衛安全上必須獨自承受的成本轉嫁給制度內的其他成員共同分擔，另一方面有助於減少無政府狀態下的安全困境問題，促使國家間的安全利益從彼此競爭的關係轉變成軍事上相互依存的狀態。

（二）集體安全形成的條件

一般來說，集體安全制度的建立必須符合三個條件：

❶成員資格的普遍性

不管是區域性或是全球性的集體安全制度，都不能對成員的條件加以限制，否則僅能稱之為「為了特定目的形成的聯盟，而非集體安全制度」。除此之外，體系內任何一個國家的力量都不能超過集體的力量，否則就失去了以集體力量共同維持體系和平與穩定的功能。

❷設有合法的安全機制並授予採取行動的權力

集體安全制度內必須建立具有合法性的仲裁機制，一方面這個機構可以協助成員判斷侵略的性質，並達成一致的看法；另一方面當有必要使用武力時，可以迅速決定對侵略國採取有效的軍事

制裁手段；最後，一個合法的機制可以讓制裁行動具有正當性。因此，若將集體安全制度比喻為保護成員國安全的盾牌，則指揮行動的安全機制就是反擊時的最佳利器。

❸以防止內部成員的侵略為目的

集體安全制度與軍事聯盟最大的差異在於，前者所要對抗的威脅是來自於制度內部，而後者則是國家間為了對抗外部共同的敵人而建立的防禦機制。因此，集體安全制度內的成員必須確實遵守共同的安全承諾，否則容易使制度流於有名無實。

（三）集體安全的實際範例

在歷史上曾經出現過兩次集體安全制度的試驗：

❶國際聯盟時期

第一次世界大戰結束後，美國總統威爾遜在 1919 年巴黎和會上提倡建立歐洲國家間的集體安全制度，這也是國際社會首次將集體安全的概念落實為真正的制度。但是歐洲集體安全制度最後並未遏制德國義大利的軍事擴張，並以第二次世界大戰爆發而告終。其失敗的原因主要在於當時號召建立國際聯盟的美國並未加入，國聯在缺乏主要大國支持且沒有能力強制執行對抗行動的情況下，無法有效地維護集體安全以及對大國實行有力的制裁。

❷聯合國時期

在二次大戰結束後成立的聯合國，原本設計要以全球為範圍建立新的集體安全制度，並將如何判斷侵略交由安理會決定（見聯合國憲章第六、七章）。不過冷戰的出現使得這個制度沒有付諸實現。

集體安全制度

集體安全＝防禦內部挑戰者

軍事聯盟集體＝防禦外部挑戰者

當A對集體安全機制內的任一成員發動攻擊＝對整體成員國（BCD）發動攻擊

當甲對組成軍事同盟的任一成員動武＝對整個同盟（ABCD）動武

20世紀兩次集體安全制度的試驗

背景與倡導者	構想	結果
第一次世界大戰結束後，由美國總統威爾遜在巴黎和會上倡議	由國際聯盟所有成員國建立集體安全制度	國聯無力阻止日本占領中國東三省及義大利併吞衣索比亞，集體安全制度失敗
第二次世界大戰後，在聯合國憲章第七章加入集體安全制度的設計	以全球為範圍，賦予聯合國組織軍隊來應付危害世界和平的作為	冷戰期間美蘇對立使得憲章中規定無法執行，集體安全制度失敗

第 **4** 章

國際衝突的現象
與類型

●●●●●●●●●●●●●●●●●●●●●●●●●●● 章節體系架構 ▼

UNIT 4-1
戰爭、衝突與人類社會

（一）戰爭的頻率與代價

曾有人統計發現，人類歷史平均每十二年只有一年沒有發生重大的戰爭，也就是人類文明發展過程中的絕大部分都與戰爭有關。此外，隨著科技的進步，戰爭所造成破壞力也愈來愈高：20世紀所發生的兩次世界大戰，其所造成的死傷人數也是人類歷史上最多，總共有一億人因這兩場戰爭而死亡。不過在二次世界大戰之後，發動戰爭已經被認定是非法行為。發動戰爭的國家會受到國際社會的制裁，戰爭也不再被認為是解決國家間衝突的有效方法。即使如此，人類為防止戰爭所投下的軍費仍然十分龐大，因內戰等各種類型軍事衝突而死亡的人數仍然很多。據統計，自1945年迄今約有兩至三千萬人因內戰而死亡，其中有九成是平民。目前每年全球軍事預算約為一兆美元，平均每人負擔約為150美元。

（二）以分析層次來解釋戰爭的發生原因

國家之間因利益、期望不同而產生衝突是很常見的現象，但並不一定都會訴諸武力解決。歷史上幾乎每場戰爭的導火線都不盡相同，例如奧匈帝國王儲斐迪南大公在賽拉耶佛遇刺身亡引發第一次世界大戰，納粹德國攻打波蘭導致二次世界大戰的爆發等等。但國際關係學者比較感興趣的是發展出比較廣泛的理論模型，找出與戰爭相關的法則。前述所說的分析層次概念正好可以作為討論的標準。

❶個人層次

從個人層次來看，戰爭發生的原因與決策者本身有關。因為領導人的決定往往是一個國家是否走向戰爭的關鍵，因此領導人是否以理性方式進行決策就成了研究戰爭原因的一種方式。例如許多人將第二次世界大戰爆發歸咎於希特勒的上台，以及他所發動的一連串軍事行動。當政治領袖發現戰爭已經無法獲得預期的政治目標時，本身也可能選擇和平之路，例如已故埃及總統沙達特（Anwar Sadat），原本在1973年發動對以色列戰爭，但在1979年卻改變態度選擇與以色列和談。

❷國內層次

從國內層次來看，戰爭發生的原因與國家社會的特質有關，例如歷史所遺留下來的仇恨，使得國家之間存在難以化解的歧見，很容易引發戰爭。印度與巴基斯坦之間的關係是著名的案例：二次世界大戰後，印度和巴基斯坦分別獨立建國，但是卻因喀什米爾的歸屬問題而彼此怨恨。兩國曾經在1947年、1965年、1971年、1999年四度爆發戰爭，還在1998年先後宣布成功試爆核武，衝突迄今仍然難以化解。

❸國際層次

從國際層次來看，戰爭發生的原因與國際體系內的權力失衡有關，例如某一新興強權試圖挑戰現有霸權的地位，或是不同強權集團之間因為衝突引發的連鎖效應。第一次世界大戰（由奧匈與塞爾維亞之間的衝突演變成協約國與聯盟國之間的戰爭）與韓戰的爆發（北韓與南韓的戰爭牽動美國與中國參戰）都可以用國際層次的角度來解釋。

以分析層次來解釋戰爭的發生原因

個人層次

理性決策
例：埃及總統沙達特

原本在1973年發動
以色列戰爭，後於
1979年與以色列和談

領導人思考

不理性決策
例：德國希特勒

第二次世界大戰

國內層次

印度

四次喀什米爾
領土爭議

巴基斯坦

國際層次

1914年塞拉耶佛刺殺事件

奧匈皇儲斐迪南夫婦被一名波士尼亞籍、塞爾維亞黑手黨成員刺殺身亡

1914年奧匈得到德國支援後出兵塞爾維亞

三國協約
三國同盟
中立國

義大利

奧匈

1882

1882   1879

德國

保加利亞

敘利亞

俄羅斯

1894

法國

1907   1904

1914

英國

援助
條約
同盟

鄂圖曼
土耳其

UNIT **4-2**
領土引發的國際爭端或衝突

圖解國際關係

「領土」是構成國家的要素之一，我們幾乎沒有辦法想像一個不具有固定領土的政治實體可被國際社會承認為一個主權國家。因此許多國際上的爭端都與領土有關。一般而言，與領土有關的衝突可以分為兩類：

（一）疆界劃分的爭議

第一類衝突是兩個國家之間對於疆界的劃分有爭議，例如 1969 年中國與蘇聯為了烏蘇里江上的珍寶島所爆發的軍事衝突，以及 1980 年伊拉克與伊朗之間為了阿拉伯河的控制權引發的兩伊戰爭都是著名的案例。有些邊界爭議已經存在數十年，例如中國與印度之間的邊界爭端。依照中國政府的說法，中印邊界從未正式劃定，但按照雙方的行政管轄範圍，存在著一條傳統習慣邊界線。但印度始終認為兩國未定邊界應該也包括西藏與錫金的邊界，以及巴基斯坦在 1960 年代劃給中國的一部分喀什米爾領土邊界，總長達四千多公里。由於兩國政府對邊界認定的不同，因而產生兩段的領土爭議：東段中國稱為藏南地區，印度稱為阿魯那恰爾邦（Arunachal Pradesh），目前由印度實際控制；西段稱為阿克賽欽（Aksai Chin）地區，目前由中國實際控制。中國對疆界的主張主要是源於歷史上西藏政府對這些地域的管轄，但印度則認為中國與印度的邊界早在英國殖民時期就已經劃分，印度做為英屬印度的繼承者，對邊界的認定自然是完全承襲過去英國的安排。因此可說中國是以歷史作為領土主張的論述基礎，而印度則純粹是以法律為立論依據。兩國之間曾經在 1962 年為了邊界問題而開戰，稱為中印戰爭。目前雙方嘗試以談判的方式來解決邊界爭端，但是因為立場差距過大。短期內似乎沒有解決的可能。

（二）主權的爭議

第二類衝突是究竟由誰來控制某一塊領土，例如島嶼的歸屬。通常這種糾紛的嚴重性較高，原因是島嶼不僅具有重要的戰略地位，蘊涵的海洋資源還可能帶來龐大的經濟利益。阿根廷一直宣稱位於南大西洋的福克蘭群島（Falklands Islands）是其領土，並將其稱為馬爾維納斯群島（Islas Malvinas），甚至在 1982 年出兵將其占領，引發英國與阿根廷之間的福克蘭戰爭。另一個著名的島嶼領土爭端是南沙群島。南沙群島位於南中國海，是由兩百多個島礁及沙灘組成的廣大區域，雖然總陸地面積很小（不到五平方公里），但是因為海域底下可能擁有豐富的石油蘊藏，因此許多國家宣稱對整個南沙群島擁有主權。目前我國、中國大陸及越南宣稱對南沙群島擁有完整的主權，馬來西亞、菲律賓宣稱擁有部分島嶼主權，而汶萊與印尼則對部分海域宣稱擁有主權。1988 年中國曾經與越南在赤瓜礁（Johnson South Reef）爆發海戰，1994 年中國宣稱收復了原來被菲律賓控制的美濟礁（Mischief Reef），引發後者的強烈抗議。目前南沙群島中的各島嶼分別由我國、中國、越南、菲律賓、馬來西亞占領，並靠各方自制來維持暫時的和平狀態。

疆界劃分爭議：中印邊界糾紛

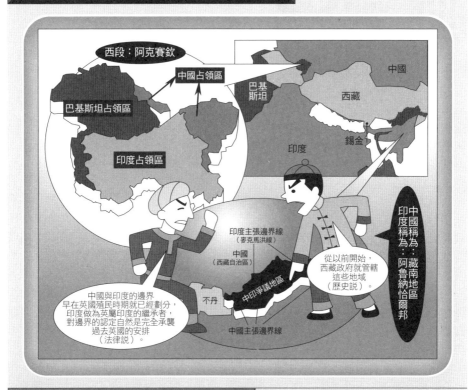

西段：阿克賽欽

中國占領區

巴基斯坦占領區

印度占領區

中國

巴基斯坦

西藏

錫金

印度

印度主張邊界線
（麥克馬洪線）

中國
（西藏自治區）

中印爭議地區

不丹

中國主張邊界線

中國與印度的邊界
早在英國殖民時期就已經劃分，
印度做為英屬印度的繼承者，
對邊界的認定自然是完全承襲
過去英國的安排
（法律說）。

從以前開始，
西藏政府就管轄
這些地域
（歷史說）。

中國稱為：阿藏南地區

印度稱為：阿魯納恰爾邦

主權的爭議：福克蘭戰爭

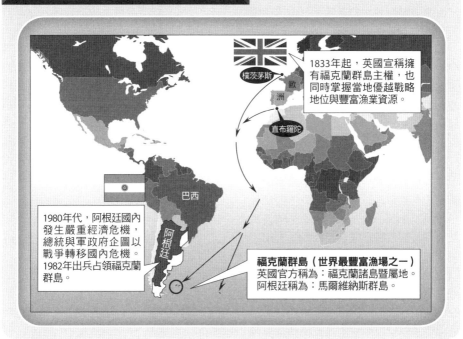

樸茨茅斯

歐洲

直布羅陀

巴西

阿根廷

1833年起，英國宣稱擁
有福克蘭群島主權，也
同時掌握當地優越戰略
地位與豐富漁業資源。

1980年代，阿根廷國內
發生嚴重經濟危機，
總統與軍政府企圖以
戰爭轉移國內危機。
1982年出兵占領福克蘭
群島。

福克蘭群島（世界最豐富漁場之一）
英國官方稱為：福克蘭諸島暨屬地。
阿根廷稱為：馬爾維納斯群島。

UNIT **4-3**
經濟利益引發的衝突

圖解國際關係

（一）經濟利益與戰爭的關聯性

雖然在國際社會裡，各國間經濟互動頻繁，但這並不代表國家之間不存在任何的利益衝突。事實上，經濟之間的競爭往往是最普遍的國際衝突形式，在過去甚至是國家間爆發戰爭的主要原因之一。17 世紀期間，英國與荷蘭曾經多次相互宣戰，爭奪的就是海上貿易航路的控制權；19 世紀英、法、俄等歐洲列強在非洲及亞洲殖民地進行了一連串的軍事衝突，也是為了經濟上的利益。因此蘇聯的創建者列寧（Vladimir Lenin）曾經說：帝國主義是資本主義發展的最高階段，而第一次世界大戰的爆發就是帝國主義國家之間經濟利益衝突的結果。

今日在絕大多數情況下，國家之間不會單純因為經濟糾紛就訴諸武力，因為動用武力不僅會讓雙方經貿往來中斷，還會遭到國際社會的制裁，可謂得不償失。

但是如果發生經濟利益衝突的國家之間本來就已經有其他的糾紛，例如領土爭端或歷史仇恨，或是進一步牽涉到對能源的爭奪，還是有發生軍事衝突的可能性。

（二）第一次波斯灣戰爭

一次世界大戰前，科威特是隸屬於鄂圖曼土耳其帝國轄下巴斯拉省（位於今日伊拉克南部）的一個自治區。戰後科威特被英國占領，成為英國的保護國，後來在 1961 年同意其獨立建國。但伊拉克始終不承認科威特的獨立，認為科威特歷史上就是伊拉克領土的一部分。在兩伊戰爭期間，伊拉克向科威特借了大筆款項以進行戰爭，這些債務在戰後

累積高達 140 億美元。此外，伊拉克指控科威特位於兩國邊界的油田設備從地底下抽取了大量原本屬於伊拉克的石油，兩國關係逐漸緊張。1990 年 8 月初，伊拉克突然派兵進攻科威特，並在兩天內將其占領。

聯合國安理會立刻決議譴責伊拉克對科威特的入侵，要求伊拉克撤出科威特。當時美國總統老布希（George H. W. Bush）組織了一個由 34 個國家組成的反伊聯盟，並派遣多達五十萬人的部隊進駐沙烏地阿拉伯。1991 年 2 月，美軍正式發動陸上攻擊，但僅僅進行了 100 小時就因伊拉克宣布撤出科威特而結束。大量伊拉克軍隊退回戰前邊界，2 月 27 日美軍宣布解放科威特。

第一次波斯灣戰爭的結果顯示，用軍事手段來解決經濟上的糾紛其實並不合算，不過這不代表國家在對外用兵時完全沒有經濟上的考量。許多人認為美國在 2003 年第二次出兵伊拉克的真正動機是為了掌控在波斯灣地區的石油資源，也有人認為中國與日本之間的釣魚台主權爭議在近年來逐漸升高的背後原因也是為了爭奪東海的天然氣與海洋資源，因此未來國家可能不會只因為經濟利益而爆發軍事衝突，但是經濟必然是影響國家之間走向競爭或合作的關鍵因素之一。

經濟利益與戰爭之關聯

過去經濟利益曾是國家爆發戰爭的主因之一，例如：十七世紀期間，英國與荷蘭曾經多次相互宣戰，爭奪的就是海上貿易航路的控制權。

第一次波斯灣戰爭

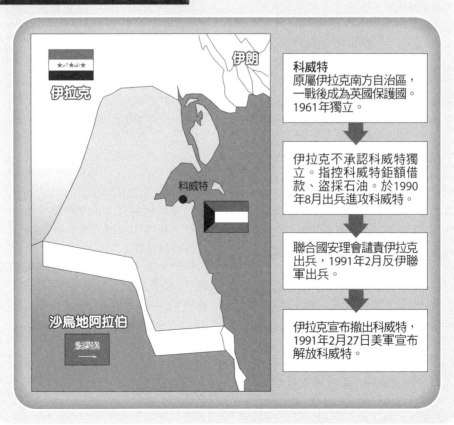

伊朗

伊拉克

科威特

沙烏地阿拉伯

科威特
原屬伊拉克南方自治區，一戰後成為英國保護國。1961年獨立。

⬇

伊拉克不承認科威特獨立。指控科威特鉅額借款、盜採石油。於1990年8月出兵進攻科威特。

⬇

聯合國安理會譴責伊拉克出兵，1991年2月反伊聯軍出兵。

⬇

伊拉克宣布撤出科威特，1991年2月27日美軍宣布解放科威特。

UNIT *4-4*
歷史遺留下來的對立或衝突

有許多國家之間的對立是歷史所造成的，因此很難在短時間內化解，甚至隨時有再度升高為衝突的可能。衝突的形式可能源自於：

（一）民族間的衝突：希臘與土耳其

有些對立源於兩個民族之間的摩擦，例如希臘與土耳其之間的關係：1821年希臘在歐洲列強支持下，脫離鄂圖曼土耳其帝國而獨立，但仍有許多希臘人居住的地區繼續受鄂圖曼帝國統治，希土兩國為此曾多次爆發戰爭；此外兩國對於愛琴海的主權歸屬也有爭議，有兩次幾乎釀成軍事衝突。不過近年來雙方關係已有顯著改善。

（二）冷戰的產物：南北韓對立

有些對立是冷戰所造成的，例如臺灣與中國大陸之間的對立以及南北韓的分隔。其中南北韓的問題源自1945年第二次世界大戰結束時，美國和蘇聯約定以北緯38度線為界，分別在朝鮮半島南部和北部進行軍事管理。1948年間，由美國管理的南部地區舉行選舉，並由李承晚當選總統並建立大韓民國政府（南韓）；同時蘇聯支持金日成在平壤成立朝鮮民主主義人民共和國（北韓），朝鮮半島正式分裂成為兩個國家。到了1950年6月，北韓突然對南韓發動軍事攻擊，企圖以武力統一朝鮮半島。美國在聯合國授權下組成聯軍出兵協助南韓抵禦北韓的攻擊，而中國則以志願軍名義派遣80萬以上的軍隊投入戰場協助北韓。這場戰爭持續了三年，造成南北韓雙方一百萬人死傷，參戰的美國也有3萬6千人戰死，中國則

有18萬人死於朝鮮戰場，堪稱20世紀最慘烈的戰爭之一。1953年8月，交戰雙方在板門店簽訂停戰協定，以當時雙方實際控制線為界，劃出一條寬4公里的非軍事區，韓戰宣告結束，但迄今南北韓仍為兩個分裂的國家。

（三）歷史造成的領土爭端：喀什米爾

印度與巴基斯坦之間的衝突也是歷史所造成，但主要的原因是喀什米爾的主權歸屬。然而印巴關係中最為關鍵的問題仍然是喀什米爾地區的主權爭議。1947年印度與巴基斯坦分別獨立之後，人口有四分之三為伊斯蘭教徒的喀什米爾統治者哈里辛大君（Maharaja Hari Singh）宣布加入印度，但巴基斯坦認為依照印巴分治協議，伊斯蘭教徒居住的區域應該歸屬巴基斯坦，兩國同時向喀什米爾進軍，進而引發為全面戰爭。戰後印度占領喀什米爾東部約三分之二的領土，而西部約三分之一為巴基斯坦所占有。此後印巴之間又分別於1965年、1971年及1999年發生三次戰爭。其中1971年是印度派兵協助孟加拉脫離巴基斯坦獨立；1999年夏天印巴雙方軍隊在喀什米爾的喀吉爾（Kargil）地區爆發軍事衝突時，兩國都已成功進行核子試爆，幸好雙方克制而未使衝突進一步惡化。雙方衝突之勢近年來已有緩和，但喀什米爾問題至今仍然未解。

朝鮮半島分裂

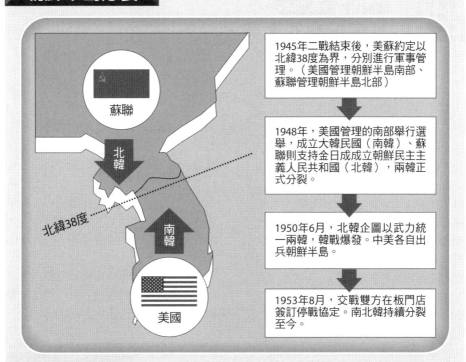

蘇聯

北韓

北緯38度

南韓

美國

1945年二戰結束後，美蘇約定以北緯38度為界，分別進行軍事管理。（美國管理朝鮮半島南部、蘇聯管理朝鮮半島北部）

1948年，美國管理的南部舉行選舉，成立大韓民國（南韓）、蘇聯則支持金日成立朝鮮民主主義人民共和國（北韓），兩韓正式分裂。

1950年6月，北韓企圖以武力統一兩韓，韓戰爆發。中美各自出兵朝鮮半島。

1953年8月，交戰雙方在板門店簽訂停戰協定。南北韓持續分裂至今。

印巴衝突

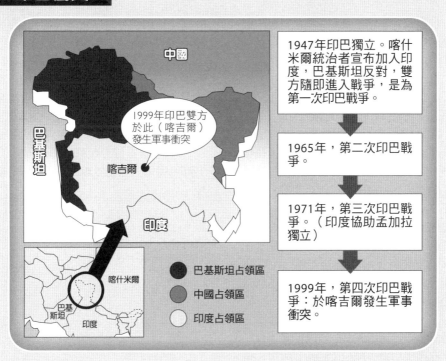

中國

巴基斯坦

1999年印巴雙方於此（喀吉爾）發生軍事衝突

喀吉爾

印度

喀什米爾

巴基斯坦

印度

巴基斯坦占領區

中國占領區

印度占領區

1947年印巴獨立。喀什米爾統治者宣布加入印度，巴基斯坦反對，雙方隨即進入戰爭，是為第一次印巴戰爭。

1965年，第二次印巴戰爭。

1971年，第三次印巴戰爭。（印度協助孟加拉獨立）

1999年，第四次印巴戰爭：於喀吉爾發生軍事衝突。

UNIT 4-5
意識形態的衝突

圖解國際關係

（一）何謂意識形態的衝突

　　意識形態可以定義為「一組相互連貫的觀念，可為組織化的政治行動提供基礎，以達到維繫、修正、或是推翻既有權力體系的目的」。因此意識形態必須具有以下三個部分：❶對現存世界的理解方式；❷理想社會與政治制度的模式；❸一套解釋如何實現理想政治制度的策略。符合這樣定義且為一般人熟知的意識形態有自由主義、保守主義、社會主義、馬克思列寧主義（共產主義）、法西斯主義（納粹主義）等。正統的現實主義者不會特別強調意識形態對國際政治的重要性，因為他們假設國際社會內的所有國家都是以追求自身利益極大化為目標，因此在第二次世界大戰期間，意識形態完全不同的美國與蘇聯竟能聯手對付共同的敵人軸心國集團。但是不可否認的，國際政治上的許多衝突都與意識形態有關，意識形態的差異也是部分國家之間難以真正合作的主要原因之一。

（二）古巴革命與美國干預

　　冷戰期間，由美國領導的民主國家集團與以蘇聯為首的共產國家集團在世界上許多不同地方進行對抗，許多區域性的衝突都與這兩種意識形態的衝突有關，其中古巴就是一個明顯的例子。古巴原本是西班牙殖民地，20世紀初在美國協助下獨立成功，但此後古巴在政治與經濟上均受制於美國。冷戰初期，古巴是由獨裁者巴蒂斯塔（Rubén Fulgencio Batista y Zaldívar）將軍所統治，他在國內大肆鎮壓異己，把經濟利益拱手讓給美國資本家。1959年1月，一支由卡斯楚（Fidel Castro）與切‧格瓦拉（Che Guevara）領導的游擊隊在農民支持下，一路擊敗巴蒂斯塔的軍隊並直搗首都哈瓦那，正式建立一個全新的社會主義政府。但古巴革命後，卡斯楚下令沒收美國企業家的資產，導致美國與古巴交惡。美國中央情報局甚至在1961年協助流亡在海外的古巴人祕密登陸古巴，試圖推翻卡斯楚政府（此舉最後宣告失敗，稱為豬玀灣事件）。此後古巴開始向蘇聯尋求援助，將蘇聯的計畫經濟體制引入古巴，使古巴成為一個真正的共產國家；而美國則對古巴進行嚴厲的經濟制裁迄今，直到現在兩國仍然沒有建立外交關係。

（三）拉丁美洲的反美情緒：意識形態衝突的延續

　　蘇聯解體後，政治上的意識形態已經不再成為國際衝突的主要原因，但是意識形態的差異仍然是理解國家間關係的一種途徑，例如美國等西方國家自1989年以來一直以各種方式批評中國的人權狀況及其處理西藏問題的態度；近年來委內瑞拉總統查維茲（Hugo Chavez）等拉丁美洲國家領袖批評美國的「帝國主義」行徑等等。類似的事件並不會升高為戰爭，但仍然屬於意識形態的衝突。

意識形態

```
解釋如何實現理想          →          自由主義
政治制度的策略

                意                   保守主義
對現存世界的理解方式    識   →        社會主義
                形
                態        →  馬克思列寧主義（共產主義）
理想社會與政治          →     法西斯主義（納粹主義）
制度的模式
```

古巴革命與美國干預

冷戰期間，古巴由獨裁者巴蒂斯塔將軍統治，其將國內經濟利益拱手讓給美國資本家。

↓

1959年1月，卡斯楚、切·格瓦拉所領導的游擊隊革命成功，成立社會主義政府。

↓

卡斯楚下令沒收古巴境內美國企業家資產，古巴與美國交惡。

↓

1961年美國中央情報局協助海外流亡古巴人推翻卡斯楚政府，失敗。此事件稱為豬玀灣事件。

↓

古巴向蘇聯尋求援助，引進計畫經濟體制，古巴正式成為共產國家。目前古巴仍受美國嚴厲經濟制裁，兩國無實質外交關係。

美國（自由主義）

蘇聯（共產主義）

★冷戰時期美蘇意識形態的角力：古巴

古巴革命背後的美蘇間角力是冷戰期間許多第三世界國家內戰或區域戰爭的縮影，例如古巴革命中的傳奇領袖切·格瓦拉就主張將古巴的經驗輸出到其他拉丁美洲國家，並親自到玻利維亞領導左派游擊隊對抗右派獨裁政府，最後在1968年被玻國政府軍逮捕處決。1980年代，當尼加拉瓜左派桑定游擊隊（FSLN）推翻右派獨裁政府建立新政權之後，美國也暗中支持尼加拉瓜的右派游擊隊（稱為Contras）在其境內進行騷擾破壞。

UNIT 4-6
嚇阻理論與戰爭邊緣策略

圖解國際關係

國家發動戰爭或威脅以軍事報復，有時是為了達成某些政治目標所運用的手段，因此武力可說是國家的政策工具，然而在怎樣的情況下國家會採取武力威脅的手段？威脅使用武力要到什麼程度才算有效？這就牽涉到嚇阻（deterrence）與戰爭邊緣（brinkmanship）這兩個策略的效果。

（一）嚇阻理論

所謂嚇阻（大陸翻譯成「威懾」）戰略，指的是一個國家發展出足夠的防衛或報復能力，藉以警告其他國家不得對其發動攻擊，否則將會採取嚴厲的懲罰行動，使對方得不償失。簡單來說，就是用實力來保障和平。研究軍事戰略的學者認為嚇阻戰略能否成功的三個要素是：❶溝通（communication）；❷能力（capability）；❸可信度（credibility）。其中溝通指的是對敵方明確表達我方使用武力的意圖，能力即是本身的實力，可信度則是讓敵方相信我方願意付出代價來「兌現」威脅，也就是「決心」。在國際政治中有許多以嚇阻來維持和平的例子，冷戰期間美國與蘇聯競相發展核武，目的就是為了維持足夠的嚇阻能力。此外，印度與巴基斯坦這兩個宿敵之間也存在相互嚇阻：自 1947 年以來，兩國為了爭奪喀什米爾主權先後爆發過三次戰爭。為了防止對方再度發動先發制人的攻擊，印度與巴基斯坦都需要一個力量大到足以嚇阻對方的武器，答案就是核武。當兩國都具有核子嚇阻能力後，決策者因為考量到發動戰爭後可能遭到對方投擲核武器報復，反而會更謹慎處理雙邊關係（關於核子嚇阻的進一步說明見單元 5-3）。

（二）戰爭邊緣策略

不過在某些情況下，一個國家的決策者可能因為判斷敵方不敢採取報復行動而刻意威脅使用武力。最早使用戰爭邊緣策略這個詞的是美國總統艾森豪時期的國務卿杜勒斯（John Foster Dulles），意思是故意使危機升級成接近戰爭的狀態，利用武力威脅、嚇阻等手段，迫使目標國讓步，進而達成特定的政治目標。不過歷史上使用戰爭邊緣政策最有名的大概是二次世界大戰之前的希特勒，當時他成功地迫使英法同意讓納粹德國兼併屬於捷克的蘇德台區（Sudetenland）。後世批評此事件的發生是因為英法兩國不願與德國開戰而採取姑息策略的後果，但也可說是希特勒成功運用戰爭邊緣策略的結果。近年來北韓金正恩政權利用升高朝鮮半島緊張情勢的手段來維持其生存，也是戰爭邊緣策略的運用。

雖然嚇阻與戰爭邊緣這兩種策略的邏輯完全相反，其最高的目標都是不能破局，也就是只有在戰爭最終沒有爆發的情況下才算成功。換言之，這兩個策略都是以「不惜一戰」的姿態來獲得安全的保障。

嚇阻戰略

嚇阻戰略成功三要素：溝通、能力、可信度

戰爭邊緣策略

UNIT 4-7
混合型的國際衝突與新型戰爭工具

（一）烏俄戰爭爆發的原因

2022 年 2 月 24 日俄國總統普丁無預警下令軍隊進攻烏克蘭，為了避免被指責為俄國「發動入侵戰爭」，以「特殊軍事行動」來稱呼這次行動。這是冷戰結束以來全球爆發最嚴重的衝突，俄羅斯被指責公然違反「布達佩斯安全保障備忘錄」。主要衝突原因包括：

❶領土因素而言，自 2014 年起俄羅斯就慫恿烏克蘭境內長期親俄的地區發起獨立公投，包括克里米亞以及頓巴斯地區的頓內茨克與盧甘斯克，後來這些地方都宣布獨立，克里米亞甚至併入俄羅斯，但烏克蘭和國際社會都沒有承認這些地方獨立建國。2022 年 2 月 21 日普丁在演說中，直接承認頓內茨克與盧漢斯克獨立，並派軍進駐兩地，被視為是此次俄羅斯入侵烏克蘭戰爭的開端。

❷意識形態上，自蘇聯解體後，俄羅斯外圍的歐洲國家幾乎都是北約或歐盟的成員國，如果烏克蘭成功加入歐盟或北約，等於俄羅斯的四周都被西方國家組織包圍住，對俄羅斯而言這將是一大國安威脅，因此俄羅斯要求烏克蘭維持中立，不能加入任何西方國家聯盟，然而近年來烏克蘭偏向親西方。戰爭爆發後，俄羅斯官媒沒有提到任何「戰爭」字眼，而是強調俄羅斯是「捍衛者」，烏克蘭是「納粹」，訴諸反納粹的意識形態戰爭。

（二）科技衍生新型態作戰方式

❶資訊戰與心理戰：防堵假消息

美國微軟公司的調查報告指出，俄羅斯控制的駭客團體在交戰過程中曾試圖規劃對烏克蘭政府與民間機構發動網路攻擊，但因烏國及其友邦透過 AI 技術的監測分析事先掌握威脅情報，得以預先部署防禦措施，有效抵禦了這場攻擊威脅。此外，應對俄羅斯透過假消息進行外部宣傳，烏克蘭政府推出可在社群平台使用的 AI 事實查核機器人「Perevirka（驗證）」，讓民眾可以快速辨別各類消息真假。

❷不對稱作戰：無人機

烏克蘭採用多軸飛行器等消費型無人機來進行空戰，除了價格比軍用無人機低廉之外，其「低空作業、低速飛行、尺寸小」的特性對傳統防空探測系統帶來新的挑戰，高度千米以下的飛行區域距離地面、建築物、樹木和飛鳥等物體較近，探測將受到噪聲干擾和遮擋影響，大幅增加成功率。

❸太空戰：低軌道衛星支援通訊網絡

俄羅斯發動全面進攻前，成功入侵美國衛星供應商 Viasat，干擾其 KA-SAT 衛星通信終端，削弱了烏克蘭的軍事衛星通信，也使 GIS 砲擊系統受到影響，美國太空新創公司 SpaceX 隨即向烏克蘭提供星鏈（Starlink）網路服務，幫助恢復戰前存在的衛星通信服務，截至 5 月已提供烏克蘭 15,000 組星鏈終端網路設備。

❹區塊鏈提供經濟援助：加密貨幣

烏克蘭利用加密平台讓世界各地的人們都可以透過加密貨幣捐款支援烏克蘭，包含比特幣（bitcoin）、以太幣（ether）、泰達幣（tether）和狗狗幣（dogecoin）等，截至 5 月已募集 6 千萬美元，是迄今為止歷史上最大的加密貨幣捐贈活動。

俄羅斯與烏克蘭地理位置圖

白俄羅斯

俄羅斯

基輔

盧甘斯克

烏克蘭

頓內茨克

克里米亞

★《布達佩斯安全保障備忘錄》
（Budapest Memorandum on Security Assurances）

1994 年 12 月 5 日美國跟英國共同推動烏克蘭、白俄羅斯和哈薩克的無核化，共同簽下了布達佩斯安全保障備忘錄，旨在解決蘇聯解體後，在其前加盟國境內所遺留核武問題。美國、英國、俄羅斯在協議中對白羅斯、哈薩克、烏克蘭提供加入《核不擴散條約》的安全保證，確保這三個國家的領土完整與國家主權，並表明上述三國遭受侵略時，將尋求聯合國安理會立即採取行動。

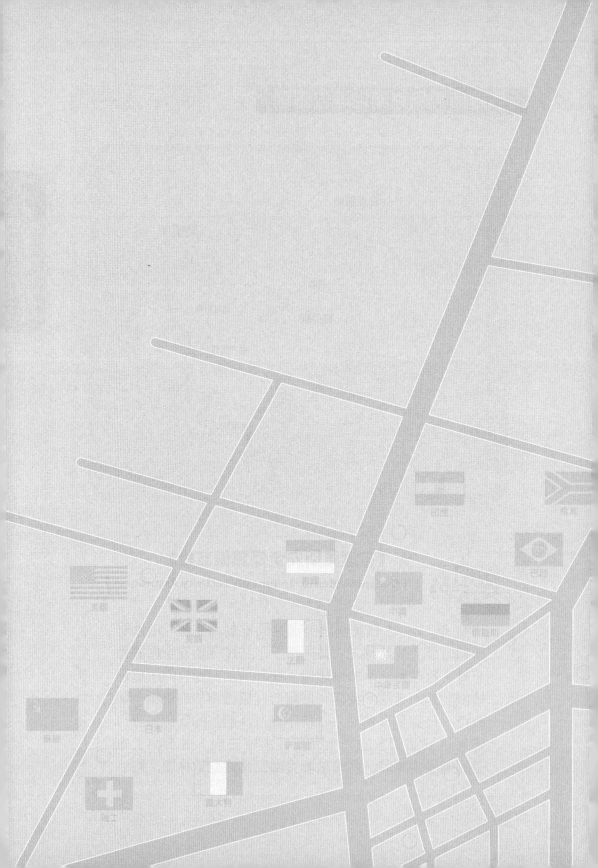

第5章

大規模毀滅性武器

●●●●●●●●●●●●●●●●●●●●●●●● 章節體系架構 ▼

UNIT **5-1**
大規模毀滅性武器的種類與特性

圖解國際關係

（一）大規模毀滅性武器的定義

大規模毀滅性武器（又稱大規模殺傷性武器）一詞是指能夠造成大規模的人員傷亡、或對人類創造的環境（例如城市及建築物）造成重大損害的武器。國際上一般的認定包括核子武器（nuclear weapon）、生物武器（biological weapon）與化學武器（chemical weapon）三者（英文簡稱為NBC）。這三者之所以受到關注，是因為它們一旦被使用，將對人類社會帶來極為嚴重的殺傷性和破壞性後果。因此國際社會對於發展、擁有與儲存這些武器發展出極為嚴格的規範。

❶核子武器

可分為核分裂核武器與核融合核武器，前者就是一般所稱的原子彈，後者則為氫彈。

❷生物武器

是指用來殺傷人員、牲畜和毀壞農作物的致病性微生物及其毒素，例如炭疽菌。

❸化學武器

指的是利用具有毒性之化學物質，以讓敵人大量死亡、受傷為目的而使用的武器，例如沙林毒氣。在所有大規模毀滅性武器之中，核子武器受到最多的討論。

（二）核子武器的形式及特性

原子彈的基本原理是讓重核子如鈾（uranium）或鈽（plutonium）在臨界質量下由中子加以撞擊，藉以釋放出更多的中子，這些中子再分裂成為較輕的原子，這些原子再釋放出更多的中子以分裂出更多的原子。如此連鎖反應下可以在短時間釋放出巨大無比的能量。大部分的裂變核武是使用化學炸藥，把在臨界質量以下的鈾或鈽元素擠壓成超越臨界質量的一塊，然後在中子照射下產生不受控的連鎖反應，並因起爆方式的不同分為鎗式和內爆式兩種。美國第一枚投擲在日本廣島的原子彈小男孩（Little Boy）即為鎗式起爆的鈾彈；第二枚投擲在長崎的胖子（Fat Man）為內爆式起爆的鈽彈。

核融合是指由質量小的原子，主要是指氕或氘，在一定條件下（如超高溫和高壓）發生原子核互相聚合作用，生成中子和氦-4，並伴隨著巨大的能量釋放的一種核反應形式。因此氫彈就是利用氫的同位素如氘的核融合反應所釋放的巨大能量來造成殺傷力的武器。核融合核武有時亦稱熱核武器，因為它們的連鎖反應需要更高的溫度啟動。

（三）核子武器的投射能力

核子武器的出現與發展對世界和平與否有重大影響，但是真正讓核子武器產生威脅的是投射能力。在過去半個世紀以來，人類逐漸發展出三種主要的核武投射方式：具有遠程投彈能力的戰略轟炸機；由陸上發射的彈道；及具有發射彈道飛彈能力的潛艇。這三種投射能力統稱為核子鐵三角（Nuclear triad）。目前世界上擁有核子鐵三角能力的只有三個國家：美國、俄羅斯、中國。

大規模毀滅性武器的危險性符號（hazard symbols）

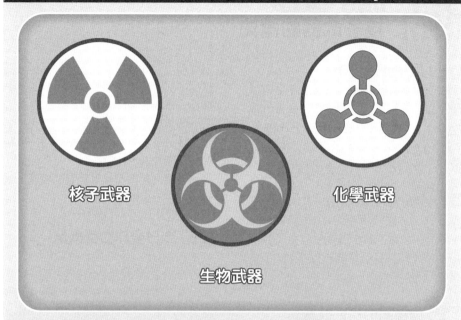

核子武器

生物武器

化學武器

核融合（nuclear fusion）原理圖

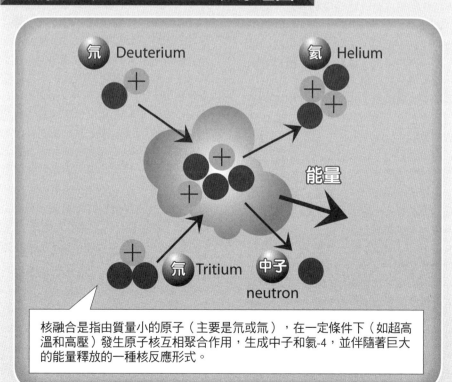

氘 Deuterium

氦 Helium

能量

氚 Tritium

中子
neutron

核融合是指由質量小的原子（主要是氘或氚），在一定條件下（如超高溫和高壓）發生原子核互相聚合作用，生成中子和氦-4，並伴隨著巨大的能量釋放的一種核反應形式。

UNIT 5-2
核子武器的歷史

（一）原子彈的發明

二次世界大戰期間，美國政府召集科學家進行所謂曼哈頓計畫（Manhattan Project），進行原子彈的研發。1945 年 7 月 16 日，第一顆原子彈在美國新墨西哥州沙漠中試爆成功，美國立刻將其應用在對日作戰上。當年 8 月 6 日與 9 日，美國分別向廣島與長崎投放了兩顆原子彈，每個城市各約有 10 萬以上的平民喪生，日本宣告投降。迄今日本也是人類歷史上唯一遭到原子彈攻擊的國家。

（二）強權間的核武競賽

戰後美國繼續製造原子彈，藉此保持與蘇聯對抗時的戰略優勢。但蘇聯在 1949 年成功製造原子彈，打破美國的優勢地位。英國、法國、中國也紛紛投入原子彈的研發，以期讓自己躋身強國之列。英、法分別在 1952 年與 1960 年宣布成為擁有原子彈的國家，中國則是為了對抗美國與蘇聯的威脅，在 1959 年 6 月展開名為「五九六工程」的計畫，全力研製原子彈，並於 1964 在新疆羅布泊試爆成功。

蘇聯成功製造原子彈讓美國大為震驚，決定製造出威力更大的原子武器。1950 年美國總統杜魯門決定研製氫彈，並在 1951 年進行第一次試驗。但蘇聯卻早於美國一步，在 1953 年宣布成功製造出可應用在戰場的氫彈，而美國則在次年於太平洋的比基尼島試爆第一顆具有實用價值的氫彈。此後英、法、中國也分別成功製造出氫彈。

冷戰期間，美國與蘇聯均投入大量的經費製造核彈，並研發投射能力更強的載具。在對峙的最高峰，兩國分別擁有三萬顆以上的核彈，此一數字足以毀滅整個地球，因此當時美國國防部長麥納瑪拉（Robert McNamera）還曾經創造出一個詞來形容這種狀況：相互保證毀滅（Mutual Assured Destruction）， 這個詞的英文縮寫為 MAD，意為瘋狂，可見人類為了追求核武競賽的勝利已經到了瘋狂不理性的地步。

（三）今日全球核武概況

由於核子武器的強大毀滅能力，使得許多國家對研發核武展現出極高的興趣。南非與我國過去在冷戰時期便曾祕密研發核武，但後來都因故放棄，伊朗則被國際社會懷疑正在發展濃縮鈾技術以製造核武。目前❶美國；❷俄羅斯（蘇聯的繼承者）；❸英國；❹法國；❺中國等五國在《核不擴散條約》（Nuclear Non-Proliferation Treaty）中被稱為「核武國家」，也就是其擁有核武的能力是被全世界認可的。但除了這五國之外，印度、巴基斯坦和北韓也曾正式成功進行核武試驗，因此也被認為是擁有核武器的國家。以色列一直被國際社會懷疑具有核武能力，其政府過去對這些指控既不承認也不否認，直到 2006 年以色列總理才間接承認擁有核武，目前外界估計以色列至少擁有一百枚以上的核彈。

核子武器的歷史

1930s

1930年代在核子科學研究上有長足發展，當科學家理解鈾分裂的概念後，美國開始擔心希特勒會先一步發展出核子武器。

1942

1942年曼哈頓計畫開始

1945

1945年7月16日，曼哈頓計畫進行第一次核子試爆，自此正式開啟「原子時代」（Atomic Age）。
8月6日，美國向廣島投擲小男孩原子鈾彈。
8月9日又向長崎投放胖子原子鈽彈。

1949

1949年8月29日，蘇聯第一次核子試爆。

1950s

1950年代，美、蘇兩極與各國對於核武極盡投資研發，1951年美國試爆第一枚氫彈，隨後1953年蘇維埃也跟進。在1952年，英國宣布自己為核武國家，並於其後1958年第一次試爆氫彈。

1960s

1960年法國逕自宣布為第四個核武國家，因而蘇聯打破協定，立刻進行核子試爆，美國也隨之在太平洋進行核子試爆。

1964

1964年中國進行第一次的核子試爆後，正式確立美、蘇、英、法、中五個核武大國的地位，這五國於1960~1990年間不斷進行核武試爆。

1968

1968年多國簽署《核不擴散條約》（Nuclear Non-Proliferation Treaty, NNPT），宗旨為防核擴散、推動核武裁軍與和平使用核能。

1970s

1970年代，美、蘇進行戰略武器限制談判（Strategic Arms Limitation Talks）磋商，在1972年簽署《反彈道飛彈條約》（the Anti-Ballistic Missile Treaty）。但隨後美、蘇第二輪SALT 磋商陷入僵局，兩方皆強化分導式多彈頭技術（MIRVs）。

1991

1991年，美、蘇簽署《第一階段削減戰略武器條約》（START I）。

1995

1995年，美、蘇簽署《第二階段削減戰略武器條約》（START II）。

1998

1998年，印度、巴基斯坦成為核武俱樂部的一員，並也進行核武試爆。

2006

2006年北韓進行核武試爆，其後於2009年又再度進行一次。
同年，以色列總理間接承認擁有核武。

UNIT 5-3
核子嚇阻與核武競賽

圖解國際關係

（一）核武時代的嚇阻

美國在廣島與長崎投下的兩顆原子彈，讓世人首次見識到核子武器的強大毀滅性，擁有核武的國家能因此獲得更巨大的戰爭潛力與顯赫的國際地位，因此核武器真正的功能反而不是運用在戰場上，而是其所能產生「嚇阻」（deterrence）的力量：藉由擁有核武來防止敵對的國家對己方發動攻擊。部分擁有核武的國家例如中國與以色列，其發展核武的原始動機顯然就是為了產生足夠的嚇阻能力，因為其生存環境正遭到其他國家的軍事威脅。

不過嚇阻戰略成功的前提是讓其他國家相信當事國具有不惜使用核子武器的決心，而且如果敵對國相信能夠先發動先制攻擊（first strike）摧毀核武國的核武，則嚇阻戰略就可能失效。以印度和巴基斯坦這兩個核武國為例，印度核武對巴基斯坦的嚇阻能力是建立在巴基斯坦相信印度有可能對其使用核武；但如果巴基斯坦有能力先發動攻擊，摧毀印度所有的核武，那印度就不再具有嚇阻能力。這樣的關係會促使發展核武的國家朝兩個方向發展：

❶製造更多的核子武器，以保證自己的核武不至於被敵方在第一波攻擊中摧毀。

❷讓尚未被摧毀的核武能夠有效投射到敵方，也就是具有報復攻擊（或稱第二擊，second strike）的能力。可以想像這樣的結果，會促使擁有核武器的國家不斷製造更多的核武，並且發展能夠在先制攻擊中摧毀敵方所有核武的實力，這就成了無止境的核武競賽。

（二）美國的星戰計畫

冷戰時期，美國與蘇聯之間就曾經進行過這樣的核武競賽，到了 1970 年代雙方核武的力量已經平分秋色，形成「相互保證毀滅」的態勢。在這個情況下，如果還想在核武競賽中占上風，就只有一種方法：發展出飛彈的防禦計畫來摧毀敵方來襲的所有核彈。1983 年，美國總統雷根提出戰略防禦計畫（Strategic Defense Initiative, SDI，或稱 Star War Program 星戰計畫），希望在太空中發展出全面的飛彈防禦系統，讓其他國家的核彈無法攻擊美國。不過因研發代價過於昂貴，美國政府最後在 1990 年代宣布終止。此外美國曾經在 1972 年與蘇聯簽訂一項反彈道飛彈條約（Antiballistic Missile Treaty），限制雙方發展反彈道飛彈的防禦系統，避免讓自己或對方擁有第一擊的能力，增加核子戰爭的風險。

（三）末日之鐘

為了讓世人了解核子戰爭的可怕，美國芝加哥大學所創辦的學術期刊《原子科學家公報》（Bulletin of the Atomic Scientists）在 1947 年於封面上設立一個虛構的時鐘，以分針距離午夜的時間來標示出世界受核武威脅的程度，稱為末日之鐘（Doomsday Clock）。過去六十餘年來，該時鐘曾經被調整過 23 次，距午夜最長是 17 分鐘（1991 年），最近是 2 分鐘（1953 年）。然而，2018 年因全球核武威脅，川普總統的行事作風使得末日鐘又再次調回 23：58 分。

核武時代的嚇阻

```
使用「嚇阻」戰略 ─┬─ 成功 → 讓其他國家相信當事國具有不惜使用核子武器的決心
                  └─ 失敗 → 如果敵對國相信能夠發動先制攻擊摧毀核武國的核武
```

以擁有核武作為嚇阻籌碼的國家，發展方向有二：

❶ 製造更多的核子武器：保證自己的核武不至於完全被摧毀。

❷ 確保第二擊能力：讓尚未被摧毀的核武能夠有效投射到敵方，具有報復攻擊的能力。

末日之鐘（Doomsday Clock）：1947年～2015年

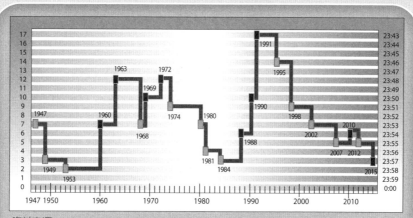

資料來源：http://upload.wikimedia.org/wikipedia/commons/4/4b/Doomsday_Clock_graph.svg

年份	時間	設置／更動原因
1947	23:53	末日鐘最初設定的時間
1949	23:57 ↑	蘇聯首次試爆原子彈，正式展開核子軍備競賽
1963	23:48 ↓	美蘇簽署《部分禁止核試驗條約》（Partial Test Ban Treaty），限制大氣層核子試驗
1972	23:48 ↓	美蘇簽署限武條約（SALT I Treaty）
1984	23:57 ↑	美蘇重新展開核武軍備競賽
1990	23:50 ↓	冷戰結束，美蘇不再對峙
2007	23:55 ↑	北韓試爆核武成功，引發國際震撼
2012	23:55 -	抑制核武擴散以及應對氣候變遷的努力不足
2015	23:57 ↑	世界仍缺乏應對全球氣候變遷以及核武的全球性政治行動，加上美俄兩國於烏克蘭危機的緊張情勢加劇
2017	23:57:30 ↑	川普當選美國總統
2023	23:58:30 ↑	爆發俄烏戰爭，這是自冷戰後最嚴重的衝突

UNIT 5-4
防止核武擴散的國際機制

（一）核不擴散概念的出現

　　「防止核武擴散」（Nuclear Non-Proliferation）的概念最早是由愛爾蘭外長艾肯（Frank Aiken）在 1958 年的第 13 屆聯合國大會上提出來的，這項決議案一般稱為「愛爾蘭決議案」（Irish Resolution）。但由於核武的取得在過去一直被認為除了有助於提升防衛國家的力量之外，也會增加國家在國際社會的地位與發言份量，因此有愈來愈多的國家企圖發展核武。只不過在當時的政治環境下，愛爾蘭連續三屆在聯合國大會上提出的防止核武擴散提案均遭到否決。直到美蘇等擁有核武的國家逐漸意識到如果不限制核子武器的擴散，未來其他發展出核武的國家將會嚴重威脅到自己的地位，因此轉而同意建立一個監督並具約束力的國際條約。

（二）《核不擴散條約》

　　從 1966 年開始，蘇聯與美國展開一連串的秘密協商，合作草擬出一項禁止核武擴散的條約草案，並向聯合國裁軍委員會提出。1968 年聯合國大會通過《核不擴散條約》（Nuclear Non-Proliferation Treaty，簡稱 NPT），並於 1970 年正式生效。該條約內容主要有五項原則：❶禁止非核武會員國發展核子武器；❷禁止五個核武國家（美、俄、英、法、中）轉移核武給其他國家；❸透過國際監督機制確保非核武國家的核子技術不會發展為相關核子武器；❹促進非核武國家在國際監督下和平使用核子能源；❺促使會員國進行終止核武競賽與裁減核武的國際談判。

　　《核不擴散條約》堪稱目前全世界批准國家最多的國際條約，至今共有 191

個聯合國會員國簽署，簽約國每五年召開一次關於防止核擴散條約的檢討會議。目前只有以色列、巴基斯坦、印度拒絕簽署，北韓曾經參與該條約，但在 2003 年宣布退出。

（三）全面禁止核試驗條約

　　該條約的目的是要求締約國承諾不以任何方式參與進行任何核武器試爆，並進一步承諾在其管轄或控制下的任何地方，禁止和防止任何的相關試驗。聯合國大會在 1996 年表決通過該條約，並開放所有會員國簽署。截至 2010 年為止，有 186 個國家已經簽署了《全面禁止核試驗條約》（Comprehensive Nuclear Test Ban Treaty, CTBT），但是該條約規定必須原來參與談判的 44 個國家（條約中稱之為附件二國家）都簽署並批准始能生效，因此這個條約並未正式生效。

（四）國際原子能總署的角色

　　目前國際負責監督核擴散事務的是國際原子能總署（簡稱 IAEA）。這是聯合國功能性組織中的一個，總部位於維也納，其任務是監督所有國家和平使用核能的狀況（如核能發電）。一旦發現有任何國家違反和平使用核能的原則（如祕密製造核武），總署可以逕行突擊檢查，並將其違反核不擴散的情況提請聯合國安理會處理，因此這個機構也被稱為「聯合國核子事務的守門人」。

《核不擴散條約》（NPT）截至2008年之簽署狀況

資料來源：
修正http://upload.wikimedia.org/wikipedia/commons/0/01/NPT_Participation.svg

顏色註解

- ：簽約國（英國、美國、蘇聯和其他59個國家）
- ：加入條約國（後續加入，至今總共有191個國家）
- ：非簽約國但受其限制（台灣）
- ：退出（北韓）
- ：非簽約國（印度、巴基斯坦、以色列和南蘇丹）

核不擴散條約

核不擴散條約

1968年聯合國大會通過《核不擴散條約》（簡稱NPT），並於1970年正式生效。

- 禁止非核武會員國發展核子武器

- 禁止五個核武國家（美、俄、英、法、中）轉移核武給其他國家

- 透過國際監督機制確保非核武國家的核子技術不會發展為相關核子武器

- 促進非核武國家在國際監督下和平使用核子能源

- 促使會員國進行終止核武競賽與裁減核武的國際談判

UNIT 5-5
違反核不擴散的實例：北韓與伊朗

目前國際間防止核擴散的主要做法是防止非核國家取得發展核武所需的鈽或鈾原料，以及相關的技術與設備，並由國際原子能總署負責監督全世界所有核原料與技術的使用狀況。不過這個防堵機制的成效已經受到質疑，因為北韓已於 2006 年進行核子試爆成功，成為核武國；而伊朗正在發展濃縮鈾技術，國際社會懷疑其目的應該也是為了發展核武。

（一）北韓的核武計畫

在 1993 年間，國際社會懷疑北韓正在祕密發展核武並對其進行制裁，後來美國前總統卡特（Jimmy Carter）前往北韓進行斡旋並達成一項協議，北韓同意關閉位於寧邊的核設施，接受國際檢查，條件是美、日、南韓必須提供其國內所需的能源。但到了 2002 年底，北韓突然宣布重新啟動位於寧邊的核設施，並宣布退出禁止核武擴散條約，驅逐國際原子能總署的檢查員，甚至公開承認正在發展核武。

為了化解危機，中國政府出面邀請美國、日本、俄羅斯、南、北韓的代表於 2003 年 8 月開始，在北京舉行六方會談。會談最初進展的並不順利，到 2005 年 9 月進行第四輪會談時，北韓曾經同意放棄核計畫並重返核不擴散條約，不過後來北韓又要求美國先提供其核能發電所需的輕水反應爐才願意停止核計畫，談判再度陷入僵局。2006 年 10 月，北韓突然在咸鏡北道進行核子試爆，引發國際社會震撼。聯合國安理會表決一致通過第 1718 號決議，譴責北韓的核子試爆，並採取嚴厲的制裁措施。北韓在壓力下重返六方會談，並同意停止核計畫。2007 年 7 月，北韓宣布關閉在寧邊的核設施，並由國際原子能總署的檢查員證實；2008 年 8 月，北韓在六方會談中交出核武發展的相關資料，美國也正式將北韓由支持恐怖主義國家的名單中除名。不過此後國際社會懷疑北韓交出的核武發展資料並不確實，果然北韓於 2009 至 2017 年進行 16 次核子試爆。聯合國安理會對其發動更為嚴厲的經濟制裁，授權各國可逕行攔檢可疑的北韓船隻。然而 2018 年北韓突宣布凍結核武試驗並釋出去核化善意，後續發展仍待觀察。

（二）伊朗的濃縮鈾計畫

2002 年，美國公布的衛星照片顯示伊朗在未告知國際原子能總署的情況下在納坦茲城（Natanz）建立濃縮鈾提煉設施。國際原子能總署立刻要求伊朗簽署禁止核武擴散條約的附加議定書，以允許國際原子總署對其進行更為嚴格的檢查。伊朗於 2003 年 12 月正式簽署了附加議定書，並在 2004 年 4 月宣布終止濃縮鈾計畫。不料伊朗與歐盟在一些關鍵問題上始終無法達成協議，歐盟堅持伊朗應完全終止鈾濃縮活動，而伊朗則表示不會放棄和平利用核能的權利，雙方談判破裂。2005 年 8 月，被西方視為保守派的阿馬迪內賈德當選伊朗總統，立刻宣布將恢復濃縮鈾提煉計畫。國際原子能總署在無法獲得伊朗放棄核能計畫承諾的情況下，於 2006 年 2 月將伊朗案交由聯合國安理會處理，並祭出一連串制裁政策，要求伊朗停止核子計畫。直到 2015 年 7 月 14 日伊朗與美國、英國、中國、法國、德國、俄羅斯六國終於就伊朗減核問題達成全面性的協議，伊朗也將獲分階段解除制裁。

北韓與伊朗核武發展大事紀

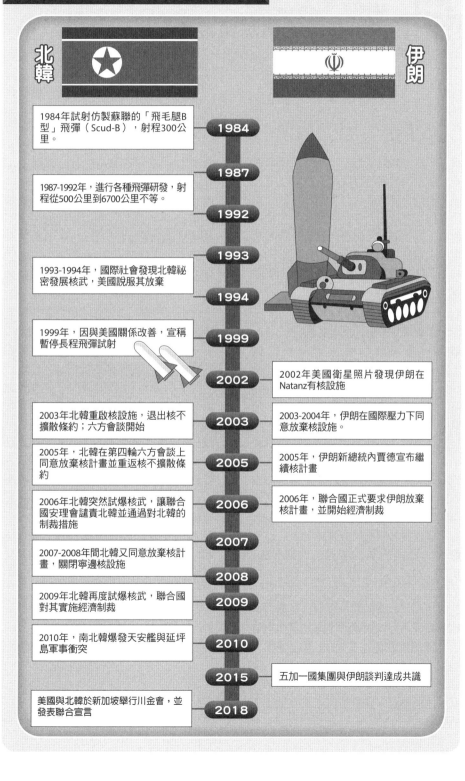

北韓

伊朗

1984 1984年試射仿製蘇聯的「飛毛腿B型」飛彈（Scud-B），射程300公里。

1987

1987-1992年，進行各種飛彈研發，射程從500公里到6700公里不等。

1992

1993

1993-1994年，國際社會發現北韓祕密發展核武，美國說服其放棄

1994

1999年，因與美國關係改善，宣稱暫停長程飛彈試射 **1999**

2002 2002年美國衛星照片發現伊朗在Natanz有核設施

2003年北韓重啟核設施，退出核不擴散條約；六方會談開始 **2003** 2003-2004年，伊朗在國際壓力下同意放棄核設施。

2005年，北韓在第四輪六方會談上同意放棄核計畫並重返核不擴散條約 **2005** 2005年，伊朗新總統內賈德宣布繼續核計畫

2006年北韓突然試爆核武，讓聯合國安理會譴責北韓並通過對北韓的制裁措施 **2006** 2006年，聯合國正式要求伊朗放棄核計畫，並開始經濟制裁

2007

2007-2008年間北韓又同意放棄核計畫，關閉寧邊核設施

2008

2009年北韓再度試爆核武，聯合國對其實施經濟制裁 **2009**

2010年，南北韓爆發天安艦與延坪島軍事衝突 **2010**

2015 五加一國集團與伊朗談判達成共識

美國與北韓於新加坡舉行川金會，並發表聯合宣言 **2018**

UNIT 5-6
裁減核武的構想與實踐

　　防止核武擴散的另一個層面就是讓已經擁有核武的國家減少其核武的數量。當兩個敵對國家都擁有核子武器的時候，為了讓自己的核武具有足夠嚇阻的能力，就必須製造出更多的核武。如此以來，兩國將陷入無止境的核武軍備競賽，這樣的發展不僅讓雙方更缺乏安全感，也因為雙方都儲存大量的核武而讓世界變得更危險。在冷戰期間，美國與蘇聯之間就面臨了這樣的狀況，為了避免核武競賽失控，兩國政府在對峙的高峰期，開始嘗試就裁減戰略性核子武器進行一系列談判。

（一）戰略武器限制談判

❶ 第一階段的戰略武器限制談判（Strategic Arms Limitation Talks）從1969年開始磋商，直到1972年雙方簽訂了第一個限武條約（簡稱 SALT I，也就是單元 5-3 所說的反彈道飛彈條約）。在這個條約中，雙方都被允許只能選擇一個地方部署反飛彈防禦系統，以確保沒有任何一方能夠建立完整的飛彈防禦網路。蘇聯當時選擇將這個系統部署在莫斯科，而美國則選擇在北達科他州部署，以保護其勇兵飛彈基地。

❷ 第二階段的限武談判（簡稱 SALT II）於 1977 年在維也納開始進行。這可說是一次真正的限武談判，目的在限制雙方核子武器的系統發展以及擁有的核彈數量，因此面臨的困難及阻力也更大。兩國政府最後在 1979 年達成協議並簽訂條約，只是在簽約不久之後，蘇聯即入侵阿富汗，美蘇冷戰緊張情勢升高，因此美國參議院最終並沒有批准這紙條約。

（二）戰略削減武器條約

　　1982 年美國總統雷根再度向蘇聯提議以談判的方式來削減彼此的核武數量，此後雙方一直談判到 1991 年蘇聯正式解體前夕才正式簽訂《戰略削減武器條約》（Strategic Arms Reduction Treaty，簡稱 START）。在這個條約中，雙方同意各自將所有核子武器的數量限制在 6000 枚以下，並將洲際彈道飛彈的數量限制在 2500 枚以下，而洲際飛彈的載具則限制在 1600 枚以下。為了確保條約的執行，兩國還設計出嚴格的武器銷毀及監督的程序，蘇聯在簽約之後就正式解體，其繼承者俄羅斯也同意繼續遵守條約的執行，使得這項條約成了冷戰結束之後兩大核武超強逐漸銷毀多餘核武庫存的主要依據。

　　時至今日，美國與俄羅斯不再相互敵對，保有過多的核子武器對雙方而言都是負擔，因此美國總統歐巴馬就任後，積極與俄羅斯洽談新的限武條約。2010年 4 月，兩國正式簽訂新戰略削減武器條約（外界稱為 New START），將雙方的核武彈頭數量再減到 1550 枚，並將核彈發射器數量限制在 800 架。此外雙方並同意設立新的監督機構來確保條約的執行，並以七年的時間達成裁減目標。美國與俄羅斯國會都順利批准新戰略削減武器條約，因此這項條約已經正式生效。

美國與蘇聯裁減核武

 第一階段

 SALT I

戰略武器限制談判從1969年開始磋商

美蘇於1972年簽訂的第一個限武條約，內容針對反彈道飛彈設置問題。

 第二階段

SALT II

限武談判（簡稱SALT II）於1977年在維也納開始進行

美蘇雙方於1979年簽訂，目的在限制雙方核子武器的系統發展與數量。

 START

簽訂戰略削減武器條約

美蘇雙方於1991年簽署並同意將所有核子武器的數量限制在6000枚以下、洲際彈道飛彈的數量在2500枚以下，洲際飛彈的載具則在1600枚以下。

 New START

簽訂新戰略削減武器條約

美蘇雙方於2010年簽訂，將雙方的核武彈頭數量減至1550枚，彈道發射器數量限制為800架。

第 **6** 章

民族與宗教對立所引起的國際政治問題

● 章節體系架構 ▼

UNIT **6-1**
民族主義與民族獨立運動

圖解國際關係

（一）民族的定義與相關理論

民族可以定義為「一群在文化與政治上彼此認同到一個程度，進而希望在政治上自我管理甚至追求獨立的人」。要成為民族通常必須達到三個要件：

❶一群具有相似之處的人

相似的地方可能是血緣、宗教、語言、文化，也可能是因聚居而自然形成。

❷相互認同感

社群內的人認知到彼此有相似之處，而此認同感能使此一社群與其他的群體區隔。

❸追求自治或獨立的願望

此一社群必須發展出追求政治上自主甚至建立國家的願望。

至於民族主義的起源，原生論（primordialism）者認為民族認同乃與生俱來，並不會隨外在環境變化而改變；工具論（institutionalism），或稱環境論（circumstanstalism）者則認為民族的認同是可以經由外部因素、特別是環境塑造而成。當代政治學界已經很少持單一觀點，而普遍認為民族是血緣、文化、語言、宗教、地理鄰近等因素結合，並在特殊的歷史與社會條件下形成。

（二）民族與國家疆界

自 19 世紀以來，民族主義一直是影響國際政治發展的一個重要因素，因為由單一民族建立的「民族國家」（nation state）是主權國家的主要型態之一，而「民族自決」（由民族自行決定是否獨立以及其政府型態）的原則也已經廣泛被國際社會所接受。歐洲多數國家及亞洲的日本可說是「一族一國」最典型的例子。不過目前世界上多數的國家都不是由單一民族所構成，也有些民族分散在不同國家之內，甚至有些民族沒有自己的國家。這種民族與政治疆界不一致的情況可以分為以下三種型態：

❶一國多族

例如加拿大的人口中就包含說英語（占人口七成）及說法語（占人口三成）兩個族群；有些國家甚至沒有一個民族達到總人口的五成，例如解體前的南斯拉夫。

❷一族多國

例如說德語的族群在歐洲就居住在德國、奧地利及瑞士三個國家，其中德國與奧地利都是純德語國家，瑞士還包括法語及義大利語的族群。

❸無國家民族

例如庫德族（Kurds），是一個擁有獨特語言文化及悠久歷史的民族，總人口約有三千萬人，但其居住地域跨越土耳其、伊朗、伊拉克、敘利亞四國。

（三）民族是否有權自決獨立？

如果一個國家內部的多數民族在政策上歧視少數民族，或少數民族強烈主張獨立但中央政府不願意讓其和平脫離，就可能引發危機甚至戰爭。不過國際社會是否支持某一個民族獨立自決並沒有一定的標準：如果某個時期國際社會的主流價值是反對國家分裂，就有可能支持中央政府壓制國內的民族獨立情緒；如果國際社會普遍對民族獨立運動表示同情，就可能支持某國境內民族自決的權利，甚至不惜以犧牲原有國家的主權為代價。

組成民族國家的元素

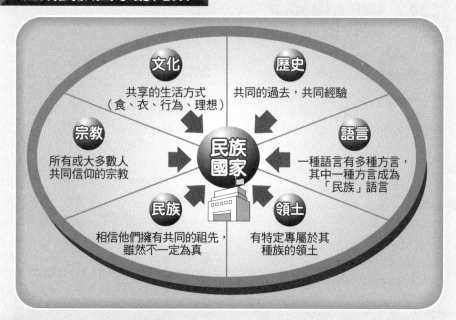

文化
共享的生活方式
（食、衣、行為、理想）

歷史
共同的過去，共同經驗

宗教
所有或大多數人
共同信仰的宗教

**民族
國家**

語言
一種語言有多種方言，
其中一種方言成為
「民族」語言

民族
相信他們擁有共同的祖先，
雖然不一定為真

領土
有特定專屬於其
種族的領土

民族與國家疆界

型態	實例
民族與政治疆界不一致的情況可以分為以下三種型態	
一國多族	❶加拿大的人口中就包含說英語（占人口七成）及說法語（占人口三成）兩個族群 ❷解體前的南斯拉夫，沒有一個民族達到總人口的五成
一族多國	說德語的族群在歐洲就居住在德國、奧地利及瑞士三個國家，其中德國與奧地利都是純德語國家，瑞士還包括法語及義大利語的族群
無國家民族	庫德族（Kurds），是一個擁有獨特語言文化及悠久歷史的民族，總人口約有三千萬人，但其居住地域跨越土耳其、伊朗、伊拉克、敘利亞四國

How are you

Bonjour

加拿大

艾蒙頓
溫哥華　卡加利
魁北克
渥太華
多倫多
蒙特利爾

UNIT *6-2* 宗教與國際政治

（一）世界主要宗教概況

宗教是許多社群裡共同信仰的核心價值，不同宗教之間的衝突往往是歷史上許多戰爭的原因。直到今日，宗教仍然是國家或民族間差異的主要內容，而宗教信仰的不同有時甚至會讓族群之間的矛盾升高為嚴重的暴力衝突。

❶基督教

今日全世界信徒最多的宗教是基督教，這是以信仰耶穌為上帝之子與人類救世主的一神論宗教。信徒人數約有22億，包括新教、天主教、東正教三個主要派別。其中新教人數最多，信徒以西歐及北美為主；天主教信徒主要集中在南歐及拉丁美洲；東正教信徒多數集中在東歐。

❷伊斯蘭教

世界上第二大宗教是伊斯蘭教，是以可蘭經與先知穆罕默德聖訓為教導的一神論宗教。全球信徒人數在16億以上，其分布地域以中東地區為中心，向西至非洲大陸，向東至南亞次大陸及東南亞地區。伊斯蘭教依其教義可以分為遜尼派（Sunni）與什葉派（Shia）兩支，其分裂源於兩派信徒對先知穆罕默德繼承人的認定不同。今日伊斯蘭教信徒絕大多數為遜尼派，而什葉派僅占10-20%，集中在伊朗與伊拉克。

❸印度教

印度教是發源並流行於南亞次大陸，以吠陀（Veda）經為教義的多神信仰。信徒人數約有10億，主要集中在南亞地區的印度與尼泊爾，以及世界各地的印度裔社群。信徒依其崇拜的神祇對象可分為濕婆派、毗濕奴派、性力派三大派別，但皆強調因果報應與生命輪迴。

❹佛教

佛教是由佛陀釋迦牟尼在公元前6世紀所創立的宗教，信徒人數約為3.6億，主要集中在東亞各國及東南亞，其發源地印度之信徒人數反而很少。目前佛教依其分布地域與教義可分為南傳與北傳，南傳佛教又稱上部座佛教，也就是一般所說的「小乘」，流行於東南亞與斯里蘭卡；北傳佛教又稱為「大乘」，流行於中國日本等東亞各國。

❺其他宗教

除了以上四大信徒人數最多的宗教之外，世界上其他主要的宗教有猶太人專屬信仰猶太教、發源於印度的古老宗教耆那教（Jainism）、15世紀發源於印度旁遮普地區的錫克教、流行於華人世界的道教、日本傳統信仰神道教，以及世界上最古老的宗教祆教（瑣羅亞斯德教）等。至於起源於孔子的儒教信仰是否為宗教，則仍有爭議。

（二）宗教與衝突

即使經濟發展與現代化讓許多原本信仰虔誠的社會逐漸變得世俗化與多元化，但這個過程也激發各種「基本教義派」（fundamentalism）運動的發展，使得宗教在今日國際衝突中扮演日益重要的角色。例如猶太教徒與伊斯蘭教徒都視耶路撒冷為聖地，聖城的最後歸屬問題讓以色列與巴勒斯坦人之間的衝突變得難以解決；伊斯蘭世界的許多激進宗教組織認為美國與西方文明正在摧毀其傳統價值與社會基礎，因此主張以暴力手段來進行反擊等，都是宗教衝突的結果。

世界宗教分布圖

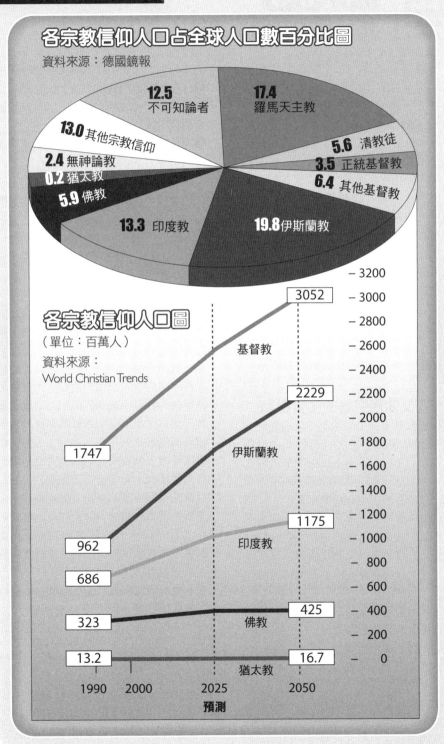

各宗教信仰人口占全球人口數百分比圖

資料來源：德國鏡報

- **17.4** 羅馬天主教
- **12.5** 不可知論者
- **13.0** 其他宗教信仰
- **5.6** 清教徒
- **2.4** 無神論教
- **3.5** 正統基督教
- **0.2** 猶太教
- **6.4** 其他基督教
- **5.9** 佛教
- **19.8** 伊斯蘭教
- **13.3** 印度教

各宗教信仰人口圖

（單位：百萬人）

資料來源：
World Christian Trends

基督教 3052 1747

伊斯蘭教 2229 962

印度教 1175 686

佛教 425 323

猶太教 16.7 13.2

1990　2000　2025　2050

預測

UNIT *6-3*
杭廷頓的文明衝突論

冷戰結束之後，國際關係學者很快發現這個世界並沒有因為兩大超級強權停止對抗而變得更和平。相反地，由於美俄在全球各地影響力衰退，許多原本就已經存在的地區性衝突或族群間矛盾突然變得嚴重起來，例如俄羅斯境內車臣共和國與中央政府之間的兩次戰爭、南斯拉夫解體過程中的三場內戰、1994 年發生在非洲盧安達的種族屠殺等等。這些衝突有些是因為不同族群之間宗教信仰的差異，有些則是少數民族爭取獨立建國所致。國際政治學者嘗試提出各種理論或模型來解釋這些現象，但美國哈佛大學教授杭廷頓（Samuel Huntington）所提出的文明衝突論（clashes of civilizations）卻被公認是影響較大、各界討論比較多的觀點。

（一）文明衝突論的主要觀點

杭廷頓最早提出文明衝突論的觀點，是在 1993 年夏天發表於美國《外交事務》季刊（Foreign Affairs）中的一篇文章。他認為冷戰時期國際衝突的根本原因是意識形態，但在冷戰結束後，文明之間的衝突可能成為未來世界衝突的主導形式。後來杭廷頓將這篇文章的觀點擴張成一本專著《文明衝突與世界秩序的重建》，對理論內容進行更有系統的闡述及論證，主要內容有以下六點：

❶人類歷史顯示文化之間的基本差異的確會引發衝突甚至戰爭。

❷由於通訊進步與互動頻繁，世界已經變得愈來愈小，文化之間的摩擦也會變得愈來愈深。

❸由於現代化與社會變遷，宗教剛好能填補人類從傳統解脫出來的心靈真空。

❹非西方社會對西方社會價值觀與生活方式的激烈反對將會加劇文明的衝突。

❺相對與政治和經濟制度，文化的特性在於其缺乏彈性與可變性，因此文化衝突引發的問題不易解決。

❻增長中的地區經濟主義將會使文明本身的影響力逐漸增強。

（二）文明區的劃分與文明衝突帶

杭廷頓進一步將全世界分為以下幾個「文明區」：❶西方文明（基督教文明）；❷東正教文明（俄羅斯與東歐）；❸中國文明；❹伊斯蘭文明；❺印度文明；❻拉丁美洲文明；❼非洲文明；❽日本文明。

他認為兩個文明之間的交界區域將成為「文明衝突帶」，即最有可能發生國際衝突的地方。為了防止文明衝突的發生，杭廷頓提出「以文明為基礎重建國際秩序來防止未來國際衝突」的主張。杭廷頓的觀點引起學界的熱烈討論，有些人認為文明衝突論頗能說明國際政治目前的發展趨勢，特別是九一一恐怖攻擊事件後，以美國為首的西方世界與伊斯蘭教世界之間的衝突更趨劇烈，的確符合文明衝突論的描述；但也有些學者認為杭廷頓的說法只會合理化族群或國家之間的矛盾，對解釋或解決區域衝突沒有太大幫助。無論如何，文明衝突論在今日國際關係研究中仍占有一席之地，也是許多學者討論族群或宗教衝突時的理論依據。

文化衝突論之源起

美蘇冷戰結束，區域衝突仍在

??? ???

學者嘗試找出理論解釋

杭廷頓提出公認影響力
最大之「文明衝突論」

非洲文明　　　印度文明

西方文明　　　　　　　　　伊斯蘭文明

拉丁美洲文明

中國文明

東正教文明　　　日本文明

UNIT *6-4* 前南斯拉夫種族與宗教衝突

圖解國際關係

1991 年至 2000 年間發生在前南斯拉夫的內戰是冷戰後最受矚目的區域性衝突。也因為這些戰爭背後的原因都與族群及宗教有關，因此適合做為觀察冷戰後全球族群與宗教衝突現象的案例。

（一）南斯拉夫的民族組成

南斯拉夫是第一次世界大戰之後在巴爾幹半島建立的新國家，並在二次世界大戰之後在狄托元帥（Josip Broz Tito）領導下改採共產制度，稱為「南斯拉夫社會主義聯邦共和國」。南斯拉夫的民族組成十分複雜，因此在制度設計上依民族分成六個共和國與兩個自治省。其中塞爾維亞與蒙特內哥羅信奉東正教，文化上受俄羅斯影響較深；而斯洛維尼亞與克羅埃西亞則信奉天主教，歷史上曾是奧匈帝國的一部分；波士尼亞、科索沃等地居民則為伊斯蘭教徒。由於歷史背景、宗教信仰和經濟發展上的差異，導致各成員國之間有很深層的矛盾。過去在共產體制下，國家勉強維持統一的局面，但在東歐共黨政權相繼解體後，各共和國紛紛尋求自治或獨立，居於領導地位的塞爾維亞動輒以軍事手段進行干預，最後演變成內戰。

（二）軍事衝突的過程

❶第一階段是 1991 年 6 月，斯洛維尼亞和克羅埃西亞宣布獨立引發的內戰，斯洛維尼亞爭取獨立的戰爭只有短短 10 天，但克羅埃西亞與塞爾維亞中央政府之間的戰事卻相當激烈，並且持續到 1995 年才結束。

❷第二階段是 1992 年到 1995 年之間的波士尼亞戰爭，起因是波士尼亞與赫塞哥維納宣布獨立建國，但境內的塞爾維亞裔表示反對，另組塞族共和國與之對抗。塞爾維亞當局對塞族共和國提供武力支援，而與波士尼亞相鄰的克羅埃西亞也加入戰局，使這場戰爭變成三方交戰的局面。戰事持續到 1995 年，最後在美國斡旋下三方簽訂達頓協定（Dayton Agreement），決議讓克羅埃西亞人和波士尼亞人共組的波士尼亞赫塞哥維納聯邦和塞爾維亞人的塞族共和國並立。這場戰事共造成 20 萬人死亡，而戰爭期間各方進行的種族清洗（也就是將俘獲的敵方人民集體處決）使交戰各方人民從此產生永遠無法抹滅的隔閡和心結。

❸第三階段是 1998 年至 1999 年的科索沃獨立戰爭。1998 年間科索沃人民以軍事行動爭取獨立，塞爾維亞政府為了阻止其獨立，進行殘酷的軍事鎮壓。1999 年 3 月到 6 月間，美國與西歐國家以北大西洋公約組織的名義對塞爾維亞進行空襲，希望迫使塞爾維亞放棄以軍事手段解決科索沃危機。最後塞爾維亞政府撤出科索沃，由國際部隊接管，只在名義上擁有主權。

（三）後續發展

南斯拉夫聯邦的解體過程可說是後冷戰時期全球宗教與種族衝突的縮影，而這些衝突也正好發生在杭廷頓所說的「文明衝突帶」上。2006 年蒙特內哥羅在國際社會監督下以公民投票的方式獨立建國；2008 年科索沃片面宣布脫離塞爾維亞獨立建國，並陸續獲得美國在內的許多國家承認。惟塞爾維亞政府表示並不放棄科索沃的主權，因此科索沃獨立並未獲得國際社會的普遍承認。

前南斯拉夫各共和國及其教宗背景

③ Slovenia
④ Croatia
⑧ Vojvodina
⑤ Bosnia and Herzegovina
① Serbia
② Montenegro
⑦ Kosovo
⑥ Macedonia
亞德里亞海

政治組成	宗教組成
❶塞爾維亞 ❷蒙特內哥羅 ❸斯洛維尼亞 ❹克羅埃西亞 ❺波士尼亞 ❻馬其頓 ❼科索沃 ❽伏伊伏丁那	東正教（文化上親俄） 塞爾維亞　蒙特內哥羅 天主教（曾為奧匈一部分） 斯洛維尼亞　克羅埃西亞 伊斯蘭教 波士尼亞　科索沃

南斯拉夫的軍事衝突

第一階段 （1991年6月）	❶斯洛維尼亞宣布獨立：戰期10天 ❷克羅埃西亞宣布獨立：內戰持續到1995年
第二階段 （1992～1995年） 波士尼亞戰爭	❶波士尼亞戰爭演變為波士尼亞、塞爾維亞與克羅埃西亞的三方交戰。戰間三方進行種族清洗，總死亡人數達20萬人。 ❷1995年，美國出面斡旋，三方簽訂達頓協定。
第三階段 （1998～1999年） 科索沃獨立戰爭	❶1998年科索沃人民武裝獨立、塞爾維亞政府軍事鎮壓。 ❷1999年大西洋公約組織聯軍空襲塞爾維亞，塞國政府接受北約條件撤出科索沃。塞爾維亞政府至今仍不放棄科索沃主權，因此科索沃獨立尚未獲得國際普遍承認。

UNIT 6-5
民族與宗教的糾葛：巴勒斯坦問題

圖解國際關係

（一）巴勒斯坦歷史

巴勒斯坦位於地中海東岸，自古以來曾分別為猶太人與阿拉伯人的居住地。猶太人在西元前一千兩百多年定居此地並建立以色列國。西元 1 世紀時，該地為羅馬領地，猶太人曾三度起義均告失敗，遭羅馬人流放，從此流落世界各地。羅馬將該地改名巴勒斯坦，每年只准猶太人回去所羅門王聖殿遺址（即所謂哭牆）憑弔一日。西元 7 世紀以來，巴勒斯坦的主要居民是阿拉伯人。19 世紀末葉猶太復國主義運動（或稱錫安主義，Zionism）興起，鼓吹在巴勒斯坦重建猶太國。二次大戰後，世界各地猶太人大規模移居巴勒斯坦，與當地阿拉伯人發生流血衝突。為解決阿猶矛盾，1947 年聯合國大會表決通過「巴勒斯坦分治方案」，讓猶太人與阿拉伯人分別建國，耶路撒冷實行國際化。以阿雙方均不滿意，猶太人在英國提前結束託管後逕自宣布建國，五個阿拉伯國家立刻對以色列宣戰。此一戰爭持續八個月後雙方停火，以色列領土擴大到二萬平方公里。此後以色列於 1967 年和 1973 年再度與阿拉伯國家二度發生戰爭，並於 1980 年以後正式宣布耶路撒冷為永久首都。

（二）建國的嘗試

幾十年來，巴勒斯坦的阿拉伯居民一直為收復失土而奮鬥，但阿拉伯國家在與以色列作戰多次失敗之後，已經放棄以武力協助巴勒斯坦人建國的政策，迫使部分巴勒斯坦人在 1970 年代採取劫機等恐怖主義活動來表達自身的主張。流亡的巴勒斯坦人在其領袖阿拉法特（Yasser Arafat）帶領下，於 1988 年在阿爾及利亞宣布成立獨立的巴勒斯坦國。這個政府目前已經獲得世界上半數以上國家的承認，並在聯合國擁有觀察員的席位。

此後巴勒斯坦人開始與以色列政府接觸談判，1993 年阿拉法特與以色列總理拉賓（Yitzhak Rabin）簽訂「奧斯陸協定」，以色列同意讓巴勒斯坦人在約旦河西岸（West Bank）與加薩地帶（Gaza Strip）實行自治並最後建國，而巴勒斯坦人也正式承認以色列的存在。阿拉法特、拉賓、與以色列外交部長培瑞茲（Shimon Peres）還共同獲得 1994 年諾貝爾和平獎。不過此後雙方的衝突仍然持續，以致巴勒斯坦人建國計畫被持續擱置至今。

（三）近年巴勒斯坦地區之新發展

❶ 1996 年巴勒斯坦人依據奧斯陸協定，在約旦河西岸與加薩兩地成立巴勒斯坦自治政府。但管轄只限於約旦河西岸，已獲得國際社會承認。

❷ 2006 年激進組織哈瑪斯（HAMAS，伊斯蘭抵抗運動）在選舉中成為巴勒斯坦自治政府中國會最大黨，目前有效控制加薩地帶；因其對以色列採取敵視態度並發動攻擊，以色列自 2007 年起對該地實施封鎖，直到最近才解除。

❸ 以色列政府原本依照與巴勒斯坦人的協議，逐步將猶太人撤出約旦河西岸與加薩地帶。但 2009 年大選後，右派利庫德（Likud）黨重新上台執政，恢復約旦河西岸猶太屯墾區計畫，美國歐巴馬政府對此一政策表示不滿。

巴勒斯坦的歷史演進

巴勒斯坦原為猶太人與阿拉伯人居住地。猶太人曾於此建立以色列，滅國後猶太人流離各國，此區居民多為阿拉伯人。

19世紀末葉猶太復國主義（錫安主義）運動興起。二戰後分散世界的猶太人移居巴勒斯坦並與當地阿拉伯居民發生衝突。

1947年聯合國大會通過「巴勒斯坦分治法案」，雙方皆不滿。猶太人逕行建國、阿拉伯國家紛紛宣戰，雙方共發生多次戰爭。

以色列於戰爭中不斷擴張領土，阿拉伯國家無力阻止。流亡巴勒斯坦人在阿拉法特帶領下，1988年於阿爾及利亞宣布建立巴勒斯坦。

1947年「巴勒斯坦分治方案」
- ▨ 猶太國家
- ▨ 阿拉伯國家
- ■ 耶路撒冷：國際化

1993年以巴雙方互相承認並簽訂「奧斯陸協定」、成立兩處巴勒斯坦自治區。

控制加薩地區的巴勒斯坦激進組織「哈瑪斯」攻擊以色列，以色列於2007年全面封鎖加薩地區。

2009年以色列右派政黨「利庫德」執政，重啟約旦河西岸猶太屯墾區計畫，引起美國歐巴馬政府不滿。

UNIT **6-6**
恐怖主義的歷史與類型

(一)恐怖主義的定義

近代恐怖主義概念的出現始於法國大革命。英文 terrorism 一詞來自法文 regime de la terreur，指的是 1793-1794 年間雅各賓黨徒（Jacobins）在法國的恐怖統治。當時雅各賓黨領袖羅伯斯比爾（Maximillien Robespierre）為保障共和政府的地位大肆處決異議份子，短短兩年間約有四萬人被送上斷頭台。此後恐怖主義一詞被指涉為「以暴力手段威脅或傷害一般大眾，以達成政治目的的行動」。

所有恐怖主義行為都具有以下四個特性：❶具有政治目的；❷採取該行動者為非國家團體；❸以隨機或無預警之方式對無辜平民使用或威脅使用暴力；❹恐怖主義團體不受國際法及國際規範約束，其行為往往具有高度的不可預測性。

(二)恐怖主義的發展歷程

19 世紀末以來，恐怖主義的發展大概歷經了四個階段：

❶第一階段大約是從 1880 年代到第一次世界大戰結束為止，在此一時期恐怖主義團體的主要對象是帝國：從俄羅斯的反抗沙皇統治組織到巴爾幹半島的民主主義團體都不約而同的採取暗殺手段來突顯其政治訴求。

❷第二階段是 1920 年代到 1960 年代，其特徵是反抗殖民統治者試圖以破壞、暗殺等手段癱瘓殖民政府的統治機構。著名的團體包括愛爾蘭共和軍、猶太復國組織（IRGUN）等。

❸第三階段是 1960 年代越戰最高峰的階段。主要的恐怖主義團體是以宣揚左派革命理想為目的的政治組織，以美國霸權及其背後的西方資本主義體系為目標的政治組織，例如活躍於 1970 年代歐洲與日本的赤軍旅。

❹冷戰後是恐怖主義發展的第四階段。這一波恐怖主義最重要的特徵是以極端的宗教狂熱思想為基礎，對美國及西方社會進行無預警的攻擊，例如發動九一一事件的基地組織與伊斯蘭國（IS）。

(三)恐怖主義的類型

依恐怖主義者的訴求內容，可以將其區分為以下幾種類型：

❶民族主義型恐怖主義

以建國為目的的恐怖組織，其特徵是反抗殖民統治者，凸顯其建國的訴求，例如前述的愛爾蘭共和軍、過去巴勒斯坦人所設立的各種軍事組織等。

❷極左意識形態型恐怖主義

以宣揚左派革命理想為目的的恐怖組織，例如前述的赤軍旅。

❸宗教極端型恐怖主義

具有宗教狂熱的恐怖組織，例如在 1995 年發動東京地鐵毒氣攻擊的奧姆真理教、基地組織、伊斯蘭國及活躍於東南亞的回教祈禱團等。

❹極右意識形態型恐怖主義

極右型恐怖主義是極右勢力為了維護現狀，阻止社會進步，針對左派政黨與組織在社會廣泛採取的恐怖破壞活動，1960 年代末期以後開始泛濫，例如倡導種族主義和反移民政策的新納粹。

恐怖主義的歷史與類型

西元前	❶中國：戰國時代 荊軻刺秦王 ❷西元前1世紀：西卡里（Sicarri）猶太人秘密組織
19世紀前	❶12世紀阿薩辛（Assassins）波斯暗殺十字軍集團 ❷18世紀末 法國雅各賓黨（terrorism一字來源）
帝國殖民時期	❶主要針對帝國：例如俄羅斯反抗沙皇 ❷反抗殖民者，以破壞、暗殺手段癱瘓殖民政府機構。例如愛爾蘭共和軍。
現代恐怖主義	❶宣揚左派革命思想為目的的政治組織，目標為西方資本主義，例如赤軍旅。 ❷以極端宗教狂熱思想為基礎，對目標社會發動無預警行動，造成恐慌，例如基地組織。

恐怖主義的特色

政治目的

隨機或用無預警方式對平民使用暴力

恐怖主義特色

採取行動者為非國家團體

不受國際範圍或國際法約束，行為高度不可預測

依訴求區分恐怖主義類型

宣揚左派思想　建國為目的　國家資助　宗教狂熱

★伊斯蘭國的崛起

伊斯蘭國最早是效忠賓拉登的伊拉克基地組織，2006年改名伊拉克伊斯蘭國，對抗駐伊拉克美軍，其領導人為—阿布·貝克爾·巴格達迪。2013年起，它不但在伊拉克頻頻展開攻擊，還在敘利亞加入了反對總統阿薩德的叛亂，並於當年4月合併在伊拉克和敘利亞的軍隊，成立伊拉克與敘利亞伊斯蘭國（The Islamic State of Iraq and Greater Syria）。然而伊斯蘭國之所以能取得空前成功，是因為它與過往所有的武裝團體，有個具決定性的差異—就是主張現代化和實用主義，除了擁有穩固的經濟基礎（掌握油田和水壩）外，還相當善於經營媒體與利用社群工具，對於失落的新世代年輕人具有相當的號召力。

UNIT **6-7**
九一一恐怖攻擊事件與美國反恐戰爭

（一）九一一恐怖攻擊事件的發生

九一一事件可說是人類歷史上最驚心動魄的一次恐怖攻擊，也是宗教與文明對立所造成的悲劇結果。2001 年 9 月 11 日清晨，四架載著乘客的民航客機由美國東岸起飛後，分別遭到恐怖份子劫持。不久後，其中兩架客機分別撞上紐約市著名地標世界貿易中心雙塔，引發強烈爆炸，雙塔在燃燒後分別倒塌；隨後第三架客機撞上美國國防部五角大廈南端，第四架客機在遭到劫持後墜毀在匹茲堡東部平原，機上乘客也全部罹難。策劃此一攻擊事件的基地組織刻意挑選美國的金融中心（紐約雙子星大廈）、軍事指揮中心（國防部五角大廈）與政治權力中心（白宮）作為攻擊目標，雖然並未全部成功摧毀這四個目標，卻已造成三千餘人死亡。

九一一恐怖攻擊最重要的特徵是其發動者（由賓拉登所創立的基地組織）是一個由極端宗教狂熱思想所支撐的恐怖組織。賓拉登的策略是藉由大規模的恐怖活動，打擊美國在伊斯蘭世界的影響力與地位，激起伊斯蘭信徒與西方國家之間的衝突。事件發生後一個月，美國政府果然出兵阿富汗，推翻庇護基地組織的神學士（Taliban）政權，並持續在此地進行長達十年的打擊恐怖份子行動。直到 2011 年 5 月，美軍才在巴基斯坦發現賓拉登並將其擊斃。

（二）美國的反恐戰爭

2003 年 3 月 20 日，美國聯合英國等少數盟國以伊拉克發展大規模毀滅性武器為名出兵伊拉克，推翻海珊政權。這場戰爭只進行了 50 天就告結束，但是美軍在伊拉克的軍事行動卻一直持續到2010 年 8 月美國正式撤軍為止。在伊拉克戰場美軍死亡人數為 4419 人，受傷 3 萬人；伊拉克人民在戰爭期間死亡約 3 萬人，到後來陸續增加到 15 萬。在攻打伊拉克之前，布希政府原本估計花費是 500 到 600 億美元，但後來美國官方公布的數據顯示，伊拉克戰爭花掉的錢已超過當初預估的十倍，達到 7,000 億美元。從這些數字來看，美軍攻打伊拉克可說是一場代價極高的軍事行動。

（三）布希主義

外界多認為布希政府的外交政策是受到「新保守主義」（Neo-Conservativism）的影響的結果。這種思維認為美國既是人類歷史上軍事與政治力量最強大的國家，絕對有能力來改變並塑造一個更好的國際秩序，有時甚至可以單方面用軍事手段來達到這個目標。九一一恐怖事件給了新保守主義者在外交政策上發揮的機會，強化了布希政府以反恐戰爭作為美國外交政策目標的決心，布希政府任期的外交政策幾乎與反恐戰爭劃上等號。因此也有人將布希總統在九一一事件後至伊拉克戰爭所主張的一系列主動打擊恐怖主義之戰略稱之為「布希主義」（Bush Doctrine）。

美國國土安全部

九一一事件暴露了原本的反恐機制的弱點在於部門合作職權重疊或分散的狀況，故2003年國土安全部正式成立運作的主要目的為整合與協調具有反恐行動職責的相關行政部門，以強化美國反恐機制與能力。

美國

國土安全部

邊界與運輸安全部門
（Border and Transportation Security）
納入移民局、海關、海岸巡防隊、動植物檢驗局與運輸安全署等政府機構，並且加強與相關各部會的協調合作。

緊急事件準備與應變部門
（Emergency Preparedness and Response）
整合聯邦因應計畫成為單一的全方位事件管理計畫、建構全國性急難事件管理系統、加強戰術性之反恐能力、改善急難事件發生時之通訊品質、遭受攻擊之醫療設備應變與疫苗庫存、軍事運作與市民防護團之協調運作等方面。

化學、生化、輻射及核子反制部門
（Chemical, Biological, Radiological, and Nuclear Countermeasures）
針對核生化、輻射等大規模毀滅性恐怖攻擊，加強核武偵測與管制措施、探查生物物質與恐怖攻擊結合、改進化學毒劑偵測與汙染清除技術提升、針對大規模毀滅性攻擊研發疫苗與抗體、強化智識等。

資訊分析與基礎建設保護部門
（Information Analysis and Infrastructure Protection）
主要功能為結合各單位提供之情報加以分析、評估美國重要基礎建設之脆弱性，並適時向各地方政府之安全機構、產業等提出警訊。最重要的是，此部門兼具制訂長期防護措施之責任。

★美國總統布希的反恐戰爭宣言

從2002年初開始，美國總統布希分別在幾個場合提出對抗恐怖主義的宣示：首先是在2002年1月的年度國情咨文中首次以「邪惡軸心」一詞形容伊拉克、伊朗和北韓，正式將這三個國家貼上支持恐怖主義的標籤；其次是在當年6月，布希總統受邀在西點軍校的畢業典禮上致詞，明確提出美國應以「先發制人」戰略取代過去的「嚇阻」戰略；2002年9月，布希政府正式對外發表「美國國家安全戰略」報告，把美國對外戰略定義為一場「全球的、反擊恐怖份子的戰爭」，該報告主張美國有權對敵人發動「先發制人的打擊」。

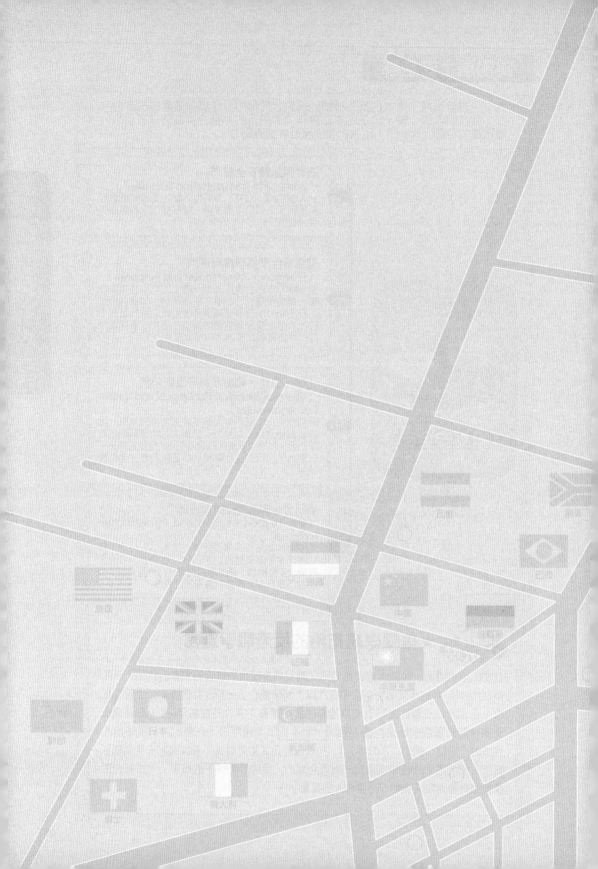

第 **7** 章

國際經濟與貿易的理論與發展趨勢

●●●●●●●●●●●●●●●●●●●●●●●●● 章節體系架構 ▼

UNIT **7-1**
國際經濟與貿易：歷史發展與現況

　　經濟是人類在其生活環境中對資源進行生產、分配、交換與消費等活動的總稱，而在各類經濟活動中政治力量與市場運作如何交互影響是國際關係的學者所關注的面向。以下先就經濟與貿易的發展與現況做簡要說明。

（一）國家互動能力的改變

　　貿易的發展與國家間互動能力的改進有很大的關係，而互動能力指的是運輸、溝通和組織的能力。西元前 3500 年到 2500 年之間，由於輪子、船和文字語言的發明，帶來了道路和港口等交通系統的建立，使得貿易活動能夠首次超越人類自身生活的地域。同時因為經濟互動帶來的文化與技術傳播，更促成不同文明之間的接觸與交流，橫跨歐亞大陸的絲路與阿拉伯人建立的航海網路都是因應貿易的需要而出現。西元 15 世紀，由於新航路與新大陸的發現，全球貿易網路逐漸成型。此後歐洲各國紛紛透過海洋向外探索新的殖民地，或者建立更多邊的貿易關係，這是國際貿易真正開始萌芽的年代。18 世紀中葉後，由蒸氣機問世帶動的工業革命，為日後交通運輸的機械化及工業生產奠定了重要基礎。進入 20 世紀後，由於生產技術的進步、運輸工具的改良以及消費文化的建立，使得人類進入前所未有的貿易興盛階段。

（二）全球貿易現況

　　貿易包括❶商品貿易（可再分為原料與製成品兩大類）與❷服務貿易（例如金融、旅遊業等）兩個部分，其中前者約占總量的 80％，而後者占 20％。根據世界銀行統計，1913 年時全球貿易總量約為 200 億美元，到了 2008 年，這個數字已經高達 19 兆美元（其中商品占 15.775 兆美元、貿易服務占 3.73 兆美元）。雖然在 1929 年經濟大蕭條後，各國藉由提高關稅來保護本國產業（二次大戰之前全球貿易增長率僅為 0.8％），但戰爭結束後，美國重新提倡自由貿易，並以其雄厚的經濟實力協助西歐與日本的復甦，同時也幫助臺灣等開發中國家繼續發展（這個期間的世界貿易增長率為 9％），使得這些國家都成為今日全球貿易體系的重要成員。全球貿易量在 2009 年約下降為 15 兆美元，但隨著世界經濟的復甦，2010 年世界貿易增長率達到 15.7％，其中中國更躍居為世界貿易出口量的第一名。

（三）國際政治經濟學

　　國際關係學者認為：經濟制度總是鑲嵌在政治制度之中，所以如果我們要討論經濟制度的轉變，就不能忽略時代背景下政治力量與體制對市場運作所造成的影響力，而國際貿易型態改變也可能對國家之間的政治關係造成影響。研究這些問題構成了國際關係研究中一個非常重要的次領域：國際政治經濟學（International Political Economy, IPE）。

國際貿易的歷史發展

西元前3500到2500年

輪子、船、文字的發明

馬車

語言

帆船

西元15世紀

發現新大陸、大航海時代

西元18世紀中葉後

蒸氣機的發明

工業革命

遠洋船舶

西元20世紀後

國際貿易鼎盛時期

消費文化

旅遊

商品

UNIT **7-2**　經濟自由主義的基本概念：亞當斯密、李嘉圖、凱因斯

圖解國際關係

自由主義是當代國際經濟學的主流思想。這個理論的前提是每個人的行為都基於理性，並盡可能以最小的花費來換取最大或最令人滿意的價值，也就是追求利益極大化的原則，而市場是人類從事經濟活動的主要場域。經濟自由主義者認為市場是為了滿足人類需要而自發產生的，一旦市場開始運作，就會按照自身的邏輯規律而繼續發展，不受到任何政治力量所影響。因此自由貿易的市場與不受政府操控的價格機制，才是國際經濟運作最為有效的方法。

（一）亞當斯密（Adam Smith）

這個理論體系的創立者是英國人亞當斯密（1723-1790），他在 1776 年出版《國富論》一書，主張自由市場是由一隻「看不見的手」所支配。這指的是在價格機制的充分運作下，自由市場裡的供給和需求將會自然而然達到均衡。亞當斯密反對國家干預人民的經濟生活，主張自由放任原則，並且認為一切生產部門都能創造財富。

（二）李嘉圖（David Ricardo）

另一位自由主義經濟理論的奠基者是 19 世紀初的英國學者李嘉圖（1772-1823），他提出「比較優勢」的理論，主張每一個國家都應該專注在生產成本最低、技術最好的產品上，並用這些產品與其他國家的進行貿易，換取本身不擅長或是生產成本較高的產品。這樣一來，所有的國家都能夠因貿易而獲利。比較優勢學說構成了現代貿易理論的基石。

（三）凱因斯（J. Keynes）

自由主義之所以能夠稱為現代國際經濟學的主流，原因在於 19 世紀的人類社會的發展經驗證實自由貿易的確能夠提高國家的利益，只要所有國家避免以負面手段介入經貿往來，就能得到雙贏的結果。不過由於在第一次世界大戰後的 1929 年至 1939 年間，歐美自由經濟國家發生了嚴重的經濟衰退，各國紛紛建立高關稅壁壘以保護本國經濟。這些發展挑戰了自由主義關於市場與貿易的主張。此時美國經濟學家凱因斯（1883-1946）發表了《就業、利息與貨幣的一般理論》，主張政府應在經濟衰退時提出各種政策以刺激需求，進而達到減緩失業與恢復經濟繁榮的目的。他的學說也代表了現代總體經濟學的開始。二次世界大戰結束後，美國建立布列敦森林體系（Bretton Woods System），對各國貨幣之間的兌換、國際收支的調節、國際儲備資產的構成等問題做出安排，在一定程度上是受到凱因斯主義的影響。

從自由主義的角度來看，貿易與經濟交流是國際關係走向和平的來源，因為國家間經由貿易所建立的相互依存關係，將會使所有國家互惠互利，進而鞏固彼此的合作關係，但是自由貿易往往無法讓所有人或所有國家都獲得同樣的利益，財富分配的問題正是經濟民族主義與馬克思主義等與自由主義對立的學說產生的原因。

自由貿易下市場的價格機能（亞當斯密）

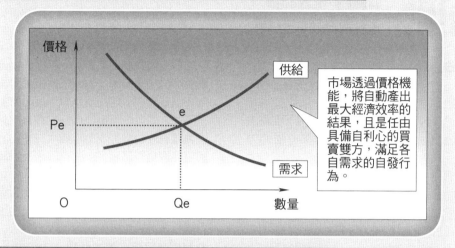

市場透過價格機能，將自動產出最大經濟效率的結果，且是任由具備自利心的買賣雙方，滿足各自需求的自發行為。

指導國際貿易的比較優勢（李嘉圖）

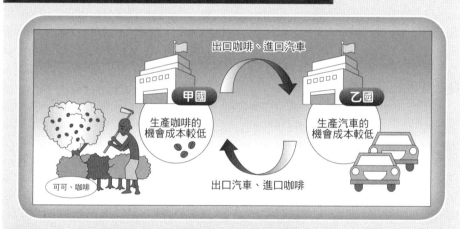

政府應積極介入市場（凱因斯）

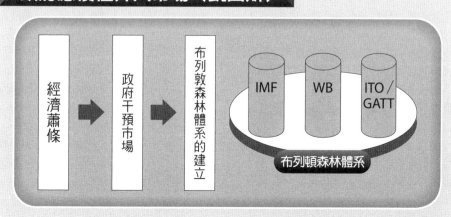

UNIT 7-3
經濟民族主義

圖解國際關係

❶經濟活動與國家利益

經濟民族主義是除了自由主義之外，當代國際政治經濟學另一個主要的學派。經濟民族主義過去稱為「重商主義」（Mercantilism），其核心思想為「國內的一切經濟活動應該為國家的整體利益所服務」，因此著重於研究國家如何透過經濟行為來拓展國家實力。一般會將19世紀的德國經濟學家李斯特（Friedrich List, 1789-1846）視為這派理論的主要領導者，他主張國家應該在經濟活動中發揮最大的作用。因此該學派很自然地與國際關係理論中的現實主義主張類似，二者都將國家視為國際關係中的主體，所有的經濟活動最終都是為了符合國家的利益。

❷吉爾平的經濟民族主義

吉爾平（Robert Gilpin）在其著作《國際關係的政治經濟分析》（The Political Economy of International Relations） 中將經濟民族主義區分為「溫和」與「強硬」兩類，前者強調國家經濟發展對國家安全的重要性，以執行保護主義政策使本國的經濟免於外來的威脅為目的，因此被歸類為防禦性的經濟政策，通常發生在低度開發或正逐漸衰弱的已開發國家，例如冷戰時期奉行進口替代政策的巴西；後者則將經濟視為國家實力向外擴張的工具，如同帝國主義，因此被歸類為侵略性的經濟政策，例如1930年代的納粹德國。

❸國家仍是影響經濟發展的主要行為者

儘管全球化帶來非國家行為者的崛起，但國際經濟的整體發展仍然少不了國家的支持，除了市場必須在一個具有社會和國家的結構下運作之外，民族主義的意識形態也從未消失，要求獨立自治的民族國家仍不斷增加，甚至成為國際衝突的主要來源。經濟民族主義者認為正因國際經濟的相互依賴，反而增加了國家之間發生摩擦與衝突的機會，且因強國有政治實力作為後盾，往往比弱國容易取得經濟利益，使得強國與弱國之間的經濟與軍事實力呈現不對稱的狀態，甚至形成一種依附關係，因此只有致力於保護本國的財富才能使國家的生存與安全得到保障。

❹對經濟民族主義的批評

鑑於大眾過去對重商主義的負面印象，今日已經很少有政府會公開將經濟民族主義做為國家經濟政策的主要指導方針。此外，自由主義經濟學家也一直對經濟民族主義的思想提出各種批判。這些批判的觀點大致有以下四點：

①經濟民族主義者將國家之間的貿易活動視為零和的競爭關係，僅從衝突與相對利益的角度來觀察國家之間的互動，而忽略了共同利益存在的可能性。

②就短期而言，如果國家要致力於軍事力量的追求，勢必要犧牲部分民生經濟的發展，將預算放在軍隊的訓練與軍備的提升，因此自由主義者認為重商主義的政策對經濟發展是不利的，只有採用自由貿易政策，國家財富才能獲得更好的運用。

③雖然民族主義以推動國家建設作為主要目標，因此主張國家對經濟政策的影響力，但實際上國家的決策經常是政府組織與許多社會利益團體溝通協商下的成果，因此非政府組織的影響力不容小覷。

④若政府過度使用保護政策可能導致低效率與低競爭力的國內工業，反而拖累國家整體經濟發展。

經濟民族主義

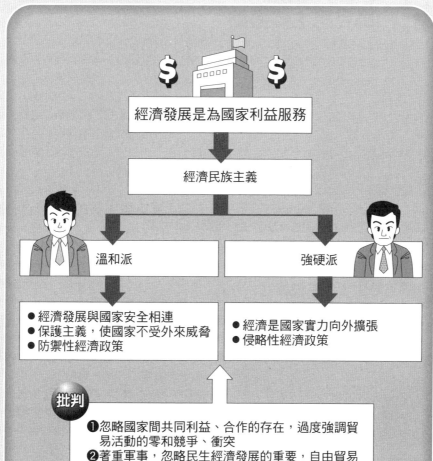

經濟發展是為國家利益服務

經濟民族主義

溫和派

強硬派

- 經濟發展與國家安全相連
- 保護主義，使國家不受外來威脅
- 防禦性經濟政策

- 經濟是國家實力向外擴張
- 侵略性經濟政策

批判

❶忽略國家間共同利益、合作的存在，過度強調貿易活動的零和競爭、衝突
❷著重軍事，忽略民生經濟發展的重要，自由貿易才能使國家財富有效運用
❸經濟政策的形成除國家外，利益團體、非政府組織的影響力亦重要
❹保護政策會導致國內工業效率、競爭力低落，影響國家經濟發展

★國際政治經濟學的重要意識形態之一

即使經濟民族主義的主張與位居主流地位的自由主義市場經濟思維背道而馳，但其主張國家在國際經濟中擁有一定影響力的主張仍有相當的適用性，因此至今仍被視為國際政治經濟學的另一種意識形態。

UNIT 7-4
馬克思主義觀點

馬克思主義是 19 世紀由德國哲學家馬克思（Karl Marx）和恩格斯（Friedrich Engels）所建立的一套理論體系。這套理論興起於 19 世紀資本主義在歐洲大陸剛開始發展的時期，當時勞工權利的保障制度尚未健全，社會上存在著許多勞資關係不平等的現象，馬克思和恩格斯對這些現象提出尖銳批判，在「歷史唯物論」（historical materialism）的基礎上逐漸發展出一套以政治經濟學為主要內容的學說。

（一）馬克思主義的主要論點

❶歷史唯物論

人類為了生存必先滿足其物質生活的需要，因此其歷史的發展完全受到物質進步的影響。從這個邏輯來看，歷史發展的規律是生產力決定生產關係：生產關係會進一步對生產力產生回饋作用，而生產關係一定會去適應生產力的發展。

❷階級與剝削

人會因為生產工具的掌握程度及財富的多寡而被區分為不同階級，階級代表的是人在社會中的經濟地位。掌握生產工具的階級透過對沒有掌握生產工具階級的剝削來保障其地位與累積財富，所以社會存在著一種由上到下的奴役關係。

❸人類社會演進的五個階段

依照生產力決定生產關係的歷史發展規律，人類社會從原始社會階段演進到奴隸社會階段，再到封建社會（由地主剝削農奴的型態），直到工業革命導致資本主義社會的出現，最後再進入共產主義社會的階段。

❹無產階級的革命

資本主義是建立在資本家對無產階級的剝削，也就是資本家以獲取無產階級剩餘價值（即工人勞動所得到的產品價值與其實際所得之間的差距）的方式獲得利潤。馬克思和恩格斯預測最終無產階級將會發動革命一舉推翻資本家的統治，建立一個沒有階級制度、國家和政府的共產主義社會。

（二）馬克思主義的發展及影響

馬克思主義在 20 世紀發展成為一種政治意識形態，也是世界各國共產黨和工人運動的理論基礎，但也因此產生不同的流派，致使各派別的理論發展產生相當大的區別。1917 年在俄羅斯建立的蘇聯是第一個實踐馬克思主義政治與經濟制度的國家，其後陸續有許多國家跟進，但隨著 1980 年代末期蘇聯與東歐共產政權的瓦解，目前全世界僅有中國等少數幾個國家仍在政治上將馬克思主義做為政治體制與意識形態的基礎。蘇聯與中國所建立的共產黨一黨專政體制可稱為「馬克思列寧主義」；20 世紀出現在歐洲思想界，主張以馬克思主義觀點來批判資本主義社會政治經濟制度的派別一般稱為「西方馬克思主義」或「歐洲馬克思主義」；此外 1960 年代部分研究拉丁美洲的學者運用馬克思主義概念發展出一套闡述經濟發達國家與落後國家之間關係的「依賴理論」。今日馬克思主義做為一種政治制度的吸引力已經大不如前，但是其強烈批判資本主義經濟活動的立場，使其成為國際政治經濟學研究中獨樹一格的學派。

歷史唯物主義、階級與人類發展的五個階段

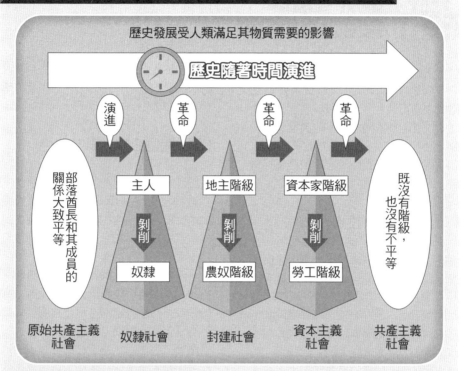

歷史發展受人類滿足其物質需要的影響

歷史隨著時間演進

演進　革命　革命　革命

部落酋長其成員的關係大致平等

主人 → 剝削 → 奴隸

地主階級 → 剝削 → 農奴階級

資本家階級 → 剝削 → 勞工階級

既沒有階級，也沒有不平等

原始共產主義社會　奴隸社會　封建社會　資本主義社會　共產主義社會

馬克思主義的發展

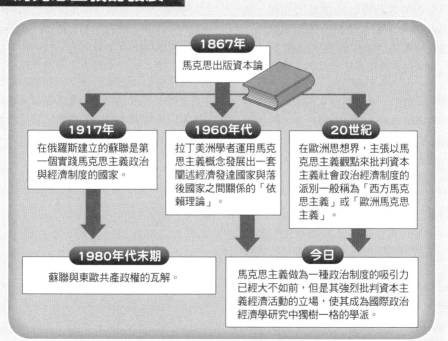

1867年

馬克思出版資本論

1917年
在俄羅斯建立的蘇聯是第一個實踐馬克思主義政治與經濟制度的國家。

1960年代
拉丁美洲學者運用馬克思主義概念發展出一套闡述經濟發達國家與落後國家之間關係的「依賴理論」。

20世紀
在歐洲思想界，主張以馬克思主義觀點來批判資本主義社會政治經濟制度的派別一般稱為「西方馬克思主義」或「歐洲馬克思主義」。

1980年代末期
蘇聯與東歐共產政權的瓦解。

今日
馬克思主義做為一種政治制度的吸引力已經大不如前，但是其強烈批判資本主義經濟活動的立場，使其成為國際政治經濟學研究中獨樹一格的學派。

UNIT **7-5** 跨國企業與投資

圖解國際關係

（一）跨國企業的定義

　　跨國企業是今日全球經濟與貿易活動的主要行為者。我們可以將之定義為「一個在兩個或兩個以上的國家進行投資，藉此取得在本國之外的國家設立公司與進行經濟行為（包括服務業、礦業、製造業等）等合法權利的企業」。

（二）外來直接投資

　　工業革命後，技術的革新帶來的全球經濟成長導致需求增加，高度發展國家憑藉著技術的領先大量增加生產；但高度發展國家內部的工資與原物料價格開始上漲，國內需求市場面臨飽和，尋求對外出口市場與降低生產成本的替代方案成為許多大企業的自然選擇。另一方面，低度開發國家為了引進本身缺乏的技術與資金，開始以減免稅捐、關稅壁壘等各項優惠措施吸引外資。例如 1979 年中國大陸進行的改革開放，目的就是為了吸引外資及技術。20 世紀跨國企業選擇海外據點的基本目標即以最小生產成本換取最大利益，在比較優勢原則下，以廉價勞工與原物料作為主要考量。因此外來直接投資（Foreign Direct Investment）金額的多寡象徵著一個國家吸引跨國公司來投資的能力，像中國、印度這樣經濟快速成長且具有廣大市場潛力的國家往往能在吸引外資的排行榜中名列前茅。

　　隨著跨國企業數量大幅增加，現今世界上有許多跨國企業都擁有極大的資源與能力，甚至已經超越部分國家所擁有的總資產，根據《2010 年世界投資報告》統計，2009 年全世界對外直接投資總額約為 1.1 兆美元，預計在 2012 年將高達 2 兆美元。不過如果就資本額來看，世界上最大的跨國公司多半都是大型的石油公司、電信公司，以及汽車製造商如豐田、福特等。

（三）跨國企業的政治角色

　　正因跨國企業的影響力遽增，使其與地主國政府之間的關係顯得十分微妙。多數地主國會利用政策來引導跨國企業的投資行為，例如要求保障本國勞工的薪資與權益，或是要求跨國公司進行技術轉移，有些國家會用更為激烈的手段，例如沒收或收購跨國企業的資產。跨國企業對於促進國際貿易與生產效率的貢獻是毋庸置疑的，但是跨國公司的行為是否真的幫助落後國家則具有相當爭議性。批評者認為，在海外投資的過程中，跨國企業往往會極力阻擋外來的競爭者，企圖壟斷當地的特定產業與技術的轉移，尤其在特定原物料的開採（例如石油、稀土）上，經常涉及跨國企業背後母國政治力量的支持，嚴重削弱地主國在經濟與政治上的自主性，使跨國企業淪為國家的外交與意識型態傳播工具。可預見的是，隨著經濟全球化的深化，跨國企業仍然會繼續在世界經濟活動中扮演關鍵、甚至主導的角色。

高度發展國家——具技術、資金及商品

低度發展國家——具原料、勞工及市場

知識補充站 ★最早的跨國企業：荷蘭東印度公司

17世紀初的荷蘭的東印度公司（簡稱VOC）堪稱歷史上最早，也是最為成功的跨國企業。荷蘭東印度公司在1602年成立，到1640年時已經掌握全歐洲唯一對東亞貿易網路，全盛時期擁有150艘商船，40艘戰艦，1萬名傭兵。到1682年時，公司資本已經是80年前成立時的1842倍。

UNIT **7-6**
經濟全球化帶來的問題

（一）經濟全球化時代的來臨

　　無論從自由主義、經濟民族主義，還是馬克思主義的角度來看，過去一百年來國際經濟活動的擴張已經將人類社會帶領到一個前所未有的、在經濟上相互緊密依存的階段，也就是經濟全球化（Economic Globalization）的時代。依照國際貨幣基金會（IMF）在 1997 年所發表的一份報告，經濟全球化可定義為「跨國商品、服務貿易及資本流動規模和形式的增加，以及技術的廣泛傳播使世界各國經濟的相互依賴程度增加」。雖然經濟全球化確實導致了全球經濟的增長與貿易自由度的提升，但人類的生活水準是否也因此更加向上提升？第三世界的貧窮國家是否因此成為經濟全球化的最大受益者？

（二）貧富差距問題

　　經濟全球化的確讓一些新興市場國家（例如中國、印度、巴西等）受惠，也讓全球整體經濟發展呈現出成長的趨勢，近年來聯合國所發布的人類發展指數（Human Development Indicators, HDI）都指出全球貧富差距似乎正在逐漸縮小。但實際上這是因為中國、印度這些國家經濟快速成長的結果，其他並未從全球化獲得好處的國家其實變得比過去更貧窮。所以純粹從人均 GDP 來看，全球的貧困度的確稍微下降，但低度發展國家的數目卻在過去 30 年內增加了兩倍，由此可見國家間經濟發展不平等的現象並沒有因為全球化的深化而趨緩。因此，反對全球化者主張經濟全球化已經成為一項強國剝削弱國的工具，不但沒有減輕反而更加重了弱國的負擔與經濟發展成本。

　　以中國來說，雖然人均 GDP 的快速上升使其在 2008 年超越日本位居全球第二大經濟體，讓許多人民脫離貧窮，但若深入探討中國社會的財富分配狀況便可發現，自 1978 年實施改革開放政策之後，55％的財富集中在前 20％的富裕階層，後 20％的最貧窮階級卻只擁有 4.7％的財富，尤其是內陸與沿海地區的人民所得差距最為明顯。除此之外，2011 年公布的最新數據顯示，中國收入最高和最低行業的差距已經擴大至 15 倍，這種財富分布不均的現象已經成為影響中國社會穩定的主要因素（關於經濟發展所帶來的財富分配不均問題在第 9 章有更詳細的描述）。

（三）跨國境人口流動

　　經濟全球化帶來的另一個現象為人口流動問題。雖然自羅馬帝國時代的十字軍東征以及歐洲殖民時期即出現人類大規模遷徙活動的例子，但經濟全球化形成的是一種貧窮國家不斷向發達國家移動的反向趨勢，而歐洲與北美洲這些具有高福利與高經濟發展條件的國家，便成為申請移民與非法移民數量增加最快的地區，使得這些國家不得不祭出各種限制與封鎖移民的政策。經濟全球化引發的人口流動將衍生出幾個問題：❶疾病的擴散。人體與動物是病毒繁衍的最佳溫床，因此人口流動與國際貿易的增加成為傳染性疾病的主要擴散方式；❷跨國犯罪的增加，例如毒品及武器的走私，以及難以杜絕的人口販賣；❸族群之間的衝突的頻率升高。許多新移民因宗教信仰及生活方式不同，與原有的社群之間產生摩擦，對國家管理構成嚴峻的挑戰（關於跨國議題的討論見第 10 章）。

經濟全球化的原因

服務貿易

跨國商品　　技術傳播

資本流動

經濟全球化產生的問題

貧富差距擴大

人口加速流動帶來疾病、犯罪、族群衝突問題

 知識補充站　★如何定義「全球化」

全球化是一個複雜、難懂、甚至帶有爭議的名詞。英國社會學者紀登斯（Anthony Giddens）將全球化定義為「全球範圍內社會關係的強化，使地方之間以獨特的方式產生鏈結，尤其是某一地方發生的事情經常受到遠方發生的事件所影響，反之亦然」。由此可見，隨著科技技術的進步和非國家行為者的崛起，不但加速了全球化的腳步，同時也讓全球化帶來的影響遍及經濟、文化和政治等面向，儘管懷疑論者對於全球化是否存在仍提出質疑，但面對全球商品、資本、資訊和人員在全世界快速的流動，要繼續堅持「什麼都沒變」的想法是很困難的。

第 8 章
國際貿易與金融機制的運作

UNIT **8-1** 國際貿易機制的誕生與發展：關稅暨貿易總協定時期

（一）關稅暨貿易總協定的誕生

第二次世界大戰結束後，在布列敦森林體系的框架下，主要的國際貿易體系主要包含關稅暨貿易總協定（GATT）與世界貿易組織（WTO）兩個階段。最初美國於 1948 年在哈瓦那舉行的聯合國貿易與就業會議中提出成立國際貿易組織（International Trade Organization, ITO）的憲章草案，但後來因為美國參議院沒有批准這個憲章，以致國際貿易組織一直未能成立。當時參與憲章談判的 23 個創始會員國為了讓國際貿易組織在成立後能夠立刻運作，已先行展開關稅減讓談判，各談判國為了不讓之前的努力白費，決定將這些關稅談判結果加上原本草案中有關貿易規則之部分條文，集結成「關稅暨貿易總協定」（General Agreement on Tariffs and Trade, GATT），並以「暫時適用議定書」（Provisional Protocol of Application, PPA）之方式來簽署生效。雖然關稅暨貿易總協定僅具臨時協定的性質，但卻成為自 1948 年以來唯一一個管理國際貿易的多邊機制，也是促進國際貿易自由化的主要推手。

（二）關稅暨貿易總協定的運作方式

關稅暨貿易總協定的基本宗旨是：在不妨礙國內經濟的原則下，建立一個降低國家間關稅壁壘、對不同國家實行最惠國待遇以達成不歧視原則、確保貿易過程透明度，以及以協商來減少貿易衝突的自由貿易區。關稅暨貿易總協定運作的方式是在不同階段推動以完成各種貿易自由化為目的的談判。自 1948 年成立以來，關稅暨貿易總協定共經歷了八次回合談判，其中以 1973 年的東京回合（第七回合）與 1986 年的烏拉圭回合（第八回合）談判最為重要，因為這兩次回合的談判內容除了基本的關稅問題之外，還涉及了貿易規範的改善。在「東京回合」中首次試圖解決經貿相互依賴和政府干預經濟以維護本國利益帶來的衝突問題，進一步削減主要國家工業品的關稅壁壘與豎立良好的規範則是此次談判最主要的成就；而「烏拉圭回合」中，除了首次將服務貿易與智慧財產權等相關議題加入談判內容之外，更決議成立一個具有拘束力的國際組織：世界貿易組織（World Trade Organization），同時宣告成立將近半個世紀的關稅暨貿易總協定正式走入歷史，使其成為歷屆談判中規模最大且影響最深遠的回合。

（三）世界貿易組織的誕生

儘管關稅暨貿易總協定僅具有多邊協定性質，因此當時並非所有的國家都願意簽署關稅暨貿易總協定並確實履行義務，再加上後來世界經濟結構的變化，削弱了關稅暨貿易總協定原則的適用性與合法性，使其在 1995 年改組為世界貿易組織，因此關稅暨貿易總協定可說是世界貿易組織的前身，且對奠定戰後世界貿易自由化的貢獻功不可沒。

關稅暨貿易總協定

GATT

（1947年所簽署的關稅減讓協定，達成4,5000項關稅減讓協議，範圍高達100億美元）

主要目的	角色與定位	現況
降低各國間的關稅、提倡貿易自由化。	非正式的國際組織，簽署國以締約方代表。	1995年被WTO所取代

關稅暨貿易總協定的宗旨運作方式

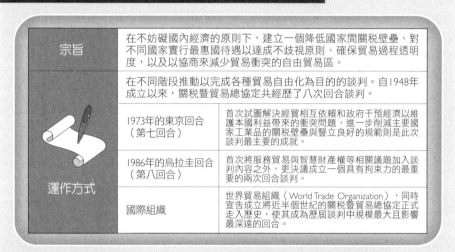

宗旨		在不妨礙國內經濟的原則下，建立一個降低國家間關稅壁壘、對不同國家實行最惠國待遇以達成不歧視原則、確保貿易過程透明度，以及以協商來減少貿易衝突的自由貿易區。
運作方式		在不同階段推動以完成各種貿易自由化為目的的談判。自1948年成立以來，關稅暨貿易總協定共經歷了八次回合談判。
	1973年的東京回合（第七回合）	首次試圖解決經貿相互依賴和政府干預經濟以維護本國利益帶來的衝突問題，進一步削減主要國家工業品的關稅壁壘與豎立良好的規範則是此次談判最主要的成就。
	1986年的烏拉圭回合（第八回合）	首次將服務貿易與智慧財產權等相關議題加入談判內容之外，更決議成立一個具有拘束力的最重要的兩次回合談判。
	國際組織	世界貿易組織（World Trade Organization），同時宣告成立將近半個世紀的關稅暨貿易總協定正式走入歷史，使其成為歷屆談判中規模最大且影響最深遠的回合。

GATT與WTO的主要差異（詳細內容請參見單元8-2）

	組織性質	規範內容	解決爭端的能力
GATT	多邊國際經濟協定	商品貿易	第23條訂有關於爭端解決之規定，但不具強制力
WTO	具有國際法人資格	商品貿易、服務貿易和智慧財產權	擁有司法機制，做出的裁決對會員具有約束力

UNIT **8-2** 國際貿易機制的現況：世界貿易組織（WTO）

圖解國際關係

（一）世界貿易組織現況

世界貿易組織是一個以推動貿易自由化為目的的國際組織，也是經濟自由主義思維在國際貿易事務上的實踐。世界貿易組織在 1995 年正式成立，總部設於瑞士日內瓦。截至 2008 年為止共有 153 個會員國與 30 個觀察員，而我國於 2002 年以臺澎金馬個別關稅領域的身分加入。世貿組織與關稅暨貿易總協定最大的區別在於：前者是一個相關協定需要經由各成員國的國內程序批准才可正式生效的國際組織，意即具有國際法人資格，而後者只是多邊國際經濟協定；其次，世貿組織除了保留關稅暨貿易總協定對貨品項目的相關規範（也就是商品貿易）之外，還包括了服務貿易與智慧財產權的部分；最後，世貿組織具有解決會員國之間貿易爭端的司法機制，且做出的裁決對會員國具有約束力，因此世貿組織堪稱當代最重要的國際經濟組織，甚至被譽為「經貿聯合國」。

（二）宗旨與目標

世貿組織的宗旨在於建立一個自由、開放與公平交易的國際貿易市場，並且成為各國談判協商的場域，協助各成員國解決貿易爭端，監督各國貿易與執行的情況，並積極與世界上其他國際貿易組織進行合作（如聯合國）。世貿組織有五個基本目標：

❶非歧視性原則

國家在對外貿易上，面對不同的國家不能有差別待遇，即「最惠國待遇原則」（most-favored-nation treatment），同樣地在國內也必須平等地對待外國進口的貨品與本國貨品，即「國民待遇原則」（national treatment）。

❷自由貿易原則

透過協商逐漸降低國家之間的關稅障礙。

❸可預測性

國家間的貿易若具有高透明度與穩定性，且會員國之間的承諾具有可信度時，便能增加投資者的意願。

❹促進公平競爭

透過部分的限制措施來規劃出一個有利於公平競爭的貿易環境。

❺鼓勵經濟發展與轉型

目前世貿組織仍有半數以上的會員國為開發中國家或屬於非市場經濟體系的國家，因此世貿組織將提供更多時間與技術上的資源協助這些國家進行轉型。

（三）運作方式

從組織結構來看，世貿組織最高決策機構為兩年召開一次的「部長會議」。其下設有「總理事會」、「爭端解決機構」及「貿易政策檢討機構」等三個部門負責日常事務。在總理事會下另設有「貨品貿易理事會」、「服務貿易理事會」、與「貿易有關智慧財產權理事會」，分別管理有關商品貿易、服務貿易與智慧財產權三個領域的貿易規範與執行。世貿組織決策機制最特別的地方是：雖然其仍然保有一個會員國一票的投票制度，但基本上仍延續過去盡量避免票決而改以共識決的方式達成決議。

世界貿易組織

世界貿易組織
WORLD TRADE ORGANIZATION
WTO

前身

關稅暨貿易總協定
（GATT）：
多邊國際經濟協定

1995年成立：
總部日內瓦
會員資格：目前共153個會員國，協定須經由各成員國國內程序批准才正式生效。WTO具有國際法人資格。
宗旨：建立自由、開放與公平交易的國際貿易市場、各國談判場域、解決國際貿易爭端、與其他國際組織合作。

部長會議
（兩年召開一次）

爭端解決機構
The Dispute Settlement Body, DSB

總理事會
Ministerial Conferences

貿易政策檢討機構
Trade Policy Review Body, TPRB

貨品貿易理事會
Council for Trade in Good

貿易有關智慧財權理事會
The Council for Trade-Related Aspects of Intellectual Property Rights,
TRIPS Council

服務貿易理事會
Council for Trade in Service

（一）面臨問題：目前因成員增加各政府歧見多，貿易仲裁過程緩慢，使協商進展緩慢，區域和雙邊貿易協定增加成為自由貿易推手。

協商採共識決，符合整體利益，可快速執行。

（二）調和「已開發國家」與「開發中國家」利益衝突也是目前WTO一大挑戰

WTO基本目標

❶非歧視性原則：「最惠國待遇原則」與「國民待遇原則」。
❷自由貿易原則：透過協商降帝國家間關稅障礙。
❸可預測性：國際貿易的透明度、穩定性高、國際承諾具可信度。
❹促進公平競爭：透過部分限制措施，規劃有利公平競爭之貿易環境。
❺鼓勵經濟發展與轉型：提供開發中或非市場經濟體系成員「時間」與「技術資源」，協助轉型。

UNIT 8-3
國際貨幣與金融體系的發展

（一）金本位制度階段

自 1870 年代起，工業革命帶來的技術進步，導致海陸運輸工具的改善，大幅縮短國家間貿易往來所需的時間與成本，因此國際貿易量倍增，逐漸形成一股建立國際貿易規範與對金融體系需求的壓力。此外，早期貿易主要以貴金屬作為交易貨幣（例如黃金），隨著 20 世紀國際貿易的興盛，貴金屬流動量大增，各國政府紛紛透過黃金準備的數量來調整貨幣存量，於是一套以黃金作為計價標準的兌換制度就此產生，即所謂的「金本位制度」（Gold Standard）。其中以對外貿易作為國家重要收入來源的英國，為了維護自身的利益而擔任起維持國際金融體系穩定的支配性角色，自此之後直到第一次大戰爆發前，金本位制度成為國際上最重要的貨幣制度。

（二）金本位制度的崩解

然而第一次世界大戰的爆發破壞了全球相互依賴的經濟關係，造成金本位制度的中斷，戰後各國皆致力於國內重建工作，因此國際金融制度十分混亂，原本位居全球經濟領導地位的英國因為戰爭元氣大傷，相反地，當時堅持不加入戰爭的美國卻藉此大發戰爭財，一舉成為國際上主要的債權國。黃金大量流向美國，導致美元地位看漲，英鎊卻不斷被兌換成黃金，因此各國不敢再貿然回復過去以英國為中心的金本位制度。雖然 1928 年在英美的合作下國際上大致已回復金本位制度，但 1929 年發生的經濟大恐慌終究再度導致金本位制度的崩解。

（三）布列敦森林體系

第二次世界大戰結束後，1944 年 7 月在美國新罕布夏州的布列敦森林市（Bretton Woods）召開國際貨幣與金融會議，商討如何加強國際經濟合作，以及重建國際貨幣秩序和回復國際貿易的自由。在美國的主導下，各國同意進一步建構所謂的「布列敦森林體系」（The Bretton Woods System）作為聯合國特別機構，建立一個將美元與黃金掛勾的固定匯率制度（一盎斯黃金換 35 美元），會議中擬定建立之經貿組織包括：❶世界銀行（World Bank）與❷國際貨幣基金（International Monetary Fund, IMF）。1945 年美國再度對聯合國會員提議建立❸國際貿易組織（International Trade Organization, ITO），以補強布列敦森林體系在管理國際貿易的不足之處，藉此建立起維持國際金融體系穩定三大支柱。

（四）浮動匯率時代

雖然布列敦森林體系的建立確實使國際貿易和全球經濟互賴程度得到空前發展，然而戰後國際貿易頻繁導致的資金流動管理問題，以及美國因為軍事預算大幅支出與貿易逆差所導致的龐大赤字，已經使國際上對美元的信心開始出現疑慮。直到 1971 年美國尼克森總統宣布美元將不再與黃金掛勾，藉此將美元貶值以改善國內經濟狀況時，也象徵著布列敦森林體系下固定匯率制度的崩解，此後國際金融體系正式進入浮動匯率的時代。

國際貨幣與金融體系的發展

早期貿易主要以貴金屬作為交易貨幣（例如黃金），隨著20世紀國際貿易的興盛，貴金屬流動量大增，各國政府紛紛透過黃金準備的數量來調整貨幣存量，於是一套以黃金作為計價標準的兌換制度就此產生，即所謂的「金本位制度」（Gold Standard）。

第二次世界大戰結束後，1944年7月在美國新罕布夏州的布列敦森林市召開國際貨幣與金融會議，在美國的主導下，各國同意進一步建構所謂的「布列敦森林體系」作為聯合國特別機構，建立一個將美元與黃金掛勾的固定匯率制度（一盎斯黃金換35美元），會議中擬定建立之經貿組織包括：❶世界銀行（WB）；❷國際貨幣基金（IMF）。1945年美國再度對聯合國會員提議建立❸國際貿易組織（ITO），以補強布列敦森林體系在管理國際貿易的不足之處，藉此建立起維持國際金融體系穩定三大支柱。

戰後國際貿易頻繁導致的資金流動管理問題，以及美國因為軍事預算大幅支出與貿易逆差所導致的龐大赤字，使得國際上對美元的信心開始出現疑慮。1971年美國尼克森總統宣布美元將不再與黃金掛勾，藉此將美元貶值以改善國內經濟狀況時，也象徵著布列敦森林體系下固定匯率制度的崩解，此後國際體系正式進入浮動匯率的時代。

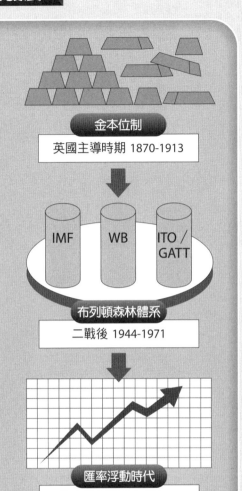

金本位制

英國主導時期 1870-1913

IMF　WB　ITO / GATT

布列頓森林體系

二戰後 1944-1971

匯率浮動時代

停止美元與黃金掛勾，
1971年至今

二戰後美國建立的布列敦森林體系及美元本位的固定匯率制度

國際貨幣基金（IMF）

負責穩定國際金融與調節各國收支。

世界銀行（WB）

包括「國際復興暨開發銀行」和「國際開發協會」，復興二戰後歐洲經濟，並貸款給低度開發國家，協助其經濟之發展。

國際貿易組織（ITO）

維持國際貿易秩序。由於美國國會否決加入，因而以GATT暫代。1995年WTO成立，取代GATT作為管理國際貿易之政治組織。

UNIT **8-4**
國際金融危機的發生

如果經濟學家的假設正確，也就是人的經濟行為基於理性，為何自從資本主義出現以來，人類社會不斷地出現不理性的投資行為？為何投機客的操作有時會釀成大規模的國際金融危機？

（一）關於金融危機的解釋

學者海曼‧明斯基（Hyman Minsky）認為資本主義的本性造就了金融體系的不穩定，因此國際金融危機的發生成為必然現象，即所謂的「金融不穩定假說」（Financial Instability Hypothesis），指出當國際上的獲利機會出現轉變時，投資者必然會放棄現有的投資領域，開始競相投入新的投資環境，而投資的熱潮也會受到企業家或銀行等大型資本的煽動，更加熱絡，導致該項金融商品或市場的價格不斷攀升，並吸引更多外資投入，愈來愈多的投資者會凝聚成一股狂熱的非理性投資現象。直到炒作人士覺得價格已經達到市場的最高點時，便會開始收手並將手中的資產變賣成現金或轉換標的，一旦愈來愈多投機客察覺這個現象開始跟進，商品的市場價格必定大幅滑落，民眾的恐慌也將隨之而來，不斷大量地將手中的資產拋售的結果，便是造成許多相關企業不得不宣布破產，而大規模的企業倒閉伴隨而來的則是經濟衰退現象，市場必須經歷數年之後才能再次回到平衡狀態。

（二）如何防止金融危機再度發生

目前學界對於防止金融危機再度發生的看法大約可歸結為三類：
❶超國家主義者強調金融體系的運作不應全權交由市場自行調節，相反地國際資金流動規則與管理機制確實有其建立的必要性，甚至成立共同基金以備不時之需，這也成為後來東南亞國家國協（ASEAN）成立的重要因素之一。
❷自由放任派則認為市場是一隻看不見的手，國家應該將干預減到最低，相信市場最終將會回到最初的平衡狀態。
❸政府間主義者則強調應該從各國內部著手，例如增加金融政策的透明度和信用評等。

（三）黑天鵝效應

雖然仍有些學者主張這樣的金融危機其實只是偶發事件，但是在明斯基的理論中對於國際金融出現的投機行為描述也確實從歷次的金融危機中得到驗證。尤其是 2007 年原本僅是一場在美國國內爆發的金融危機，卻牽一髮而動全身，對全球的金融市場造成震撼，這正是國際金融體系相互依存帶來的結構脆弱化警訊。塔雷伯（Nassim Taleb）在 2008 年撰寫的《黑天鵝效應》（The Black Swan）一書中，點出了全球化下緊緊相依的金融體系，表面上呈現相互支援且穩定的態勢，但這樣的金融結構最大的問題在於，一旦爆發危機所帶來的骨牌效應，將是排山倒海，從 1929 年的經濟大蕭條、1997 年的亞洲金融危機到 2007 年由美國次級房貸問題引發的全球金融危機都一再突顯出自由化下國際金融體系的脆弱性。

國際金融危機的發生

原有投資標的

獲利機會轉變，投入新投資領域

愈來愈多熱錢湧入，投資標的的價值提高

價格達到最高點

投機客收手，造成拋售潮

商品價格大幅滑落，企業倒閉及破產，經濟衰退

學界對防止金融危機再度發生的看法

學界看法

超國家主義者
不應全權交由市場調節，必須有國際資金流動規則與管制機制。
例如：東南亞國家國協

自由放任派
國家應將干預降至最低，市場最終會回歸平衡。

政府間主義
從各國內部著手，增加金融政策透明度及信用評等。

UNIT **8-5**　「1997 年」與「2008 年」
的兩次金融危機

（一）1997 年亞洲金融危機

　　1997 年 7 月，泰國中央銀行由於市場壓力與外匯存底不足，在耗盡了僅存的 300 億美元外匯存底後，決定放棄維持 13 年將其貨幣泰銖（Baht）與美元掛勾的固定匯率政策，改為浮動管理。這一政策立刻導致泰銖劇貶 20%，全國金融秩序大亂。7 月 29 日，泰國央行行長辭職下台；8 月初，泰國央行勒令 42 家金融機構關閉，連帶使許多原靠舉借外債來發展的企業紛紛倒閉。最後泰國政府不得不接受國際貨幣基金所提出的嚴苛貸款條件，以重整金融秩序。該年 10 月，危機進一步向北擴散，香港股市恆生指數在四天內由一萬六千多點狂跌至九千多點，10 月 28 日一天更是狂瀉一千四百點，跌幅高達 13.7%。到了 11 月，原本就忙於面臨內部一系列大企業破產倒閉問題的韓國也受到波及，韓國貨幣韓圜（Won）對美元匯率從 890 韓圜兌換一美元開始下滑，竟然跌到 1891 韓圜兌換一美元的地步。雖然韓國政府即時宣布了一系列穩定金融情勢的措施，如放寬韓圜匯率的浮動限度，提前開放中長期債券市場，對金融機構實行限令改革和兼併，但股匯市仍然持續下跌，使得韓國政府不得不向國際社會求援。12 月 3 日，韓國接受由國際貨幣基金等國際金融機構提供的 500 億美元貸款，其代價是接受對方所要求的嚴厲經濟整頓計畫，這也象徵著韓國經濟自主權的喪失。短短幾個月內，金融市場失序的情形由泰國迅速蔓延到東亞其他國家，造成各國貨幣大幅貶值、股市大跌，成為前所未有的區域性經濟危機。

（二）2008 年全球金融危機

　　此次金融風暴起源於 2007 年在美國掀起的次級房貸風暴。自 2004 年開始，全球景氣好轉刺激了美國的房貸業，使得美國房市一片看好，於是開始有房貸業者大膽從事風險較高的次級房貸，而次級房貸的適用對象通常是那些還款能力與信用等級最低，且經常無法按時還款的消費族群，且由於當時核貸的程序過於寬鬆，以及對房價上漲的樂觀預期都讓民眾相信付清貸款只是遲早的事情，因此金融業者進一步將其包裝在高獲利的信用衍生商品（如避險基金），推展到全球各地。但隨著美國抵押貸款的違約事件與法拍屋的急遽增加，證明了房價並未如預期般樂觀，而申請次級房貸者原本就不具有清償的能力讓貸款公司債台高築，最後不得不宣布破產。

　　2008 年 9 月，美國兩家最大房貸公司的瀕臨破產，次級貸款風暴正式展開，多家大型國際金融機構宣布倒閉或被政府接管。其他地區以歐洲國家受害最深，冰島甚至宣布破產，而亞洲地區因對衍生性金融商品參與程度較少，受到衝擊較低。不過由於華爾街股市出現的大震盪與倒閉的連鎖效應，使美國政府不得不祭出一連串的拯救計畫，包括宣布投入 7,000 億美元挽救股市，以及以 134 億美元對瀕臨破產的三大汽車廠進行紓困。

1997年亞洲金融危機

泰國	1997年7月，泰國中央銀行由於市場壓力與外匯存底不足，在耗盡了僅存的300億美元外匯存底後，決定放棄維持13年將其貨幣泰銖（Baht）與美元掛勾的固定匯率政策，改為浮動管理。
	7月29日，泰國央行行長辭職下台。
	8月初，泰國央行勒令42家金融機構關閉，連帶使許多原靠舉借外債來發展的企業紛紛倒閉。
	最後泰國政府不得不接受國際貨幣基金（IMF）所提出的嚴苛貸款條件，以重整金融秩序。
香港	1997年10月，危機進一步向北擴散。香港股市恆生指數在四天內由一萬六千多點狂跌至九千多點。
	10月28日一天更是狂瀉一千四百點，跌幅高達13.7%。
韓國	1997年11月，韓國貨幣韓圜（Won）對美元匯率從890韓圜兌換一美元開始下滑，竟然跌到1891韓圜兌換一美元的地步。
	12月3日，韓國接受由國際貨幣基金等國際金融機構提供的500億美元貸款，其代價是接受對方所要求的嚴厲經濟整頓計畫，這也象徵著韓國經濟自主權的喪失。

2007年美國次級貸款危機演變示意圖

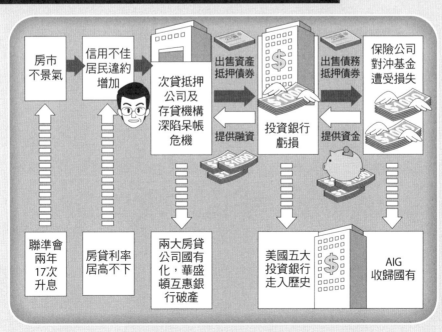

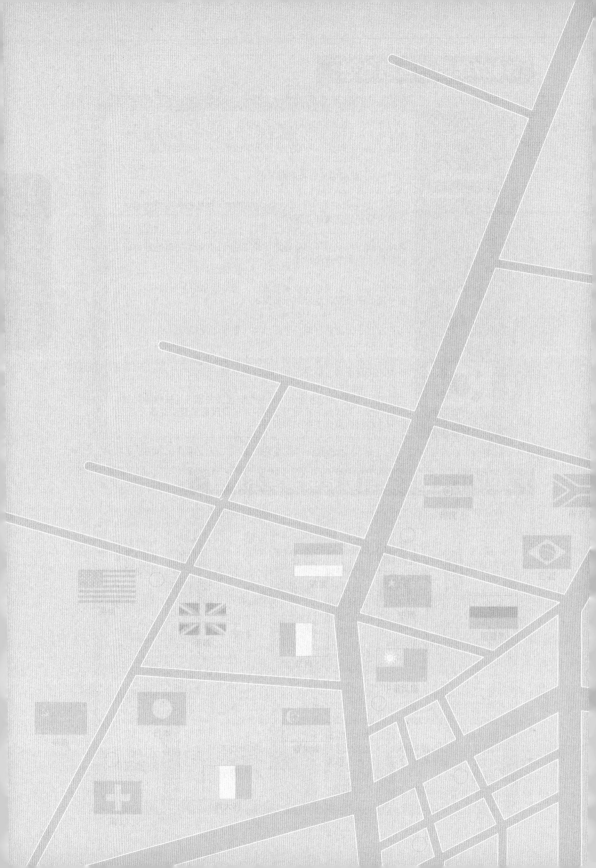

第 9 章
發展不平等問題

●●●●●●●●●●●●●●●●●●●●●●●● 章節體系架構 ▼

UNIT **9-1**
南方世界與北方世界

（一）南方與北方世界的劃分

從經濟的角度來看，今天的世界約略可以分為南北兩個半球，也就是由經濟發達國家組成的北方與貧窮國家組成的南方。這樣的稱呼源於這些國家的地理位置：多數富裕的國家位於地球的北方，例如北美及歐洲各國；而貧窮的國家則多位於南方的非洲、亞洲及中南美洲。國際組織及學界一般會用開發中國家（或發展中國家）這個詞來表述南方國家，稱北方國家為已開發國家，不過並沒有一種普遍接受的劃分標準。過去在冷戰時期也曾使用第三世界國家來稱呼貧窮國家。當時是將美國與其他採行資本主義的發達國家稱為第一世界，蘇聯及其東歐共黨政權盟友稱為第二世界，其他經濟落後但並未參加美蘇陣營的國家則稱為第三世界。

從經濟數字來看，這兩類國家之間的差別是非常明顯的。今日南方國家的人口數約占全世界的85％，但是這些國家的國民生產毛額僅占全球的22％，而富裕北方國家的15％人口卻能創造出全球78％的國民生產毛額。如果以收入標準來看，今日全球約有28億人民的每日收入在2美元以下，也就是半貧窮的狀態，其中有12億人民的每日收入在1美元以下（也就是年收入在365美元以下），處於絕對貧窮的狀態。除此之外，經濟條件的差異也讓南方國家的發展受到更多的限制，例如教育、醫療以及發展的機會都比北方國家為少。

（二）南方國家的發展困境

首先是許多南方國家將自身的困境歸咎於過去歐美等北方國家的殖民政策。殖民主義的統治方式使得這些國家沒有能力創造出經濟發展所需的資本及技術，也缺乏現代國家運作的人才與制度，因此雖然這些國家在政治上獲得獨立地位，但在經濟上仍然繼續處於貧困狀態。其中依賴理論的觀點甚至認為國際經濟體系的運作方式正是南方國家在經濟上持續受制於北方國家的原因。從北方國家的角度來看，南方各國之所以發展遲滯，主要的原因在於其內部結構問題：統治階層的貪污腐敗及層出不窮的政變與內戰，讓許多擁有豐富資源及發展條件的國家遲遲無法走向正常國家發展的軌道。

（三）77國集團

雖然南方國家在經濟上處於劣勢，但也意識到唯有團結合作才有可能提升在國際政治上的影響力，因此早在1964年就在聯合國內組成77國集團（Group of 77），彼此協調對策，統一對外發聲。經過四十餘年的發展，77國集團已經擁有一百多個成員，但是仍然沿用此一名稱。此外，由於意識形態與立場相近，許多南方國家會在重要的國際談判（如氣候變遷、貿易、裁軍）時會採取一致的立場。

北方國家與南方國家的人口及國民生產毛額比較

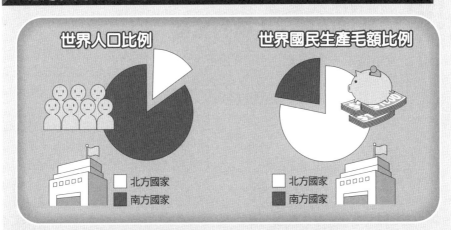

世界人口比例

世界國民生產毛額比例

- ☐ 北方國家
- ■ 南方國家

北方國家與南方國家的經濟條件差異

	識字率	安全飲用水的取得	兒童飢餓	醫療人員數量	研究醫療經費	殖民狀況
北方國家	90%以上	可	少	全球總數70%	總經費95%	殖民者
南方國家	50%左右	1/5人口無法獲得	1/6兒童處於飢餓狀態	全球總數30%	總經費5%	被殖民者

南方國家的77國集團

南方國家：非洲、亞洲、中南美洲等「開發中國家」。1964年在聯合國組成77國集團（G77，圖中深灰色部分），彼此協調對策、統一對外發聲，具有相似的意識型態，故在許多國際談判上採取一致立場。

UNIT **9-2** 歐洲的殖民主義的影響

多數南方國家過去都曾經受到歐洲的殖民統治，這段特殊的歷史經驗對南方國家的政治與經濟發展造成深遠的影響。

（一）殖民主義前的世界經濟

目前多數學者都同意南北國家之間經濟力量的差異是最近兩個世紀才出現的問題。在歐洲人發現新航路與新大陸之前，世界上的幾個主要文明基本上是獨立發展，例如東亞的中國、中東地區的伊斯蘭文明、美洲的阿茲特克、印加、馬雅等，連非洲也有獨立且強大的王國。這些文明彼此之間的經濟差距並不算大：根據英國歷史學家 Angus Maddison 的估算，公元 1500 年時，世界上國內生產總值最高的兩個地區分別是中國的明朝與印度的德里蘇丹，分別占全世界比例的 25％與 24.5％，二者相加已經達到全球的一半。

（二）殖民主義在經濟上的影響

西元 14 世紀之後，資本主義、商人階級、科學研究以及強大的中央政府在歐洲出現，使得這個地區的農業、工業與軍事技術獲得相當大的改良，逐漸超越世界上其他地區；在接下來的幾個世紀中，歐洲國家逐步征服世界上其他地區並將之納為殖民地。當時歐洲國家強迫這些地方的人民使用殖民者的語言文字、接受歐洲的生活方式，灌輸西方文明優於傳統本土文明的價值觀，這些作為讓殖民地的人民與文化遭受相當程度的摧殘。美國學者 Robert Jackson 認為雖然今日多數殖民地已經獲得政治獨立，但是因為❶過去殖民母國不重視培養人才，使得這些新獨立的國家只擁有主權的外表，卻缺乏治理的能力，所以會一直陷入發展遲緩的狀態；❷殖民者多對這些地區採取經濟掠奪的策略，也就是將該地的礦產開採後送往殖民母國，肥沃的土地則用來栽種經濟價值高的作物（例如甘蔗、咖啡、可可等），而非能餵飽殖民地人民的糧食作物；❸歐洲各國在殖民地進行武力擴張，擅自劃分彼此的政治疆界，許多原本的種族或文明被硬生生分割。這種人為劃分疆界的結果，使得殖民地國家在獲得政治獨立之後，國內各族群因為宗教文化差異過大，難以形成新的政治認同，以致內戰叛亂不斷。

（三）殖民主義在政治上的影響：以盧安達與蘇丹為例

今日非洲中部內陸國家盧安達，原本是比利時的殖民地，但境內有 Hutu 與 Tutsi 兩個不同的族群。在盧安達獨立建國之後，人數居優勢的 Hutu 族掌握政治權力，迫使 Tutsi 以武力反抗，雙方多年征戰不斷；非洲國土面積最大的國家蘇丹，過去是英國的殖民地，但是在宗教與文化上可分為北方伊斯蘭教徒與南方的傳統部落文明兩個完全不同的地域；在自然資源上，北方較為貧瘠，南方卻有豐富的石油蘊藏。過去十多年來，由北方伊斯蘭教徒所掌握的中央政府為了防止南方獨立，多次派兵鎮壓，成為國際矚目的大事。直到最近才在聯合國調停下，讓南蘇丹以公民投票的方式走向獨立。

歐洲殖民主義的歷史演變

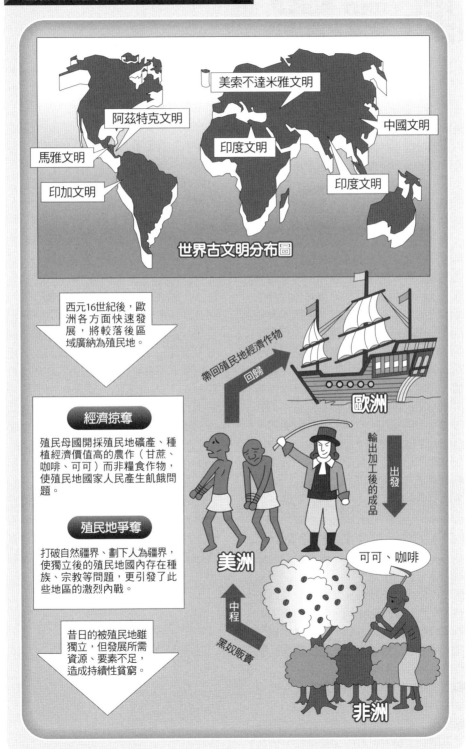

世界古文明分布圖

阿茲特克文明

美索不達米亞文明

中國文明

馬雅文明

印度文明

印加文明

印度文明

西元16世紀後，歐洲各方面快速發展，將較落後區域廣納為殖民地。

帶回殖民地經濟作物　回歸

歐洲

輸出加工後的成品　出發

經濟掠奪

殖民母國開採殖民地礦產、種植經濟價值高的農作（甘蔗、咖啡、可可）而非糧食作物，使殖民地國家人民產生飢餓問題。

殖民地爭奪

打破自然疆界、劃下人為疆界，使獨立後的殖民地國內存在種族、宗教等問題，更引發了此些地區的激烈內戰。

昔日的被殖民地雖獨立，但發展所需資源、要素不足，造成持續性貧窮。

美洲

可可、咖啡

中程　黑奴販賣

非洲

UNIT 9-3
帝國主義理論

圖解國際關係

（一）馬克思主義的修正

當馬克思與恩格斯建構其理論體系時（見第 7 章），他們關心的對象主要是歐洲資本主義國家內部的階級矛盾，因此階級鬥爭理論的重點之一是預測無產階級革命一定會先出現在工業先進國家，例如英國與德國。尚未進入工業革命的傳統社會，也就是本章所說的南方國家，必須循序漸進，先由封建社會進入資本主義社會，然後再進入社會主義革命的階段。不過後來的發展方向與他們預測的恰恰相反：在歐洲工業化國家裡，統治者推行各種社會福利，提升無產階級的生活水準，使其不再產生發動革命的想法。在落後的第三世界國家，受到統治者或殖民者壓迫的農民反而發動一連串革命，試圖建立社會主義政權。20 世紀最著名的共產革命，都是出現在比較貧窮落後的農業社會，例如 1917 年的俄羅斯、1949 年的中國等。這樣的發展迫使馬克思理論家必須做出一定的理論修正，其中最著名的就是蘇聯革命家列寧（Vladimir Lenin）的帝國主義理論。

（二）列寧帝國主義理論的出現

列寧認為，歐洲資本主義國家發展成熟之後，國內的無產階級已經被剝削到無以復加。這個時候資本家就會開始將資本投入到海外殖民地，利用豐沛的原料及廉價勞工賺取暴利，並且將本國生產的剩餘產品推銷到殖民地。這樣的策略有兩種效果：

❶讓資本主義繼續在海外擴張，保障資本家的利潤不致減少。

❷挪出一部分的海外利潤來收買本國的工人階級，使其不致於發動革命。因此列寧主張「帝國主義是資本主義發展的最高階段」。這樣的說法一方面可以解釋何以工業化國家內部沒有按照馬克思的預期出現無產階級革命，另一方面也可解釋為何歐洲各工業國家相繼在全球各地投入爭奪殖民地的行為。不過到了 19 世紀後期，地球上絕大多數地區都已經被歐洲國家征服，再也沒有新的殖民地可供爭奪，最後帝國主義國家只能攻打其他帝國主義國家來獲取更多的殖民地，進而爆發大規模戰爭。

（三）帝國主義理論的影響

列寧的帝國主義理論能解釋為何會出現第一次世界大戰，因為主要的參戰國都是帝國主義國家，也能解釋為何無產階級革命不會直接出現在資本主義高度發展的工業化國家。20 世紀初期的國際情勢發展，在一定程度上確實符合列寧的預測。另一方面，列寧是第一位將馬克思主義觀點應用到南北關係的人，他的帝國主義理論點出南北關係的癥結：北方的工業化國家利用正式或非正式的殖民活動剝削南方窮國，並將部分利潤拿來收買本國的工人階級。隨著資本主義的全球化擴張，階級已經不再是國內的問題，而是全球範圍內的普遍現象。

馬克思主義面臨修正問題

理想狀態	無產階級革命一定會先出現在工業先進國家。	未進入工業革命的傳統社會（南方國家），必須循序漸進，先由封建社會進入資本主義社會，然後再進入社會主義革命的階段。
現實狀態	在歐洲工業化國家裡，統治者推行各種社會福利，提升無產階級的生活水準，使其不再產生發動革命的想法。	
	反而在落後的第三世界國家，農民因為受到統治者或殖民者的壓迫發動一連串革命，試圖建立社會主義政權。	

列寧帝國主義理論

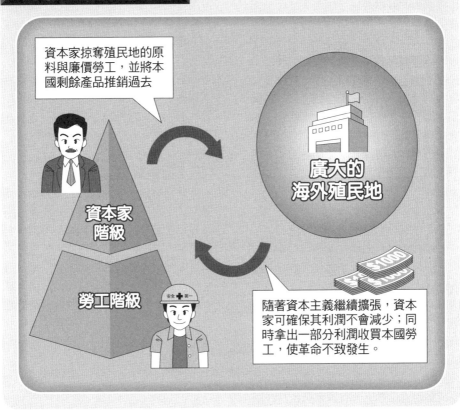

資本家掠奪殖民地的原料與廉價勞工，並將本國剩餘產品推銷過去

廣大的海外殖民地

資本家階級

勞工階級

隨著資本主義繼續擴張，資本家可確保其利潤不會減少；同時拿出一部分利潤收買本國勞工，使革命不致發生。

UNIT **9-4**
依賴理論

　　依賴理論是 1960 年代一些經濟與社會學者運用馬克思主義概念所發展出的一套理論，目的在解釋為何南方國家無法藉由國際貿易來累積財富，進而擺脫經濟落後的困境。由於這套理論對資本主義的運作方式及北方國家的優勢地位有深刻的批判，因此受到當時許多南方國家（特別是拉丁美洲）學者的歡迎。

（一）依賴理論出現的背景

　　第二次世界大戰結束後，歐洲國家的殖民地紛紛獨立建國。當時世界上對於這些新興國家未來的發展抱持著相當樂觀的態度，因為根據現代化理論的預測，一個傳統社會可以利用外來援助來建立國內的基礎設施並培養人才，進而開始累積資本。擁有足夠的資本與技術之後，國家的經濟就會開始快速成長，最後轉型成現代化社會。但即使脫離殖民統治也不代表在經濟上便能脫離殖民母國的控制，許多殖民母國仍然是新興獨立國家主要的貿易夥伴，不僅在經濟上持續對前殖民地進行剝削，在政治上更持續對其發揮一定的影響力。有些學者將這種情形稱為新殖民主義（neo-colonialism）。

（二）依賴理論的主要內容

　　依賴理論最早出現在 1950 至 1960 年代，由阿根廷經濟學家普雷畢許（Raul Prebisch）所主持的一項針對拉丁美洲國家經濟發展的研究發現，國際貿易讓窮國變得更加貧窮，但富國卻變得更加富有。此後德國經濟學家法蘭克（Andre Gunder Frank）將馬克思的理論概念引入，創造出比較完整的理論體系。其主要觀點是：世界上所有國家可依其在國際經濟體系中的地位被歸類為核心國與邊陲國。核心國主要是經濟發達的工業化國家；而邊陲國都是經濟發展較為落後的南方國家。因為邊陲國多半只能靠輸出原料給核心國，賺取微薄的利潤；但核心國卻能進口原料後，生產附加價值較高的產品，然後再賣給邊陲國家，最後雙方貿易的結果是一種不平等的交換。自由貿易反而拉大了窮國與富國之間的經濟差距。

　　依賴理論最主要的觀點是，邊陲國之所以邊陲，並不是因為發展的起步時間太晚，而是因為國際經濟體系的制約。核心國與邊陲國之間的剝削關係注定後者很難擺脫貧窮的困境，而原本應該是幫助南方國家經濟發展的各種力量，例如跨國企業、世界銀行等其實代表的是核心國家的利益。為了擺脫依賴的困境，許多依賴理論學者主張邊陲國家必須採取貿易保護主義的政策，或是發展本國產業來取代進口產品（稱之為進口替代），意即邊陲國必須脫離原本資本主義經濟體系，才能獲得發展的機會。

（三）對依賴理論的批評

　　依賴理論最大的問題，在於其學者所提出的激進策略並沒有辦法讓邊陲國家真正脫離貧窮的困境。拉丁美洲有許多國家（古巴、智利、巴西）曾嘗試減少對全球貿易體系的依賴，發展進口替代或是與蘇聯等共產國家結盟，但是都不算成功。而臺灣、南韓等社會的成功經驗，也顯示邊陲國有可能轉型成核心國。

新殖民主義

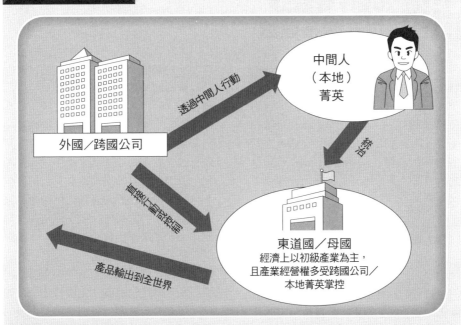

外國／跨國公司

透過中間人行動

中間人
（本地）
菁英

東道國／母國
經濟上以初級產業為主，
且產業經營權多受跨國公司／
本地菁英掌控

產品輸出到全世界

依賴理論

提出者	基本論點	擺脫困境的方式
阿根廷經濟學家 勞爾 （Raul Prebisch）	國際貿易讓窮國變得更加貧窮，但富國卻變得更加富有。	邊陲國家必須採取貿易保護主義的政策，或是發展本國產業來取代進口產品（稱之為進口替代），意即邊陲國必須脫離原本資本主義經濟體系，才能獲得發展的機會。
德國經濟學家 安德烈 （Andre Gunder Frank）	世界上所有國家可依其在國際經濟體系中的地位被歸類為核心國與邊陲國。雙方貿易的結果是一種不平等的交換。自由貿易反而拉大了窮國與富國之間的經濟差距。	

 知識補充站 ★新型態的殖民主義

並非所有經濟上的剝削關係都是建立在過去殖民統治的基礎上，例如美國從來就不是殖民國家，而拉丁美洲諸國也早在19世紀初就已經獨立，但事實上美國對拉丁美洲各國的影響力卻與新殖民主義所描述的情況相符。

UNIT 9-5
世界體系理論

世界體系理論（World Systems Theory）是由美國學者華勒斯坦（Immanuel Wallerstein）所提出，目的在解釋過去五百年來資本主義在全球的擴張，以及在這個過程中不同國家之間權力關係的變化與資源分配的一套學說，目前已廣泛被運用在當代社會學與國際關係的研究中。

（一）世界體系理論的內容

所謂世界體系就是資本主義體系下的全球分工，所有國家依其在經濟體系中的位置被劃分為核心國、半邊陲國與邊陲國。核心國擁有資本及技術，因此多半都是技術性高且資本密集的產業，例如歐美日本等工業化國家；邊陲國則為核心國提供原料與勞動力，並且成為核心國產品的消費市場，多半第三世界國家都是邊陲國。半邊陲國則同時擁有核心國與邊陲國的特質，在經濟位階上剛好處於核心國與邊陲國的中間，這些新興工業國家有時是因為擁有廣大的市場，例如巴西與南非，有時是因為出產工業國家所需的能源，例如埃及與伊朗，有時是善用其人力資源進行出口擴張的生產，例如過去的東亞四小龍及今日的中國。

（二）世界體系理論與依賴理論的比較

世界體系理論與依賴理論有幾個不同的地方：

❶華勒斯坦強調用歷史發展的角度來研究資本主義出現及擴張的過程，因此他所觀察的對象並不只是當前的全球經濟體系，而是過去五百年來世界上不同地區域內經濟權力關係的變化。這種以長時期歷史架構做為分析對象的方法明顯是受到法國年鑑史學派的影響。

❷在不同階段，一個國家的位置可以在核心國、半邊陲國、邊陲國之間轉換，也就是國家在全球體系之間的位置不是固定的，而是會隨著其生產方式而有所變化，因此世界體系理論有很大的篇幅在分析半邊陲國與邊陲國如何脫離原來的位置進入核心國的行列。而依賴理論的主張則是邊陲國無論如何努力，都難以脫離位於邊陲的命運。

❸雖然世界體系理論所研究的重點是經濟活動，但是也強調文化與政治組織如何受到經濟的影響，特別是資本主義的運作方式如何強化以主權國家為基本單元的當代國際體系，以及資本主義的生產方式如何滲透到原本被排除在世界體系之外的孤立社會。

（三）如何評價世界體系理論

華勒斯坦所建構的理論是將世界體系當作一個動態且全面的概念，而且由於馬克思主義的影響，使得這套理論著重在資本主義全球擴張後所展現出的權力階級關係。不過左派學者多認為世界體系理論並沒有對社會階級之間的矛盾做太多論述，基本上已經偏離了馬克思主義；也有人批評華勒斯坦並沒有用實際的數據來證明其論點，不符合科學理論的標準，因此我們大概只能將世界體系理論定位為一套受到馬克思主義啟發且獨樹一格的學說。

世界體系理論

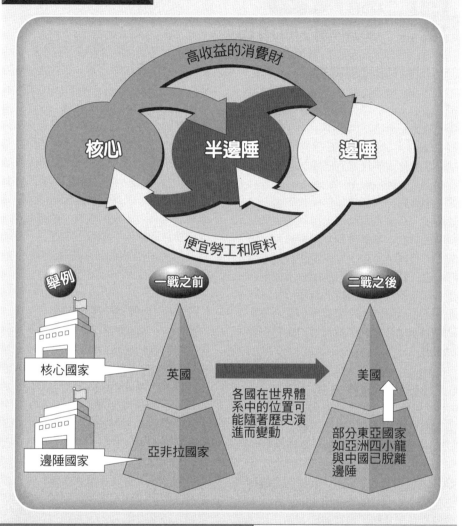

高收益的消費財

核心　　　半邊陲　　　邊陲

便宜勞工和原料

舉例　　一戰之前　　二戰之後

核心國家　　英國　　美國

邊陲國家　　亞非拉國家

各國在世界體系中的位置可能隨著歷史演進而變動

部分東亞國家如亞洲四小龍與中國已脫離邊陲

世界體系理論vs.依賴理論

	觀察時間	國家位置的轉換	研究範圍
世界體系	長時間 （過去500年）	可	廣泛 （文化、政治等）
依賴理論	當代經濟發展	不可	狹窄 （經濟活動）

UNIT 9-6
世界銀行的角色

圖解國際關係

（一）世界銀行的宗旨

世界銀行集團（World Bank Group）是一個由 186 個會員國所組成的國際組織，也是聯合國專門機構中的一個。世銀在 1944 年成立時，最初的任務是協助二次世界大戰後遭到破壞的國家重建和發展，但經過數十年的演變，其今日的主要任務已經演變為協助貧窮國家發展經濟，特別是藉由提供這些國家發展所需的貸款，並提供建立穩定國內經濟體系的技術性諮詢，來幫助所有國家脫離貧窮。此外，世銀也透過政策來幫助這些國家解決日益嚴峻的全球公共財問題，例如氣候變化、傳染病和貿易等地區性和全球性問題，並提供知識和學習的服務。

（二）結構與運作方式

世銀的總部位於美國華盛頓，主要由五個機構所組成，分別為：❶國際復興開發銀行（IBRD）；❷國際開發協會（IDA）；❸國際金融公司（IFC）；❹多邊投資擔保機構（MIGA）；❺解決投資爭端國際中心（ICSID）。這五個機構各司其職，但有時也共同合作，例如國際復興開發銀行主要負責減少較貧困國家的貧困人口，並利用較高的信用等級將低息資金借給其他發展中國家借款國；而國際開發協會則注重支持世界最貧困國家。此外這兩個機構也共同負責向無法獲得優惠國際信貸的國家提供低利貸款或援助。

世銀的最高權力機構為理事會，係由成員國的財政部長、中央銀行行長或級別相當的官員擔任理事。理事會成員是世界銀行的最終決策者。一般而言，他們每年在世界銀行集團和國際貨幣基金理事會年會期間召開一次會議。執行董事會由 24 名執行董事組成，最大的 5 個股東分別為法國、德國、日本、英國和美國，各任命一名執行董事，另外 19 名則由其他成員國按地區選出。美國因為擁有世銀 15.85％的股份，又因為世銀規定任何重大決定必須有 85％的票數贊成，因此美國可說是這個組織裡唯一擁有否決權的國家。根據傳統，世銀總裁通常由美國籍人士擔任，目前行長為韓裔美籍的醫學專家金墉（Jim Yong Kim）。

（三）對世界銀行的批評

基本上，世銀藉由提供長期貸款和技術來協助減輕全球貧窮問題與促進落後國家的發展，因此在縮小全球貧富差距上扮演很重要的角色，但其在執行任務的過程中卻經常受到外界的批評，許多人認為世銀基本上是為美國或西方國家的利益而服務。主要的原因是因為每個會員國的權力依其繳納的會費多寡而有所不同，所以儘管世銀大多數的成員國是發展中國家，但表決結果卻受到已開發國家控制。此外，世界銀行在政策上奉行經濟自由主義，堅信市場機能，因此往往以過快、或在不適合的環境下指導某些國家進行市場經濟改革，無形中已對發展中國家的經濟自主性與環境造成破壞。

世界銀行的結構與運作

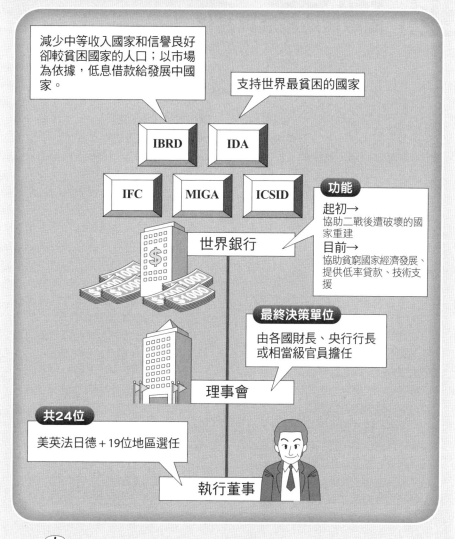

減少中等收入國家和信譽良好卻較貧困國家的人口；以市場為依據，低息借款給發展中國家。

支持世界最貧困的國家

IBRD **IDA**

IFC **MIGA** **ICSID**

世界銀行

功能

起初→
協助二戰後遭破壞的國家重建

目前→
協助貧窮國家經濟發展、提供低率貸款、技術支援

最終決策單位
由各國財長、央行行長或相當級官員擔任

理事會

共24位
美英法日德＋19位地區選任

執行董事

知識補充站 ★世界銀行的主要業務──貸款

世界銀行為世界上最大的國際援助機構之一，其貸款的基本模式為「向富國借錢，再貸款給窮國」，因此即使身為一個非營利性的國際組織，發出貸款的同時仍需考量債務人的清償能力，因此世界銀行從項目的訂定到貸款的歸還，都有一套嚴格的條件與規定。世界銀行貸款的主要對象為該組織的會員國，貸款一般僅用於世銀審定和批准的項目，貸款前世銀會針對借貸國是否具有償還能力，以及是否能有效運用資金進行評估，更重要的是借貸國必須接受世銀的監督，甚至是進行結構的全面性調整，例如1997年爆發金融危機後，韓國將貸款用於金融機構改革即為一例。

UNIT 9-7 國際援助發展與合作

　　自工業革命以來，人類社會歷經了快速發展，在物質文明、經濟發展、科學技術等各個層面都有長足的進步，但我們也必須承認：不同地方的人所分配到的資源與財富並不相同。已開發國家國民的平均壽命已經逼近近八十歲，但開發中國家每年仍有 1100 萬兒童於五歲前死亡；被譽為「富人俱樂部」的經濟合作發展組織（OECD）會員國國民有32％接受過大學教育，但開發中國家每年仍有 6900 萬兒童無法上學。有鑑於此，許多國家和國際組織將「對外援助」列為重要的政策，希望藉此協助其他國家早日脫離貧窮，共同建立公平且均富的地球村。對某些國家而言，對外援助也有鞏固邦交，提升國際形象、甚至促進本國商機等附加效果。

　　國際援助歷經了幾個發展階段：1940年代，特別是二次世界大戰結束後，當時的主要目標是減少因為戰亂所造成的饑餓與饑荒。此外，隨著戰後復原的進行，協助各國進行社會重建，特別是保障兒童權利及推廣教育，也成為當時援助的主要議題。這些計劃當時主要是由戰勝國美國及國際組織如世界糧農組織（FAO）、聯合國兒童基金會（UNICEF）所推動，美國推動的歐洲復興發展計畫——也稱為「馬歇爾計畫」（Marshall Plan）——就是就是最著名且成功的案例。1948 年世界衛生組織（WHO）成立後，公共衛生與醫療照護成為新的國際援助內容，許多援助項目都是以撲滅傳染病、提升醫療水準為目標。不過直到 1970 年代之前，國際援助主要還是集中在經濟領域，目的是為了改善世界各國貧富不均的狀況。例如聯合國「開發計畫署」（UNDP）的主要任務就是開展對第三世界的技術援助活動，其中八成資金用於年人均國民生產總值不足600 美元的開發中國家。

　　1980 年代之後，國際援助開始強調促進受援國經濟與社會的全面進步，健康、教育、婦女地位、兒童權益、人口成長、資源利用，以及環境保護等議題都被納入援助的範疇內。2000 年 189個國家在聯合國大會所共同簽署的「千禧年宣言」可說是這種思維的產物。該宣言揭櫫自由、平等、團結、容忍、尊重大自然及共同承擔責任等基本價值，承諾共同合作創造一個發展與降低貧窮的環境，並訂定出八個「千禧年發展目標」（Millennium Development Goals, MDGs）。不過多數目標看來都無法在期限前（2015-2020 年）完成。

　　由個別國家所主導的國際援助有著三種不同的形式：❶政治戰略型援助，主要出發點是維護援助國本身的安全戰略利益，因此援助內容通常附加嚴格的政治條件。美國的對外援助通常屬於此類；❷利用國際援助來促進本國出口、促進貿易與市場開發、並為本國經濟利益創造有利外部環境的援助。日本、歐洲各國的援助計畫多屬此類；❸純粹的人道主義援助，也就是以幫助受援國改善其經濟社會條件為目標的援助，北歐國家為主要代表。

小博士解說

　　由於「對外援助」一詞隱含國與國之間的不平等關係，因此目前世界各國都以「國際發展合作」（International Development Cooperation）取代之。在台灣，由政府主導的國際合作機構是「財團法人國際合作發展基金會」（簡稱國合會），其前身為「海外經濟合作發展基金管理委員會（海合會）」，並在 1996 年正式整合為目前的單位。

國際發展援助議題之演變

① 糧食問題　減少飢餓與飢荒　1944年-FAO

② 兒童權利及教育　從社會層面進行重建　1946年-UNICEF

③ 傳染性疾病　公共衛生與醫療照護　1948年-WHO

④ 經濟援助　南南合作、南北合作　1940年代

⑤ 環境議題　氣候變遷與潔淨能源　1990年代

⑥ 永續發展　徹底消滅貧窮　2000年-UN MDGs

⑦ 永續經濟　環境與社會發展同樣重要　2016年-SDGs

聯合國永續發展目標（SDGs）

聯合國永續發展目標　SUSTAINABLE DEVELOPMENT GOALS

1 終結貧窮
2 終結飢餓
3 健全生活品質
4 優質教育
5 性別平權
6 潔淨水資源
7 人人可負擔的永續能源
8 良好工作及經濟成長
9 工業化、創新及基礎建設
10 消弭不平等
11 永續城鄉
12 負責任的生產消費循環
13 氣候變遷對策
14 海洋生態
15 陸域生態
16 公平、正義與和平
17 全球夥伴關係

公益交流站 NPOst.tw

IMPACT HUB Taipei

第 10 章

跨國際政治現象與全球環境問題

章節體系架構 ▼

UNIT *10-1* 跨國議題簡介

（一）何謂跨國議題

截至目前為止，本書所討論的各種國際政治現象，多數都是以國家之間的合作或衝突作為討論的方式，似乎人類社會所有的問題都源於國家，衝突的現象（無論是軍事或貿易）主要也存在國家之間，也只有國家才能解決這些問題。大部分的原因是因為我們習慣以「國際社會是由國家組成」的思維方式來理解國際政治。但是如果進一步思考，我們可以發現，國際政治中的許多問題在本質上已經超越了國家的能力範圍，例如疾病的散播、氣候變遷的趨勢，以及網路空間的形成與運作。有些議題，即使部分國家試圖控制其惡化程度，卻因為其他國家沒有相應的機制而變得難以解決，例如毒品走私、環境污染等。在此將這類議題統稱為跨國性質的議題。

（二）跨國議題的起源

❶國際互動的頻繁

由於國際經濟互賴程度的提高，科學技術的進步與交通網路的快速發展等因素，今日人類之間的溝通與交流已經比過去容易且快速的多。以橫渡大西洋來說，1492 年哥倫布的風力帆船花了五週的時間才從西班牙抵達美洲；到了 20 世紀，輪船已能在 4 天完成同樣距離的航程；今日的商用客機則能在 4 個小時內完成同樣任務；如果使用網際網路傳輸資料，更是瞬間就能完成。

❷人類思想的開展

人們開始跳脫地理環境的限制做出不同的思考。過去在交通與知識傳播不發達的年代，只有少數人能夠學習知識，更只有極少數人能夠親身到海外遊歷，例如玄奘、馬可波羅等旅行

家的例子非常稀少。今日，隨著教育的發達與大眾傳播的普及，知識與訊息的傳播已經無遠弗屆，進一步帶動人類社會的進步。例如印度最有名的外包產業（business process outsourcing），也就是利用網路與受過訓練的員工來承包其他英語系國家的服務業務，已經創造出每年 110 億美元的產值，占國民生產總值的 1% 以上。

❸環境過度開發

人類過度濫用自然資源，使得受破壞的環境反過來對人類的生活造成衝擊。例如濫墾濫伐使得全球的熱帶雨林正以每年 13 萬平方公里的速度快速消失中，其中光是亞馬遜河流域消失的雨林面積就有近 3 萬平方公里，而地球上氧氣總量有四成是經由亞馬遜河區的熱帶雨林產生。如果人類不能共同合作減緩對自然環境的破壞，其結果將由後代子孫共同承擔。

（三）從全球化到全球治理

在 1990 年代，學者開始用「全球化」（globalization）的概念來理解跨國議題的出現及對國際政治的影響，不過今日學界更常討論的是全球治理（global governance）的概念，也就是在現有各國政府管理機制和國際互動的基礎上，加強彼此的溝通和協調，以解決共同面臨的問題。隨著全球化進程的深化，各類衝突、環境、生態、資源、氣候等許多問題都不是單一國家的政府所能解決，因此全球治理愈來愈受到重視，也成為解決跨國議題的主要方式。

跨國議題的起源

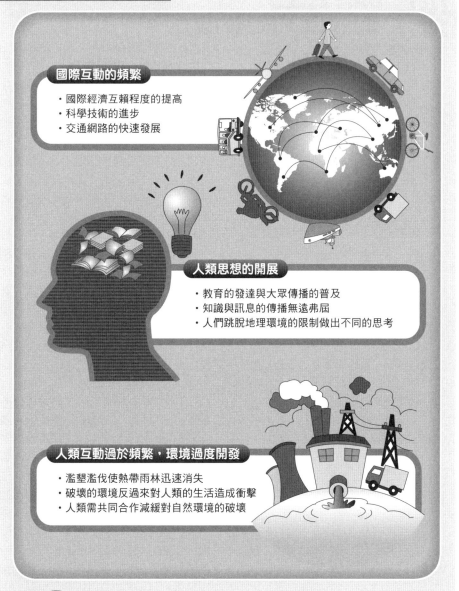

國際互動的頻繁

- 國際經濟互賴程度的提高
- 科學技術的進步
- 交通網路的快速發展

人類思想的開展

- 教育的發達與大眾傳播的普及
- 知識與訊息的傳播無遠弗屆
- 人們跳脫地理環境的限制做出不同的思考

人類互動過於頻繁，環境過度開發

- 濫墾濫伐使熱帶雨林迅速消失
- 破壞的環境反過來對人類的生活造成衝擊
- 人類需共同合作減緩對自然環境的破壞

 知識補充站 ★「全球治理」概念的出現

從1990年代開始，由於國家之間各自管理問題的傳統決策模式已經不敷使用，因此開始有學者提出「治理」的概念。其中在羅森納（James Rosenau）主編的《沒有政府的治理》(Toward an Ontology for Global Governance)一書中，首次將治理的概念運用在國際關係的研究上，並將治理定義為一種管理機制，打破過去以國家作為管理國際社會唯一行為主體的迷思，進而衍生出「全球治理」概念。

UNIT 10-2
通訊與資訊網路的建立

　　如果要指出哪個現象最能代表今日跨國性議題的特性以及對人類生活的影響，通訊與資訊網路的革命大概是許多人心中浮現的第一個答案。通訊與資訊技術的革命已經大幅改變文化與訊息傳播的方式，甚至削弱傳統政府對社會內部的控制能力，個人對世界的影響力量大為提升；但是另一方面，國家與國家之間、國家與個人之間在網路及通訊世界中的競爭也愈來愈明顯，這些現象很有可能是 21 世紀國際關係最具關鍵性的發展之一。

（一）訊息傳播的形式

　　訊息傳遞的媒介有許多形式，包括報紙、雜誌、電視、電影、廣播、電話，以及網路等等。報紙與雜誌等平面媒體是比較早、我們也比較熟悉的訊息傳播方式，但對於無法閱讀或是報紙流通方式受限地區（例如政治威權社會）的人民而言，電子媒體的影響力可能更大。今日全世界約有 15 億台電視機與 25 億台收音機。在第三世界最為貧困的農村地區，廣播節目甚至可能是不識字農民獲得訊息的唯一管道。在 20 世紀，許多國家曾經透過短波，大規模傳送廣播節目到世界各地，例如美國之音（VOA）、英國國家廣播公司（BBC）、莫斯科電台（Radio Moscow）等。這些由政府資助的廣播電台不僅是國家進行對外宣傳的管道，有時也是突破威權國家政治封鎖，將外界訊息傳入的主要方式之一。電視能夠將畫面與聲音結合，比廣播更能影響觀眾的情緒，進而影響其判斷，因此可說是目前影響最大的媒體。

（二）網絡時代的來臨

　　網際網路可說是近年來成長速度最快的訊息傳播方式。這個最早在冷戰時期由美國國防部開發出來、在電腦間傳送訊息的系統，已經成為今日所有電腦使用者之間最主要的溝通工具。依據國際電信聯盟的估計，今日全球網路使用的人數已經達到 19 億 7 千萬人。電腦網路開始流行不過二十年，迄今全球卻已經有三分之一的人在使用，速度實在驚人！以使用語言來說，英文是網路使用最多的語言，約占 27.3%，中文次之，約有 22.6%，再來是西班牙文，有 7.8%。以國家來說，中國是全球使用網路人數最多的國家，網民人數大約有 6 億 4 千萬，歐盟次之，約 3 億 9 千萬，日本的網民則約有 1 億人。

　　西班牙社會學家科司特（Manuel Castells）在 1996 年出版《網絡社會的崛起》一書中，以網絡社會（network society）的概念來描寫因通訊革命所帶來的變化，他認為網絡所形成的連結將改變傳統的社會結構，創造出人與人之間溝通的虛擬空間，甚至改變人的認同方式。這種理論頗能說明網際網路世界出現後一些新的跨國性現象，例如快閃族、火星文、臉書（Facebook）的流行，以及恐怖組織伊斯蘭國都積極善用網路工具來招募新血與宣傳組織理念等。

網路的無遠弗屆

通訊與網路科技的傳遞無遠弗屆，透過網路，即使是兒童也可以了解到世界各地所發生的事情。

來看看今天發生什麼國際大事

訊息傳播的形式

報紙、雜誌　　科技進步　　電視、收音機　　科技進步　　網際網路

★CNN效應（CNN Effect）

1980年美國人透納（Ted Turner）在雅各蘭大創立一個24小時不間斷播放新聞的電視頻道，這個稱為CNN的媒體在1991年波斯灣戰爭中以連線直播的方式轉播聯軍轟炸巴格達的實況，激起國內民眾及政治菁英對全球與國內事件的迴響，因此一舉成名，並對美國外交決策造成影響，建立起在全球新聞業的領導地位。所謂的「CNN效應」即泛指國際媒體通過對重大國際新聞事件的電視報導，尤其是全球性的電視新聞直播報導，對大眾輿論、社會政局、國際關係等各方面的衝擊，甚至影響到決策者的政策制定等現象。

UNIT **10-3**
跨國現象中的犯罪問題：毒品

（一）跨國性犯罪的定義

跨國性犯罪直接挑戰主權國家政府的權威，並嚴重擾亂社會秩序，因此受到很大的關注。聯合國反跨國組織犯罪會議將跨國性的犯罪定義為「任何一種計畫與執行的範圍在一個國家以上的犯罪行為，或是犯罪的執行擴散到其他國家的情況」。依照這個標準，可以列出多達 18 種的犯罪行為，從劫機、海盜到洗錢及盜取文物販賣等，在此僅介紹毒品的現象。

（二）毒品的種類與氾濫情況

毒品的使用及氾濫是人類社會一直無法禁絕的問題。目前全世界所流行的毒品主要有四種來源：①鴉片；②大麻；③古柯鹼（可卡因）；以及④苯丙胺（即安非他命）類興奮劑。聯合國毒品及犯罪辦公室估計在 2008 年全球使用這四種毒品的成癮人口約 1600 萬至 3800 萬之間，但如果計算使用這些毒品一次以上的人數，則可達 1.55 至 2.5 億人，十分驚人。這四種毒品的主要來源與消費地為：

❶鴉片

主要來自阿富汗、緬甸及墨西哥，其中阿富汗就占世界總產量的九成。這些地區所收成的鴉片約有三分之一被精製成海洛因，其利潤比鴉片高出甚多，因此所造成的危害更大。海洛因在 2008 年全球的消費量就達 380 公噸，主要流行的地區是歐洲及俄羅斯。

❷大麻

是使用最廣的毒品，據估計全球 15 至 64 歲人口中的大麻流行率估計在 2.9％至 4.3％之間，等於至少有 1.5 億人曾經吸食過。大麻由於其生長特性，可以在室內以小面積方式種植，這使得大麻可以在世界上任何地區並直接在該地販售。2008 年全球緝獲的大麻數量達 8000 公噸以上，是有史以來最高紀錄，但由於室內種植大麻的趨勢增加，因此使用大麻的人口不減反增。

❸古柯鹼

目前全球古柯鹼的吸食者約在 1500 萬至 1900 萬左右，主要種植的區域在南美洲，並集中在哥倫比亞、秘魯及玻利維亞三國；美國則是古柯鹼的主要消費地，估計占全球消費量的四成。古柯鹼由產地到消費地的運輸形成了一個強大的跨國犯罪網路，特別是墨西哥與美國邊境之間。

❹苯丙胺類興奮劑

苯丙胺類興奮劑是以化學合成的方式生產，因此製造地點往往靠近消費市場，目前全球約有 1270 到 5290 萬使用者，其中有一半以上是使用搖頭丸。全世界有三分之一以上的國家有生產這類毒品，但最流行的地區還是東亞及東南亞、北美及歐洲等地。

（三）對國際政治的影響

由於毒品的利潤極高，因此是許多跨國性犯罪組織生存的主要憑藉。在某些國家，非法武裝組織對毒品生產者徵稅、或是自行生產毒品來獲取資金。而販毒組織為了確保運毒管道的順暢，甚至自擁軍火、直接挑戰政府的威信。尤其是中美洲及加勒比海部分國家，因為是南美洲運毒至美國的「過境國」，因此一直很難擺脫暴力犯罪的陰影。

四種主要毒品的比較

毒品	來源	消費地
鴉片（海洛因）	阿富汗、緬甸及墨西哥	歐洲及俄羅斯
大麻	大麻可以在世界上任何地區並直接在該地販售	
古柯鹼	南美洲，集中在哥倫比亞、秘魯及玻利維亞三國	美國
苯丙胺類興奮劑（安非他命）	以化學合成的方式生產，有三分之一以上的國家有生產這類毒品	東亞及東南亞、北美及歐洲

四種主要毒品分布圖

安非他命、大麻、海洛因
主要流行地：歐洲

古柯鹼、安非他命、大麻
主要流行地：北美

安非他命
主要流行地：東亞、東南亞

鴉片
主要產地：墨西哥、阿富汗、緬甸

古柯鹼
主要產地：南美，集中秘魯、玻利維亞、哥倫比亞

大麻
主要流行地：澳洲

UNIT 10-4
人口增長與環境負載

　　在人類發現其他適宜居住的星球並有能力從這些星球擷取資源之前，地球是人類唯一的生存環境。但地球上的資源究竟夠不夠讓人類使用？人類數量的增長，以及對環境的開發是否會在某一天跨越地球負荷量的臨界點？

（一）馬爾薩斯人口論

　　最早對這個問題提出看法的是 18 世紀到 19 世紀之間的英國人口學家馬爾薩斯（Thomas Malthus）。他所提出的基本論點是：人口是以倍數（幾何）的方式增長，而糧食生產則是以線形（算數）的速率增長，因此最後糧食增長的速度永遠趕不上人口增長的速度，糧食不足的情況下，最弱的人就會因此而餓死。他主張能夠讓人口減少的方式，除了靠戰爭、瘟疫、飢荒等極端方式外，就只能靠道德制約或政府的政策來控制生育率。

　　馬爾薩斯的悲觀論調成為後世人口學的基礎，不過他對糧食速度趕不上人口增長速度的預測在 20 世紀已經受到挑戰。由於科學技術的進步，人類已經能夠生產比過去傳統方法更多的糧食，市場的調節也使得糧食的生產成本比過去更低、分配比過去更有效率。目前全世界仍然有 8 億左右的飢餓人口，主要的原因不是糧食不足，而是戰爭及人為操控等因素導致糧食分配不平均。

（二）新馬爾薩斯論

　　後來部分學者嘗試對馬爾薩斯的理論提出修正，主張人口的增長會增加對自然資源的消耗速度，進而增加對地球環境的破壞程度，最後地球終將無法負荷而導致整個人類生活環境的崩壞，這種觀點被稱為「新馬爾薩斯理論」（neo-Malthusianism）。1972 年間，跨國性智囊組織「羅馬俱樂部」發表一篇名為《成長的極限》（Limits to Growth）的報告，試著以數學模型來計算地球上不同資源被消耗的速度，並警告人類如果再恣意消耗地球資源以追求經濟的成長，到 21 世紀的某個時刻，將會因為資源的匱乏與廢棄物的囤積而陷入發展困境。由於這本報告問世不久後就爆發第一次能源危機，使其聲名大噪，不過也有學者批評報告中所使用的預測方式不精準，以致結論聳人聽聞。

（三）戴蒙的環境崩壞論

　　近年來，美國加州大學教授戴蒙（Jared Diamond）利用比較研究法，分析了古代與現代數個文明因為生態環境崩壞而導致滅絕或政治動盪的例子。他最後將一個社會的崩壞歸納為五個原因：❶生態環境的破壞；❷氣候變化；❸強鄰威脅；❹鄰近社會的支持能力轉弱；以及❺社會本身的應變能力。他認為社會的應變能力是最關鍵的因素，太平洋上復活節島文明的消失以及 20 世紀盧安達、海地等國長期陷入政治動亂都與人們不知如何避免生存環境走向崩壞有很大的關係。

馬爾薩斯人口論

附註說明

最後糧食增長的速度永遠趕不上人口增長的速度，糧食不足的情況下，最弱的人就會因此而餓死。他主張能夠讓人口減少的方式，除了靠戰爭、瘟疫、飢荒等極端方式外，就只能靠道德制約或政府的政策來控制生育率。

新馬爾薩斯論

附註說明

人口的增長會加速自然資源的消耗速度，進而增加對地球環境的破壞程度，最後地球終將無法負荷而導致整個人類生活環境的崩壞。

人口增長與環境負載

UNIT 10-5
全球暖化問題

(一) 全球暖化的現象

全球暖化是二氧化碳及其他人為生產的廢氣排放到地球大氣層所造成的結果。工業革命之後，人類經濟活動耗用大量的石化燃料，這些燃料使用後產生的廢氣導致大氣層中的二氧化碳濃度大幅提高。除了燃燒石化燃料外，人類對自然環境的過度開發（例如森林的砍伐）也都是溫室效應的元兇。有些科學家估計大氣中的二氧化碳的成長速度是史前期的 30 至 100 倍，二氧化碳濃度則為冰河期的 1.25 倍。溫室氣體愈多，地球的溫度就會愈高，這樣的發展最後有可能導致地球氣候的劇烈變化，改變生態體系的平衡，進而危及人類的生存。

(二) 全球暖化所帶來的問題

❶海平面上升

聯合國於 2007 年公布的一份報告指出，大氣中的二氧化碳含量若照目前的速率增加，預計到 2050 年時，地球平均溫度將上升攝氏 2 度，使南北極的冰山逐漸融解，導致海平面上升，居住在海岸線 60 公里以內的島嶼居民（占世界 1/3 的人口）將首當其衝，而太平洋與印度洋島國將陸續消失後，可能產生大量的「氣候難民」，成為國際社會的新問題。

❷公共衛生與生態多樣性破壞

根據世界衛生組織的一項研究，氣候變遷對人類最大的威脅，其實是來自於公共衛生的問題。如果二氧化碳持續升高，未來估計全球將有 18 億人口會受到登革熱的威脅；當大氣中的二氧化碳濃度增加 1 倍時，全世界受到瘧疾威脅的人口，將大幅增加到 24 億人；在熱帶及亞熱帶地區，則會因為洪水氾濫，使得約 6 億人口面臨吸血蟲寄生的威脅。除此之外，全球氣溫的上升也會導致生物棲息地的改變、擾亂遷徙物種與破壞自然生態的食物鏈，導致 20％到 30％物種瀕臨絕種。

❸氣候型態劇變

隨著全球氣候變遷的結果，許多國家及地區的降雨量將會減少或是突然增加。降雨型態的改變將使全球缺水的幅度大增，樹木的砍伐、枯死，也將使水源持續減少，而土石流所導致的水污染也會更加嚴重。人類面臨的水源減少及飲用水污染問題，也有可能會進一步破壞糧食的生產與分配體系。

(三) 暖化成為全球公共議題

地球溫度上升愈多愈快，未來全體人類為此付出的代價也就愈大，而且人類自工業革命以來的生產與消費方式已經被證明是氣候暖化的元兇，因此如何有效阻止全球暖化已經是刻不容緩的全球公共議題。要有效減少溫室氣體排放量，不能單憑幾個國家或少數人的力量，而必須仰賴所有國家共同合作，協商出一個有效且公平的減排機制，這也是目前國際社會在處理氣候暖化問題的主要努力方向。

溫室效應

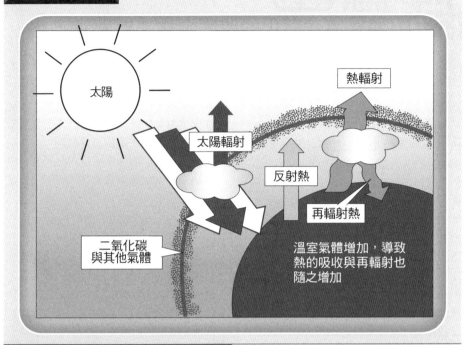

太陽

熱輻射

太陽輻射

反射熱

再輻射熱

二氧化碳
與其他氣體

溫室氣體增加，導致
熱的吸收與再輻射也
隨之增加

全球暖化後產生的問題

海平面上升	大氣中的二氧化碳含量若照目前的速率增加，預計到2050年時，地球平均溫度將上升攝氏2度，使南北極的冰山逐漸融解，導致海平面上升，居住在海岸線60公里以內的島嶼居民（占世界1/3的人口）將首當其衝。
公共衛生與生態多樣性破壞	如果二氧化碳持續升高，未來估計全球將有18億人口會受到登革熱的威脅；當大氣中的二氧化碳濃度增加1倍時，全世界受到瘧疾威脅的人口，將大幅增加到24億人；在熱帶及亞熱帶地區，則會因為洪水氾濫，使得約6億人口面臨吸血蟲寄生的威脅。
氣候型態劇變	降雨型態的改變將使全球缺水的幅度大增，樹木的砍伐、枯死，也將使水源持續減少，而土石流所導致的水污染也會更加嚴重。人類面臨的水源減少及飲用水污染問題，也有可能會進一步破壞糧食的生產與分配體系。

★糧食危機

全球氣候型態的劇變也導致糧食生產量銳減，進而出現糧食危機。糧食危機除了造成物價通貨膨脹之外，對全球最貧窮的一群人來説，無力購買的高價糧食已經嚴重威脅到其基本生存，可能因此衍生出更多的暴力與衝突。

UNIT **10-6**
減緩氣候暖化的跨國合作：京都議定書

圖解國際關係

（一）聯合國氣候變化綱要公約

由於要有效減少溫室氣體排放量，必須仰賴世界各國共同合作，協商出一個有效且公平的減排機制，聯合國在 1990 年間邀集各國制訂《氣候變化綱要公約》，並於 1992 年在巴西里約熱內盧召開的地球高峰會中開放各國簽署。這個《公約》的最終的目標是將大氣中的溫室效應氣體（如二氧化碳）限制在一個水平，避免人類的行為危及地球的氣候系統（由大氣、海洋、生物與陸地圈及其相互影響所構成的體系）。要達到這個水平必須在生態系統能夠自然地適應氣候變遷、確保糧食的生產不受到威脅以及經濟發展能夠持續承受的情況下，建立一個具有時效性的框架。《公約》各締約國於 1997 年在日本京都召開會議時，終於擬定出一份具有法律效力的溫室氣體管制協議，這就是《京都議定書》（Kyoto Protocol）。

（二）《京都議定書》的減量目標

《京都議定書》採取全球溫室氣體減量與個別國家減量的目標架構，將國家分類成已開發國家（附件一國家）與開發中國家（非附件一國家）。名列附件 B 的 39 個國家（包含歐盟）必須在 2012 年之前，將二氧化碳等 6 種溫室氣體的排放量削減到比 1990 年的排放量再減少 5.2％；而非附件一的國家在 2012 年前無減量義務。依照這個標準，主要國家必須完成的削減目標是：歐盟削減 8％、美國削減 7％、日本削減 6％、加拿大削減 6％、東歐各國削減 5％至 8％。紐西蘭、俄羅斯和烏克蘭可將排放量穩定在 1990 年水準上。議定書同時允許愛爾蘭、澳大利亞和挪威的排放量比 1990 年分別增加 10％、8％和 1％。此外《京都議定書》還規定了兩種制度，一是「碳排放權交易」：允許議定書簽約國彼此間可以進行排放交易；二是成立「清潔發展機制」：由已開發國家對開發中國家進行技術及財務協助其溫室氣體減量計畫，所減之數量由雙方分享。

（三）雙五五生效條款

《京都議定書》規定要在占全球溫室氣體排放量 55％以上的至少 55 個國家批准，才能成為具有法律約束力的國際公約（即雙五五生效條款）。因此直到 2005 年歐盟、印度、加拿大中國與俄羅斯等國家相繼簽署之後才正式生效。截至 2005 年 2 月，全球已有 174 個國家和地區簽署該議定書，其中包括 30 個工業化國家，批准國家的人口數量占全世界總人口的 80％。不過全球溫室氣體排放量最大的美國，卻在 2001 年以「減少溫室氣體排放將會影響美國經濟發展」和「發展中國家也應該承擔減排和限排溫室氣體的義務」為藉口，宣布拒絕批准《京都議定書》，成為唯一參與締約但拒絕加入的已開發國家。

📖 小博士解說

附件一國家

共 37 國，包括 24 個 OECD 國家、歐洲共同體和 12 國經濟轉型國。

京都議定書的簽訂過程

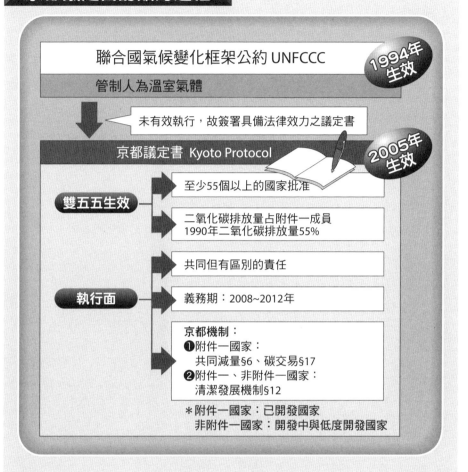

聯合國氣候變化框架公約 UNFCCC

1994年生效

管制人為溫室氣體

未有效執行，故簽署具備法律效力之議定書

京都議定書 Kyoto Protocol

2005年生效

雙五五生效
- 至少55個以上的國家批准
- 二氧化碳排放量占附件一成員1990年二氧化碳排放量55%

執行面
- 共同但有區別的責任
- 義務期：2008~2012年
- 京都機制：
  ❶附件一國家：
  　共同減量§6、碳交易§17
  ❷附件一、非附件一國家：
  　清潔發展機制§12

＊附件一國家：已開發國家
　非附件一國家：開發中與低度開發國家

知識補充站

★〈巴黎協定〉（Paris Agreement）：後京都時代的轉捩點

經歷 2009 年哥本哈根會議（COP15）的失敗後，各國終於在 2015 年 12 月法國巴黎舉辦的聯合國氣候變化大會（COP21）達成協議，重要成果包括：

❶各國同意控制溫室氣體排放量的重要性，並以確保全球升溫抑制在「遠低於」攝氏 2 度，並「努力」讓升溫抑制於攝氏 1.5 度內為目標。

❷強調「共同但有區別的責任」（common but differentiated responsibilities），已開發國家必須帶頭領導全球氣候資金，持續從各種來源及手段提供金援，協助窮國減排和適應氣候變遷

❸設立「透明度能力建設倡議」及相關透明度規範，協助各國兌現它們的承諾。協議規定各締約方必須定期通報國家排放量清單及減排措施，未達成目標者不會受到懲罰，增加各國的參與意願。

第11章
能源問題與地緣政治

●●●●●●●●●●●●●●●●●●●●● 章節體系架構 ▼

UNIT **11-1**
石油問題簡介

圖解國際關係

（一）石油的發現及應用

　　石油是地球演化過程中所出現的獨特產品，也是地球賜予人類的珍貴資產，可說自工業革命以來人類所建立的所有成就都必須歸功於石化燃料。歷史上最早嘗試進行鑽油的是中國人，西元 4 世紀便出現油井。但是到 19 世紀中葉之前，人類並不清楚如何使用石油。直到 1852 年，一位波蘭人發明了如何更輕易地從石油提取煤油（當時主要的照明燃料）的技術之後，大大提升了石油的經濟價值。

　　原本開採石油主要的目的是提煉煤油燈燃料，但 20 世紀初內燃機出現後，石油的重要性大增。以汽油為動力的交通工具比過去以煤為燃料的火車或輪船效率更高、機動性更強，人類社會的交通型態就此全面改觀。其中一個著名的例子是第一次世界大戰初期，時任英國海軍大臣的邱吉爾決定將所有英國的艦艇由煤改為汽油動力，這個相當具有遠見的決定大幅增加了戰艦在海上航行的速度與範圍，也有效地封鎖了德國的海上運輸。第二次世界大戰就是一場典型以石油為武器，以及爭奪石油能源的戰爭：德國攻打蘇聯南部與日本進佔印尼都是為了石油。

（二）石油的大量消費期

　　二次世界大戰之後，全球的石油供應受到西方石油公司的壟斷，使得油價長期保持在平均一桶 5 美元的水平，同時世界各地的新油田不斷被發現，這些發展都讓當時人們普遍樂觀的認為石油是取之不盡的資源。美國是第一個將石油廣泛運用在製造業、運輸業，以及消費性產品的國家，不僅發展出現代化的大規模汽車工業及其周邊產業，還以石油為原料發展出塑膠及合成纖維的技術，這也使美國一直位居全球石油最大的消費國。據統計自 1950 至 1974 年間，美國的人口數量約占世界總人口數的 6％，但消耗的能源卻占全世界的三成。美國的生活方式，例如倚賴汽車代步、興建高速公路、大量製造便宜的消費性產品等，也成為其他國家仿效的對象。

（三）石油頂峰

　　2005 年全球石油的開採總量為 304 億桶，相當於每日 8330 萬桶；每年全球石油消耗量約為 270 億桶，大約每日 7300 萬桶。這個數字仍以每年 2％的比例成長。但是地表大部分的石油儲藏是在 1960 年代發現，此後發現量開始逐漸下滑。因此早在 1950 年代美國地質學家賀伯（M. King Hubert）就曾提出石油頂峰（Peak Oil）的概念，預測全球石油的產量在某個階段達到高峰點之後就會逐漸下滑，此後就會進入一條不可逆轉的消耗曲線，直到將所有石油消耗光為止。只是目前各界對於這個賀伯曲線的高峰點何時出現並無共識，有學者估算地球石油總存量大約兩兆桶，至今為止人類已開採約一兆桶。若以現在人類的技術與產量估算，石油只能再供應約 37 年。

石油的發現與使用

西元4世紀便出現油井
人類並不清楚如何使用石油。

1852年石油開始具有經濟價值
波蘭人Ignacy Lukasiewicz發現如何輕易地從石油提取煤油，提升石油經濟價值。

1858年美國賓州開發美洲首座油田
石油大量被開發使用。

二次大戰後，因石油受大公司壟斷、新油田不斷被開發，世界油價長期偏低
美國廣為開發石油應用技術，成為世界消費大國。
1970年代初，全球石油需求量為4400萬桶。

石油供不應求的時代
學者依據人類現有技術與產量，預估石油只能再供應37年。
2012年全球每日石油需求量為8700萬桶。

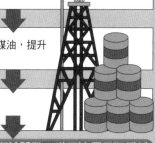

石油頂峰

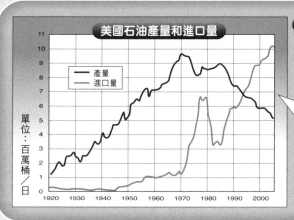

美國石油產量和進口量

— 產量
— 進口量

單位：百萬桶／日

石油頂峰（Peak Oil）
1950年代，美國地質學家賀伯所提出，預測全球石油的產量在某個階段達到高峰點之後就會逐漸下滑，此後就會進入一條不可逆轉的消耗曲線，直至所有石油消耗光為止。

★世界第一座油田

1858年羅馬尼亞建立了世界第一座油田，而美國首座油田也於1858年出現在賓州。這些油田的開發造就了許多石油巨擘，例如美國的洛克斐勒家族、英國石油（開發伊朗油源，為中東地區的首座油田）、荷蘭的殼牌石油（開發印尼的油田）等等。

UNIT *11-2*
目前全球石油之生產與需求趨勢

雖然石油目前只占全球能源來源的三分之一，但是卻是最重要的一個：除了做為交通工具的主要燃料之外，石油也是現代工業文明的基礎。因此能否繼續取得石油一直被視為未來人類文明能否存續的關鍵。以下將以供給與需求兩個面向來說明目前全球石油產業發展的趨勢。

（一）石油的供給面

前述單元談到目前多數對未來石油蘊藏的評估報告都是悲觀的，因為即使未來繼續探測到更多的石油蘊藏，但是由於其地點不是過於偏僻就是位於政治不穩定地區，開採的成本十分鉅大。不過除了這個因素之外，目前這個產業最大的問題是石油的主要供應者集中在少數國家。這些國家多數位於中東地區，缺乏穩定的政治體制，卻對國際政治有著舉足輕重的影響力。目前全球十大石油出口國分別是：沙烏地阿拉伯、俄羅斯、阿拉伯聯合大公國、伊拉克、奈及利亞、加拿大、科威特、委內瑞拉、安哥拉、哈薩克。而且絕大多數原油生產都掌握在國營的石油公司手中：目前全球石油蘊藏最多的十家石油公司就有九家是國營的，這九家公司共掌握了大約 81％ 的已知石油蘊藏量。石油供給面扭曲現象能解釋一些當前國際政治的特殊現象，例如西方國家何以能容忍沙烏地阿拉伯維持如此專斷獨裁的統治形式，以及委內瑞拉總統查維茲（Hugo Chavez）得以在拉丁美洲組成反美聯盟。

（二）石油的需求面

根據美國中央情報局統計，截至 2017

年全球進口石油最多的前十個國家分別是：❶美國；❷中國；❸印度；❹日本；❺南韓；❻德國；❼西班牙；❽義大利；❾法國；❿荷蘭。這個排名顯示出一個非常特別的趨勢，就是除了傳統的歐美工業大國之外，中國與印度這兩個國家對石油的需求量大增。這不僅是因為中印兩國必須取得更多的石油來應付其生產與消費的能源需求，而且因為這兩國都缺乏石油。美國學者克雷爾（Michael T. Klare）估計：未來二十五年，全球能源需求的總增幅會有近一半來自中印兩國。因此中國與印度兩國政府近年來積極在全球尋求新的能源來源，並設法與產油國組成策略聯盟。

（三）石油供需失衡對國際政治的影響

石油供給與需求面所呈現出的特殊現象正在逐漸改變傳統國際政治運作的方式，過去以軍事力量（例如擁有多少核子彈）做為衡量國家實力的排名方式可能會改為一個國家取得石油（與天然氣）的能力。石油消費國為了取得更多的能源，不僅彼此之間競爭的趨勢會更為明顯，還有可能與產油國之間發展更緊密的政治聯盟關係。而具有豐富石油與天然氣蘊藏的國家（如俄羅斯與委內瑞拉）極有可能利用其優勢增加在國際政治的影響力。總之，在未找出合適的替代能源之前，石油仍然繼續會是影響國家競合關係的一個關鍵因素。

2021年OPEC原油產量占世界產量

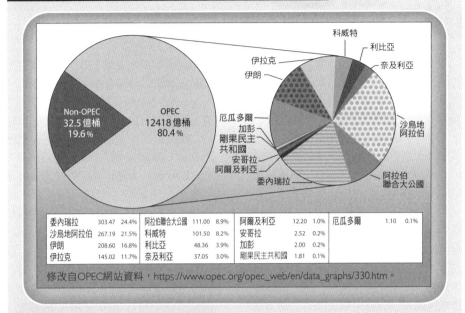

委內瑞拉	303.47	24.4%	阿拉伯聯合大公國	111.00	8.9%	阿爾及利亞	12.20	1.0%	厄瓜多爾	1.10	0.1%
沙烏地阿拉伯	267.19	21.5%	科威特	101.50	8.2%	安哥拉	2.52	0.2%
伊朗	208.60	16.8%	利比亞	48.36	3.9%	加彭	2.00	0.2%
伊拉克	145.02	11.7%	奈及利亞	37.05	3.0%	剛果民主共和國	1.81	0.1%

修改自OPEC網站資料，https://www.opec.org/opec_web/en/data_graphs/330.htm。

全球石油進口國排名

排名	國家	桶／每日	資訊更新時間
❶	新加坡	2,335,000	2015 est
❷	美國	2,175,000	2017 est
❸	荷蘭	2,148,000	2017 est
❹	中國	1,160,000	2015 est
❺	日本	1,100,000	2017 est
❻	韓國	908,800	2017 est
❼	英國	907,500	2017 est
❽	法國	886,800	2017 est
❾	德國	883,800	2017 est
❿	墨西哥	867,500	2017 est

資料來源：美國中央情報局，https://www.cia.gov/library/publications/the-world-factbook/rankorder/2243rank.html?countryname=United%20States&countrycode=us&regionCode=noa&rank=1#us

2005年，中國國營的中國海洋石油公司（CNOOC）宣布將以185億美元的天價競標美國的優尼科（Unical）石油公司。這次出價是中國有史以來競標國外企業的最高喊價，甚至比另一個競標的美國雪佛龍（Chevron）石油公司所出的價格還高出20億美元。美國各界擔心寶貴的石油拱手讓給中國，最後竟然發動國會議員以立法的方式阻礙中國競標。

UNIT **11-3**
能源與國際衝突

圖解國際關係

本書第四章曾經詳細敘述了各種類型的國際衝突，但如果仔細觀察引發國家間衝突的背後原因，可發現能源是一個非常關鍵的因素。20 世紀的許多戰爭是因爭奪能源而起，有些國家間的領土爭議其實是為了蘊藏在地下的能源。一旦國家間的爭議牽涉到能源，不僅不太可能和平解決，還有可能引發戰爭。第一次波斯灣戰爭，雖然是因伊拉克侵略科威特而起，但從頭到尾都與石油有關：如果不是科威特擁有豐富的石油資源，伊拉克大概不會輕易發動戰爭將其併吞；如果科威特沒有石油，也很難想像美國會為其動用龐大的兵力助其復國。

（一）兩伊戰爭與波斯灣油輪遇襲風波

1980 年至 1988 年間所發生的兩伊戰爭原是因領土爭端而起，但是在戰事進行一段時間之後，雙方都無法獲得絕對的勝利，於是伊拉克開始對伊朗的石油設施與載運伊朗石油的油輪發動攻擊，而伊朗也用樣的手法擊沉在波斯灣上載運伊拉克石油的油輪以為報復。兩伊戰爭演變成互相攻擊油輪的戰爭。據統計，在 1984 年油輪戰爭開始時，共有 69 艘各國商船或油輪在波斯灣遭到襲擊，1985 年為 53 艘，1986 年達 106 艘。完全依靠油輪輸出原油的科威特不得不向國際社會尋求援助，美國與蘇聯最後在 1987 年決定派遣軍艦護衛油輪通過波斯灣，才使這類攻擊減少，但全球能源供應卻已經受到一定程度的衝擊。

（二）東海油氣田爭議

位於中國與日本之間的東海，因為其最寬處僅有 360 海哩，因此兩國在劃定專屬經濟區的時候會產生重疊的問題。而此一海域蘊藏了豐富的石油與天然氣，對兩國而言，如何劃分專屬經濟區的範圍決定的不僅是雙方開發海洋資源的界限，更是兩國是否能得到石油與天然氣的關鍵。中國政府主張其專屬經濟區應該以大陸架（相關內容請參閱單元 13-5）延伸的範圍為原則，因此整個東海大陸架應該是中國的，中日專屬經濟區的界限應該劃在沖繩海溝一帶；而日本政府則主張中間線原則，以中日兩國的海岸線為基準劃出專屬經濟區分界線。不過中國自 2003 年起，開始在中間線靠近中國的一方開發天然氣，其中的春曉油田已經於 2005 年 10 月建成，每日可處理 900 萬立方公尺的天然氣。這些油氣田位於中間線以西，並不屬於爭議區，但是日本政府擔心的是位於中間線以東，屬於日本的油氣也會被一併吸走。除了向中國政府提出抗議之外，日本政府同時也火速批准帝國石油公司在中間線以東進行油氣探勘，一時之間兩國關係陷入前所未有的緊張狀態。

此時中國政府提出由兩國共同開發東海油氣田的建議，日本政府內雖然有人認為這只是中方的緩兵之計而表態反對，但是在 2008 年中國國家主席胡錦濤訪日期間，當時的日本首相福田康夫還是與其達成「擱置爭議、共同開發」的共識。只是雙方後續的談判因 2010 年釣魚台事件而停止，最近更有媒體報導春曉油田已經進入正式生產階段，而且已經「產油」。可以想像日本政府將會對此再度表達抗議，東海油氣田爭議在短期內恐怕仍無法解決。

兩伊戰爭與波斯灣

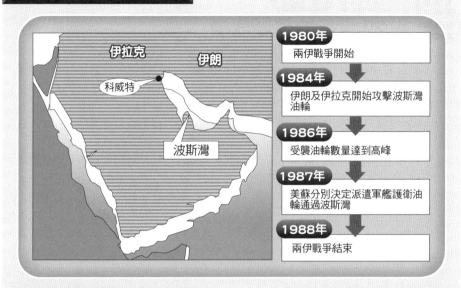

1980年
兩伊戰爭開始

1984年
伊朗及伊拉克開始攻擊波斯灣油輪

1986年
受襲油輪數量達到高峰

1987年
美蘇分別決定派遣軍艦護衛油輪通過波斯灣

1988年
兩伊戰爭結束

中日東海油田紛爭

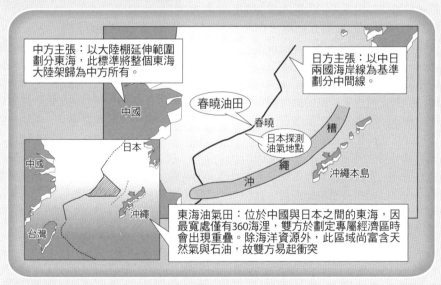

中方主張：以大陸棚延伸範圍劃分東海，此標準將整個東海大陸架歸為中方所有。

日方主張：以中日兩國海岸線為基準劃分中間線。

春曉油田

日本探測油氣地點

東海油氣田：位於中國與日本之間的東海，因最寬處僅有360海浬，雙方於劃定專屬經濟區時會出現重疊。除海洋資源外，此區域尚富含天然氣與石油，故雙方易起衝突

知識補充站 ★石油危機與美國外交政策

1973年第一次能源危機時，美國國內的石油配銷系統完全失靈，仰賴石油的製造業與運輸業也受到嚴重衝擊，物價節節攀升，美國最為自豪的汽車工業則瞬間跌落谷底。美國政府史無前例地宣佈進行單雙號加油配給制度。此後，保障中東地區的穩定成為美國外交政策的重要一環，也是美國後來多次出兵此地的原因。

UNIT **11-4**
20 世紀的能源危機

圖解國際關係

如同單元 11-1 所述，二次世界大戰之後，全球石油的開採及生產多掌握在歐美等西方國家石油公司的手中，加上新油源不斷被發現，因此石油的價格一直維持在一個很低的水平。但是這個局面到了 1970 年代終於被打破。中東地區的政治與軍事衝突引發了兩次全球性的能源危機，這兩次能源危機讓世人徹底改變了將石油視為廉價能源的看法，也在一定程度上重新塑造了國際政治經濟的結構。

（一）石油輸出國組織的成立

1960 年 9 月，沙烏地阿拉伯、委內瑞拉、科威特、伊朗、伊拉克等五個產油國宣布成立一個稱為石油輸出國組織（Organization of Petroleum Exporting Companies）的機構。這個組織的主要目的是維護產油國本身的利益，彼此協調原油的價格及產量。剛開始這些國家很難能夠真正影響油價，但是在一連串將石油公司收歸國有化的動作之後，石油輸出國組織的影響力在 1970 年代初期大為提升，並且能夠直接與歐美等大石油公司進行價格與產量的談判。此外隨著其他中東及非洲產油國的加入，會員國的數量也逐漸增加到 14 個，且成員絕大多數都是伊斯蘭國家。

（二）第一次能源危機

1973 年 10 月，埃及與敘利亞聯軍無預警地對以色列發動軍事攻擊，此為第三次以色列與阿拉伯國家之間的戰爭，又稱贖罪日戰爭。當時埃及總統沙達特為了防止美國等西方國家支持以色列，請求阿拉伯國家以石油為武器來對付以色列及其盟邦。石油輸出國組織立刻宣布對支持以色列的國家進行石油禁運，並大幅調高石油價格。這個決定讓全世界的油價攀升四倍，許多原來仰賴石油進口的工業化國家受到嚴重打擊，成為世界性的能源危機。

美國因為在贖罪日戰爭支持以色列，因此在這一波能源危機中受創最深：在危機爆發前，美國每日由阿拉伯國家進口石油約 120 萬桶，但在石油禁運後驟降為每日只有 1 萬 9000 桶。石油禁運措施到了 1974 年 3 月才正式解除，但估計在此一期間內美國的 GDP 便下降了 4.7％，西歐洲國家下降了 2.5％，日本則下降了 7％。

（三）第二次能源危機

1979 年，另一個主要的產油國伊朗爆發革命，推翻獨裁的巴勒維國王（Shah Pahlavi），此一政治動盪嚴重影響到其石油出口；第二年伊朗新政府與鄰國伊拉克爆發戰爭（兩伊戰爭），兩國的石油生產系統遭到破壞。而世界各國因為前一次石油危機的陰影仍在，紛紛祭出各種保護措施，國際油價果然迅速攀升，從每桶 15 美元漲到 39 美元，造成第二次能源危機。這次危機對全球所造成的衝擊不如第一次來的強烈，但估計也使美國的 GDP 下降了 3％。

兩次石油危機讓許多西方工業化國家在 1970 年代後陷入長期的經濟衰退，也改變了許多國家的經濟運作模式與消費行為：在美國，高耗油的汽車被節能省油的小型汽車所取代，美國政府則提出戰備石油儲存的計畫；日本、法國等國因為受石油禁運衝擊，除了設法減少對進口石油的依賴之外，轉而全力發展核能發電。

第一次能源危機

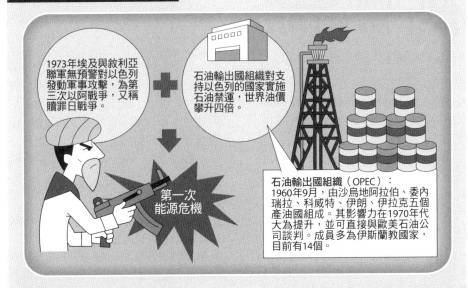

1973年埃及與敘利亞聯軍無預警對以色列發動軍事攻擊，為第三次以阿戰爭，又稱贖罪日戰爭。

石油輸出國組織對支持以色列的國家實施石油禁運，世界油價攀升四倍。

第一次能源危機

石油輸出國組織（OPEC）：
1960年9月，由沙烏地阿拉伯、委內瑞拉、科威特、伊朗、伊拉克五個產油國組成。其影響力在1970年代大為提升，並可直接與歐美石油公司談判。成員多為伊斯蘭教國家，目前有14個。

第二次能源危機

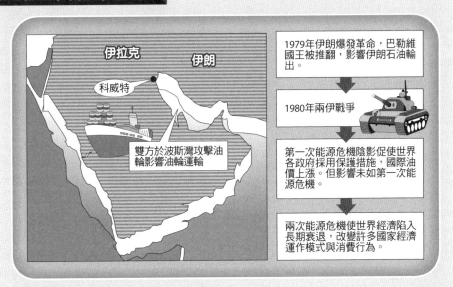

伊拉克　伊朗

科威特

雙方於波斯灣攻擊油輪影響油輪運輸

1979年伊朗爆發革命，巴勒維國王被推翻，影響伊朗石油輸出。

1980年兩伊戰爭

第一次能源危機陰影促使世界各政府採用保護措施，國際油價上漲。但影響未如第一次能源危機。

兩次能源危機使世界經濟陷入長期衰退，改變許多國家經濟運作模式與消費行為。

知識補充站 ★美國的石油來源

位居全球石油進口量之冠的美國，目前石油進口的主要來源為鄰國的加拿大和墨西哥，雖然OPEC生產的原油約占世界的79.6%，但我們仍可觀察到自兩次能源危機發生後，美國除了開始降低對中東國家石油的依賴之外，開始積極研發替代性能源，以避免石油成為未來OPEC與美國發生衝突時的談判籌碼。

UNIT 11-5
油管的地緣政治

目前絕大多數已知的石油與天然氣蘊藏都是由國家主導的能源公司所掌握，因此其他能源需求國要獲得穩定的油氣供應，就必須要與供應國建立穩定的合作關係，甚至必須進行大量投資來建立相關設備。裡海（Caspian Sea）與東西伯利亞的輸油管線是很著名的兩個實例，說明如下。

（一）裡海的能源爭奪

裡海曾經是世界上最早開採石油的地方，但在冷戰時期，當蘇聯將石油生產轉移到西伯利亞地區後，這裡的石油開採設備就遭到荒廢。冷戰結束後，裡海的豐富石油蘊藏引發各國的注意，而裡海周圍的國家如亞塞拜然、哈薩克、土庫曼、烏茲別克等國為了發展經濟，也開始向各國的石油公司招手。據估計，裡海地區的石油蘊藏量大約在 170-440 億桶，雖然不如波斯灣，但由於其每日產能很高，故頗具吸引力；此外這個地區擁有全世界第四大的天然氣蘊藏，如果積極開發，將會是全世界最重要的天然氣供應基地。

由於裡海位於內陸，開採出來的石油與天然氣必須設法運出來，於是美國在 1990 年代規劃建立一條由亞塞拜然首府巴庫（Baku）經喬治亞首都第比利斯（Tbilisi），再到土耳其位於地中海的港口傑伊漢（Ceyhan），長達 1500 公里的輸油管。從這條 BTC 輸油管所經過的區域來看，美國主要的目的是設法避開北方的俄羅斯與南方的伊朗，從而使這條油管的石油與天然氣的輸送過程不會被這兩個國家阻礙，直達地中海裝載至油輪後再運往世界各地。俄羅斯為了防止美國獨占裡海的石油與天然氣資源，也與哈薩克簽約，在裡海北岸興建一條經俄羅斯到黑海東岸沃諾羅西斯克港的裡海管線，積極保持裡海能源霸主的地位；極需能源的中國也在 1997 年對哈薩克展開熱烈追求，並投資興建一條由哈薩克到新疆的輸油管線，這條油管已經在 2006 年開始營運。

（二）西伯利亞輸油管計畫引發的外交角力

中國與日本兩國長久以來一直渴望獲得西伯利亞東部的石油與天然氣，但俄羅斯並未決定西伯利亞油管到底是要以中國還是日本做為終點，這使得中日在 1990 年代檯面上下較勁不斷。中國方面向俄羅斯提議興建一條由安加爾斯克經貝加爾湖到中國大慶的管線，稱為安大線，而日本則向俄羅斯提議興建一條由安加爾斯克到太平洋岸納霍德卡港的管線，稱為「安納線」。以距離來說，安大線距離較短，興建成本較低，但日本為了爭取安納線，承諾負擔全部工程經費外，還願意為西伯利亞開發提供資助。俄羅斯最後在 2004 年宣布捨棄以上兩個方案，另外興建由貝加爾湖北部的泰舍特到納霍德卡的「泰納線」，等於間接宣布日本勝利。但隨後中國竟然成功說服俄羅斯總統普丁改變油管路線，將終點站改到中俄邊界。截至目前為止，這場中日油管之爭仍未結束，但俄羅斯似乎擁有絕對的主控權。

中日俄油管

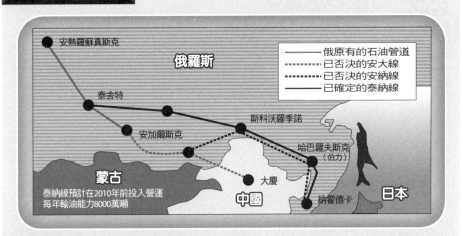

BTC油管與俄薩裡海管線

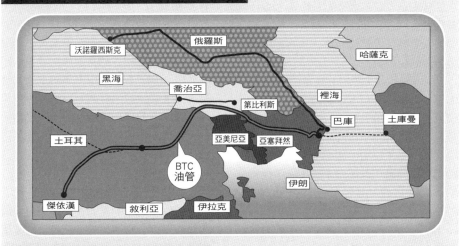

中國──哈薩克油管

UNIT 11-6
未來能源發展趨勢

（一）全球能源使用狀況

依照美國能源部 2012 年的統計，目前人類所產生的能源大約有 22％ 是用在工業生產，28％是用在交通，40％是用於居住與服務，其餘的 10％ 是其他非能源用途。如果以能源的來源來看，大約有 36％ 的能源產自石油，18％ 來自煤，27％ 來自天然氣。可見石化燃料幾乎占人類所有使用能源來源的八成以上。其中煤主要的用途是火力發電，大約占全球電力來源的一半（其餘的電力來源分別是：核能 8％；天然氣 27％；其他如太陽能與風力占 9％）。因此石油與天然氣可說是迄今為止用途最廣且最方便的能源來源。

如單元 11-1 所述，工業革命所創造的現代人類文明基本上是建立在開發並使用石油的基礎上，不過多數對未來人類是否能持續開發石油蘊藏的報告都顯得悲觀。除了石油，未來人類還有哪些能源可以開發？以電力來說，除了傳統的水力發電外，其他的能源供應方式包括❶核能與❷再生能源（renewable energy）兩類。後者的選項包括風力、太陽能、生質能源（biomass energy）等。

（二）替代能源的選項

其中核能發電被許多國家認為是取代石化燃料的首要選擇。不過各國之間對於是否要使用核能發電的態度差異很大：法國及部分東歐國家的電力有一半甚至更高的比例是仰賴核能，但生產核能發電設備的美國、加拿大等國使用核能的比例並不高，約在兩成左右；日本與德國大約三成。目前比較積極建設核能電廠的大概都是經濟快速成長的開發中國家，如中國與印度。核能發電過去因為其廢料具有放射性，許多已開發國家中在人民強烈反對下已經逐漸減少使用核能，但近年來因為全球石油價格上漲，核能似乎又受到青睞。不過歷經 2011 年日本福島核能災變之後，預料全球反對核能的聲音將再度高漲。

再生能源中，目前以風力及太陽能的發展最受到矚目，但由於其成本很高，能負擔的國家並不多，因此應用不算廣泛。而「生質能源」指「利用生物產生的有機物質（即生質物，biomass），經過轉換後所獲得之可用能源」。主要來源包括生質作物（例如玉米）、廢棄物（農業廢棄物、動物排泄物等）。印度農村至今仍普遍使用牛糞與木柴為燃料（占全國能源消耗的近三成），也算是生質能源的運用，歐洲國家則已經有利用燃燒玉米等作物來運作的火力發電廠。

（三）生質能源的潛力

生質能源最大的潛力在於未來可能取代石油，成為交通工具的燃料。據美國學者索默維爾（Chris Somerville）估計，只要能取得地球 1％ 土地的 1％ 太陽能，就能供應全球所有運輸能源（也就是全球兩成以上的能源所需）。可見隨著科學技術的進步，未來人類應該有可能發展出不再仰賴石油的新文明型態。

世界能源消耗趨勢圖

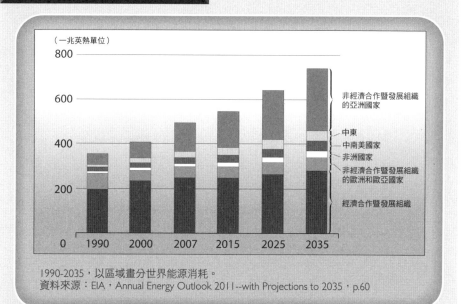

（一兆英熱單位）

非經濟合作暨發展組織的亞洲國家

中東

中南美國家

非洲國家

非經濟合作暨發展組織的歐洲和歐亞國家

經濟合作暨發展組織

1990-2035，以區域畫分世界能源消耗。
資料來源：EIA，Annual Energy Outlook 2011--with Projections to 2035，p.60

世界上運作中的核能發電機組

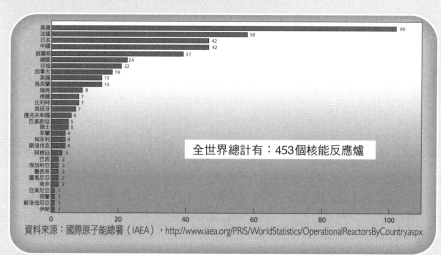

美國 99
法國 58
日本 42
中國 42
俄羅斯 37
韓國 24
印度 22
加拿大 19
英國 15
烏克蘭 15
瑞典 8
德國 7
比利時 7
西班牙 7
捷克共和國 5
巴基斯坦 5
瑞士 4
芬蘭 4
匈牙利 4
斯洛伐克 4
阿根廷 3
巴西 2
保加利亞 2
墨西哥 2
羅馬尼亞 2
南非 2
亞美尼亞 1
荷蘭 1
斯洛伐尼亞 1
伊朗 1

全世界總計有：453個核能反應爐

資料來源：國際原子能總署（IAEA），http://www.iaea.org/PRIS/WorldStatistics/OperationalReactorsByCountry.aspx

知識補充站

依照國際原子能總署（IAEA）的資料，2018年全球共有30個國家（包括臺灣共31個）使用核能發電，運作中的機組有453座（不包含臺灣的6座），能產生397649百萬瓦（MW）的電力，興建中的核能機組則有65座。其中法國仰賴核能發電的比例最高（77%），美國則擁有最多的核能發電機組（99座）。

區域整合

UNIT 12-1
區域主義簡介

雖然國際關係學者習慣將國家在國際體系內的互動做為主要的觀察對象，但是不可否認國際社會仍有許多互動是存在一定的地理範圍之內。由於地理鄰近性、文化同質性，以及貿易等因素，在一定區域範圍內的國家彼此關係往往更為密切，因此在區域範圍內國家之間如何進行合作，人民是否能進一步產生對區域的認同感，甚至同意進一步建立政治與經濟整合的組織，這些議題都是區域主義的研究範圍。

（一）如何定義區域

傳統上多以地緣的概念來劃分區域，美國學者魯賽特（Bruce Russett）指出：區域主義指在地理位置相鄰、人文傳統相似，以及在歷史上曾往來密切的國家所形成的地區，也包括政治與軍事的關係相當密切的區域，例如歐洲、拉丁美洲、東南亞等。但受到科技進步與全球化帶來的跨國界貿易型態所影響，國家之間的經濟合作關係已經不再受限於國家疆界，使得區域的概念向外延伸，因此現在也有人開始以文化和國家間的經貿關係來劃分區域。卡贊斯坦（Peter Katzenstein）便主張，區域主義應該包含認同與意識形態的一致性，例如美國與日本，雖然分屬太平洋兩岸且文化不同，但在經濟上合作密切且同為民主國家，因此彼此的關係可能比區域內的其他國家更為緊密。由此可見，區域主義的內涵會隨著時代發展而改變，是一種動態的概念。

（二）關於區域主義研究的兩派理論

❶ 強權國在區域的影響力

第一派主要是觀察區域內的國家如何互動，特別是強權如何影響區域政治走向。這些研究甚至可以將區域主義的研究追溯到第一次世界大戰結束後民族主義興起的時期。不過這類研究真正發揮影響力是到 1990 年代以後，當兩極體系瓦解後，才讓國家能夠自主地決定區域內部的政治發展型態與策略，各種形式的區域合作隨之興起。此外，近年新興的研究也強調非國家行為者對推動區域合作的影響力。

❷ 功能主義帶來的區域整合

另一派學者則將區域主義的源起歸功於功能主義帶動的區域整合，認為區域主義的產生是受到歐洲整合影響下的產物，所以區域主義的興衰與歐洲整合的發展歷程有很密切的關係。因此當 1970 年代歐洲整合因為受到法國總統戴高樂的阻撓而出現停滯的現象時，也導致當時區域主義的觀點不受重視，直到 1980 年代歐盟通過《單一歐洲法案》帶來進一步深化之後，才使得區域主義的觀點再度受到重視，整合理論也蔚為風潮，甚至形成一股對歐洲經驗是否同樣適用於全球各大區域整合的熱烈討論（歐盟的發展歷程請見單元 12-4）。

目前研究區域主義的學者將經濟合作視為區域整合的主要動力，這是因為多數國家仍保有國家主權不可讓渡的思維，認為維持在經濟層面上的合作可以為國家帶來利益，但卻不會危及國家生存安全。

區域主義分類

區域主義
的分類

→ 魯塞特 → 強調區域主義的地緣鄰近性，如歐洲、亞洲區域整合。

→ 卡贊斯坦 → 強調認同與意識型態的一致性，如美日夥伴關係。

區域主義研究的兩派理論

當前區域主義
的研究

→ 觀察區域內國家的互動，特別是強權的影響力，如美國推動TPP對東亞區域整合之影響

→ 以歐洲整合為區域主義發展的源頭，探討歐洲整合對其他區域的適用性。

★歐盟經驗可否一體適用？

總是走在區域整合發展最前端的歐盟本身，同樣存在著超國家主義與政府間主義兩股聲浪，再加上各區域近年來已經逐漸依照各自的經貿需求與文化形態發展出獨具特色的區域主義，因此歐盟經驗是否能夠適用到其他區域仍然有待觀察。

★傳統區域主義vs.新區域主義

1980年代以後，全球化浪潮加速了全球市場的自由貿易程度，於是出現一波有別於傳統區域主義的整合浪潮，又稱為「新區域主義」。相較於傳統區域主義強調區域的整合有賴於地理位置、文化與社會同質性所建立起的認同感，新區域主義不論在整合的目的與涵蓋的成員（包括已開發國家與開發中國家）上都更具開放性，除此之外，新區域主義認為各國之間的經貿互賴關係也會營造出複雜的互動模式，使區域組織的成立不再侷限於特定目的或區域，而組織的成員也將具有高度的重疊性。例如就地理位置而言，美國身為北美自由貿易協定的一員，但同時也是亞太經合會的成員之一。

UNIT **12-2**
功能主義到新功能主義

（一）功能主義的觀點

區域整合研究中的功能主義學者認為應該以國家間的共同利益為基礎，透過合作來建立互信，如此才能將協商的議題向外延伸到敏感的政治議題，這個觀點與過去訴求以政治整合為優先目標的聯邦主義者剛好相反，但是卻因其更符合實際狀況而成為主流思想：二次大戰後，依法國外長舒曼呼籲而建立的歐洲煤鋼共同體堪稱為這套理論的最佳範例。功能主義的首位提倡者梅傳尼（David Mitrany）在 1943 年出版的《一個運行的和平體系》（A Working Peace System）中提及的「功能性的選擇」（Functional alternative），對於後來的新功能主義與歐洲的整合有很深遠的影響。功能主義的核心概念可歸納為兩點：

❶分枝說（doctrine of ramification）

功能主義認為長期合作所產生的信賴感會形成一種向外擴散的現象，進而衍生出更多跨部門的合作現象。尤其是低階政治議題的合作（如經濟）經常帶動高階政治議題（如安全、外交）的合作，甚至成為一種驅動力，促使各部門之間形成一種功能性的互賴網絡。

❷人民忠誠度的轉移

功能主義認為國家或許可以為人民提供安全保障與社會福利，但也可能為了國家的短期利益而犧牲人民的幸福，相較之下，跨國組織與非政府組織反而更能為人民謀求特定的福利，所以一旦人民對功能性機構的認同感超越民族國家時，便可能將其對國家的忠誠度轉移到跨國組織或非政府組織。

（二）新功能主義

自 1960 年代開始，陸續有學者針對功能主義在解釋國際整合的侷限性提出修正，這些學者中以哈斯（Ernst B. Hass）為代表，被稱為新功能主義。新舊功能主義之間的主要差異有兩方面：

❶共同體（Community）的定義

新功能主義提倡的共同體，指涉的是一個擁有中央機構的超國家組織。相較於功能主義將國家統合寄望在技術專家與非國家的功能性組織，新功能主義提倡的是一種具有聯邦性質的共同體，強調如何透過菁英層次的合作加強各國對共同利益的認同，形成遵守共同政策的基礎。

❷外溢（Spill-over）現象

針對功能主義在解釋經濟整合帶來的政治整合現象上的不足，新功能主義認為即使是技術層面的合作仍然不可忽略其政治因素。最初行為者的合作可能發生在技術層面與較不易引起爭議的面向，但隨著部門的整合程度加深，行為者將逐漸意識到只有向其他相關的功能領域擴張，或者交由各國較高層次的決策者進行協商才能達到預期的目標，這就是所謂的「外溢」現象，乃新功能主義的核心主張。

分枝說概念

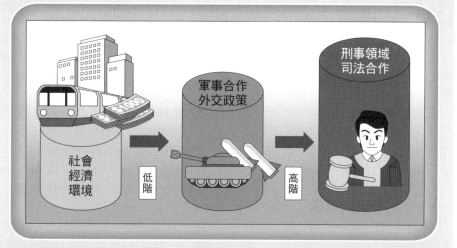

從功能主義到新功能主義

功能主義

❶代表：梅傳尼（David Mitrany）
❷提出年代：1943年
❸相關概念：
　①國家統合途徑：技術專家與非國家的功能性組織。
　②部門合作：一部門帶動另一部門的合作，主要著重在技術層面的整合，即分枝說。

新功能主義

❶代表：哈斯（Ernst B. Hass）
❷提出年代：1960年
❸主要概念：
　①國家統合途徑：共同體，即擁有中央機構的超國家組織。
　②部門合作：除了技術層面也不可忽略政治因素，整合程度加深後需其他功能領域擴張才能達到預期目標，即外溢現象。

 ★新功能主義的外溢現象與功能主義分枝說的差別

新功能主義的外溢現象與功能主義的分枝說最主要的差別在於：外溢通常並非自然發生的結果，而是發生在菁英層次經過學習的過程後，修正了觀念與行為所得到的結果。

UNIT 12-3
區域主義的發展趨勢

圖解國際關係

　　為了因應全球化帶來的衝擊,目前區域主義的發展仍以經濟合作為主要的動力,但因各個區域享有不同的文化與生活習慣,而發展出各具特色的區域主義類型與整合程度深淺的差異。在此選擇北美、歐洲、東亞三個區域來加以說明。

(一)北美自由貿易區

　　1980 年代起,歐洲經濟一體化與日本經濟快速成長的威脅,導致美、加兩國的國際競爭優勢地位下降,使得雙方開始意識到加強雙邊經貿關係確實有其必要性。美、加兩國政府分別提出共同市場的概念,並於 1988 年 6 月正式簽署「美加自由貿易協定」。1992 年美國、加拿大與墨西哥三國更進一步簽署「北美自由貿易協議」,正式宣告成立北美自由貿易區(North America Free Trade Area, NAFTA)。目前北美自由貿易區有 4.5 億人口和 17.3 兆美元的國民生產總值,與歐盟並列為今日世界上最大的自由貿易區。

(二)歐洲經濟共同體(歐盟)

　　歐洲經濟共同體是歐洲國家為了促進歐洲經濟共同發展而建立的經濟組織,根據《羅馬條約》於 1957 年正式成立。其原始目的是促進各成員國之間的經濟合作,並建立起西歐國家之間的政治聯盟,徹底去除過去彼此動輒發動戰爭所產生的恐懼心理。從一開始,歐洲經濟共同體的主要目標之一就是要消除成員之間的關稅壁壘,而歐洲所奉行的自由貿易政策也確實成功地促使西歐的貿易和經濟發展,加上後來在 1980 年代建立的歐洲單一市場以及 2002 年的歐元正式啟用,都在在彰顯歐盟是一個由經濟合作邁向政治整合最成功的範例。

(三)中國—東協自由貿易區

　　1997 年國際金融危機的發生,導致東南亞國家對美國產生某種程度的不信任,於是有關如何發展出專屬東亞地區經濟合作型態的議題開始受到重視。目前東協「10+3」的高峰會已定期召開,並於 2005 年起轉型為「東亞高峰會」(East Asian Summit, EAS),這或許也可視為東亞地區意圖建立「經濟共同體」的前兆(相關內容請參閱單元 12-6)。近年來,東亞各國經濟外交十分活躍,目前中國和東協自由貿易區已擁有 19 億人口,成為繼北美和歐盟之後的世界第三大自由貿易區。

　　目前全球區域主義的發展趨勢是:一方面非經濟的戰略因素在區域經濟整合中的重要性逐漸提升。例如東協成立自由貿易區之後,中日兩國便積極發展與東協建立更緊密的經貿關係,其主要目的當然是不想被排除在東南亞的整合之外。另一方面,過去大國之間的貿易競爭似乎正逐漸演變為區域間的經濟競爭,例如美國為了打破被東協和中國壟斷的亞太自由貿易區,宣布將參加跨太平洋戰略夥伴協定(TPP)擴大成員的談判。這個動作明顯是希望藉由爭取參與亞太區域經濟整合的機會,來鞏固美國在亞太區域經貿利益的表現。

北美、歐洲、東亞的區域發展

【歐洲聯盟】
GDP：18.12兆美元
人口數：5.1億人
國家數：28

北美洲

【北美自由貿易區】
GDP：21.9兆美元
人口數：4.7億人
國家數：3

歐洲　亞洲
非洲　中東
大洋洲

中美洲

南美洲

【中國──東協自由貿易區】
GDP：22.99兆美元
人口數：19億
國家數：11

資料來源：cia world factbook,

全球區域主義的發展趨勢

全球區域主義
的發展趨勢

非經濟的戰略因素在區域經濟整合中的重要性逐漸提升
例如東協成立自由貿易區之後，中日兩國便積極發展與東協建立更緊密的經貿關係，其主要目的當然是不想被排除在東南亞的整合之外。

大國之間的貿易競爭似乎正逐漸演變為區域間的經濟競爭
例如美國為了打破被東協和中國壟斷的亞太自由貿易區，宣布將參加跨太平洋戰略經濟夥伴協定（TPP）擴大成員的談判。這個動作明顯是希望藉由爭取參與亞太區域經濟整合的機會，來鞏固美國在亞太區域經貿利益的表現。

跨國經濟合作的隱憂

跨國經濟合作
的隱憂

墨西哥的經濟因加入NAFTA而受惠許多，但其傳統農業也因為美國農產品大舉進入而蒙受損失，這樣的自由貿易區是否對所有國家有利其實很難評估。

2009年日本提出的東亞共同體（East Asian Community, EAC）未來是否能成立，除了端視東協加三是否能夠帶領東亞區域整合的進一步發展之外，仍有許多問題需要解決，例如應該將哪些國家納入東亞自由貿易區便存在許多爭議。

UNIT *12-4*
歐洲聯盟（一）：發展歷程

歐洲聯盟（European Union；以下簡稱「歐盟」）堪稱整合理論的最佳體現。從歷史因素來看，歐洲因其內部宗教、種族和文化的多元性，直到 1945 年第二次世界大戰結束之前，仍是一個充滿衝突與戰爭的區域。但自從 1950 年兩個存在著百年世仇的國家，法國外長舒曼和官員莫內發起歐洲煤鋼共同體的建立之後，正式開啟了歐洲的整合之路。舒曼和莫內認為只有加強兩國之間的合作才能為歐洲地區帶來和平，因此在「舒曼宣言」（Schuman Declaration）中提議建立一個煤鋼工業的聯合管理機構，於是 1952 年 4 月 18 日，除了德、法之外，比利時、荷蘭、盧森堡、義大利也宣布加入，六國共同簽署「巴黎條約」宣告「歐洲煤鋼共同體」正式成立。此後歐洲的整合歷經了三個階段：

（一）歐盟概念的形成

自 1958 年《羅馬條約》生效後，歐洲經濟共同體與歐洲原子能共同體正式成立，象徵著歐洲經濟整合的腳步再度向前邁進。最初歐體設定的目標是建立一個歐洲的自由貿易區、關稅同盟和自由市場。1965 年六國簽署《布魯塞爾條約》，將「煤鋼共同體」、「經濟共同體」與「原子能共同體」合併為「歐洲共同體」，並建立統一的歐洲部長理事會（The Council of Ministers）與歐洲委員會（The European Commission）。不過歐盟在這個階段的發展十分緩慢，法國在總統戴高樂（Charles De Gaulle）執政期間還拒絕英國加入。至 1986 年為止共同體有 12 個會員國。

（二）歐盟的政治與經濟整合

1985 年 12 月盧森堡會議通過了《單一歐洲法案》。此一條約首次對煤鋼、原子能和經濟三個共同體的相關法規做出重大修正，以正式建立歐洲單一市場。該條約並於 1987 年正式生效。到了 1990 年代初期，由於東歐國家局勢的驟變和德國統一，歐洲共同體決定加快整合的速度，於是在 1991 年舉行的高峰會上簽訂了對後來歐盟發展意義深遠的《馬斯垂克條約》，創立歐洲聯盟並讓❶歐洲共同體；❷「共同外交暨安全政策」；以及❸「司法與內政領域合作」成為歐盟發展的三根支柱。此後歐盟的發展開始從經濟整合轉向政治整合。1993 年 11 月 1 日在荷蘭舉行的歐洲理事會中，各國為了達到貨幣統一與政治整合的目標，同意將《羅馬條約》修改為《歐洲聯盟條約》，象徵歐洲聯盟正式取代歐洲共同體。最後，歐盟終於如期於 2002 年 1 月 1 日成立歐洲單一貨幣，歐元正式流通。

（三）歐盟東擴與現況

歐盟成立至今，先後共經歷了 6 次擴大，其中以 2004 年 5 月的第五次規模最大，共有 10 個東歐國家加入。截至 2013 年為止，歐盟成員已經擴增至 28 個，並有 20 個國家使用歐元為法定貨幣。2007 年底，歐盟 27 國簽署《里斯本條約》，為歐盟進一步統合奠定基礎，該條約在 2009 年 12 月 1 日起正式實施。今日歐盟已成為一個總人口超過 4.47 億、國民生產總值高達 17 兆美元的國家聯合體，在國際政治與經濟領域具有相當大的影響力。然而 2020 年英國脫歐對於歐洲整合帶來的影響仍須觀察。

歐盟整合大事紀

時間	事件
1950年	法國外長舒曼（Robert Schuman）及官員莫內（Jean Monnet）發起歐洲煤鋼共同體之建立。
1952年	德國、法國、比利時、荷蘭、盧森堡及義大利簽署「巴黎條約」（Treaty of Paris），「歐洲煤鋼共同體」（European Coal and Steel Community）正式成立。
1958年	《羅馬條約》（Treaty of Rome）生效，歐洲經濟共同體（European Economic Community）、歐洲原子能共同體（European Atomic Energy Community）正式成立。
1965年	《布魯塞爾條約》（Merger Treaty）簽訂，「煤鋼共同體」、「經濟共同體」、「原子能共同體」合併為「歐洲共同體」（European Community）。
1985年	《單一歐洲法案》（Single European Act）通過。
1987年	《單一歐洲法案》生效。
1991年	《馬斯垂克條約》（Maastricht Treaty）簽訂，創立歐洲聯盟。
1993年	《羅馬條約》修改為《歐洲聯盟條約》（Treaty on European Union）。
2002年	成立歐洲單一貨幣，歐元正式流通。
2004年	歐盟第五次東擴，也是規模最大的一次，共有10國加入。
2007年	《里斯本條約》簽署。
2009年	《里斯本條約》正式實施。
2016年	英國在2016年公投脫離歐盟，2020年正式脫歐。

歐盟東擴（2004-2007）

■ 2004年以前歐盟成員國（15國）
■ 2004年加入之成員國（10國）
■ 2007年加入之成員國（15國）

歐盟東擴（2007-2019）

■ 現有成員國（28國）
■ 候選成員國（2國：馬其頓、土耳其）
■ 潛在候選成員國（4國：阿爾巴尼亞、波黑、塞爾維亞、科索沃）

UNIT **12-5**
歐洲聯盟（二）：決策機構

（一）政府間主義與超國家主義

　　歐盟的制度架構中存在著兩個相互矛盾的特徵，即「政府間主義」與「超國家主義」。歐盟整合的過程中，各會員國一方面想藉由超國家的中央機構來帶動區域的整合，另一方面又為了避免歐盟權限的過度擴張，極力維護國家主權，這兩股相互拉扯的力量對於歐盟未來發展的方向具有關鍵性的作用。

（二）主要決策機構的定位及功能

❶歐洲高峰會（the European Council）

　　由 27 個會員國政府首長組成的領袖會議，每年至少會晤兩次。高峰會等於是歐盟的最高決策機構，因此討論的議題範圍較具全面性，其做出的決策也有較大的影響力，尤其是在制度改革、歐洲貨幣暨經濟聯盟和成員擴大等議題上，對後來歐盟整合的發展方向具有指導性的意義。

❷歐盟理事會（the Council of the European Union）

　　由各成員國的部長組成，其功能類似政府的內閣，但也具有立法權，可說是歐盟內部真正的決策機構。各國參與理事會的代表會依議題的性質有所差異（如有關交通問題的會議就由各國的交通部長代表出席），理事會主席每半年輪流一次，並且擁有決定討論議題優先順序的權力。由於理事會是各國代表爭取本國利益的重要場所，因此堪稱為歐盟內部最具政府間主義色彩的決策機構。

❸歐盟執委會（the European Commission）

　　由每個會員國各推派一名代表組成，其功能類似國際組織的秘書處，負責執行歐盟理事會和歐洲議會的決策。執委會是一個獨立於成員國的超國家機構，其決議符合全體歐盟成員國的利益。執委會委員每屆任期五年。

❹歐洲議會（European Parliament）

　　歐洲議會是歐盟目前唯一由人民直接選舉代表的機構，其功能類似民主國家的國會，席次由每個國家的人口多少來決定，目前共有 786 席議員。議會原本的立法功能並不強，其主要的任務是監督各會員國的人權狀況，舉辦聽證會或行使調查權等等。近年來歐盟在簽定的各條約中，逐步增加歐洲議會的權力，因此歐洲議會在很多政策領域已經是和歐盟理事會平等的立法機構。

❺歐盟法院（Court of Justice of the European Union）

　　歐盟內的司法機構，主要任務在確保由歐盟所制訂出的各項法律如何在會員國中適用、審查歐盟各機構的行為是否違反歐盟法律、並監督各國政府遵守其基於歐盟條約所賦予的各項義務。歐盟法院目前設置於盧森堡，其下有三個子法院：①歐洲法院（Court of Justice）；②普通法院（General Court）；③歐盟公務員法庭。

　　在歐盟整體政策的推動上，執委會通常扮演提案的角色；議會代表民意，法院可以執行懲戒與監督；高峰會與理事會則是在不違背本國利益的情況下，各國領袖達成共識並推動整體政策的合作場域。

歐盟機構圖

歐盟議會

- 人民直接選舉代表
- 類似民主國家國會
- 席次依各國人口決定

民意機構

歐盟執委會

- 各國推派一代表
- 功能類似秘書處
- 超國家機構
- 委員任期五年

執行機構——提案角色

歐洲高峰會

- 由首長組成
- 最高決策機構
- 議題較具全面性
- 具指導性意義

歐盟理事會

- 由部長組成
- 功能類似政府內閣
- 主席半年輪值一次
- 最具政府間主義色彩

決策機構——達成共識之場域

歐盟法院

- 監督機構是否違反歐盟法律
- 確保法律的適用性
- 確保各國遵守條約義務

司法機構——懲戒與監督

★政府間主義與超國家主義

歐盟主要的決策機構即反應了政府間主義與超國家主義兩種力量的相互抗衡，若以機構設計的精神來說，代表「政府間主義」的機構有：歐洲高峰會、歐盟理事會；代表「超國家主義」的機構有：歐洲執行委員會、歐洲議會、歐洲聯盟法院。

UNIT 12-6
東南亞國協（ASEAN）

東南亞國協是由東南亞十個國家所組成的國際組織，也是目前在東亞地區最具規模的政治性區域聯盟。東協的成立原本是冷戰時代的產物：1967年8月6日，由印尼、馬來西亞、新加坡、菲律賓、泰國五國外長在曼谷舉行會議，發表了《曼谷宣言》（Bangkok Declaration），宣告成立一個防止彼此間因領土問題走向武力對抗的政治組織。1976年在印尼峇里島舉行的東協第一次領袖會議時，五國簽署了《東南亞友好合作條約》和《東協協調一致宣言》，確立了東協成立的宗旨和原則，成為東協未來發展的重要里程碑。

（一）組織的起源

東協成立最初的任務是防堵區域內共產黨勢力的擴張，並建立區域內的穩定政治與安全秩序，到冷戰結束後才開始轉向促成區域內的經濟整合。此後東協積極與周邊國家建立友好的經貿合作關係，並陸續接納了汶萊、越南、寮國、緬甸、柬埔寨五個會員，成為今日十國的規模。這個組織最大的特點，就是成員國之間對內政、領土和主權儘量採取不干涉的原則，即所謂的「東協模式」（ASEAN Way）。

（二）組織的架構與發展

在組織上，東協國家以高峰會作為最高決策組織，每年集會一次，除了討論區域和國際情勢之外，並為東協整體發展制訂指導方針。後來又發展出以安全議題為主的東協區域論壇（ASEAN Regional Forum）及政治領袖對話性質的東亞高峰會（East Asian Summit），前者有27個國家參與，後者目前有16國參加。但是東協比較受到外界矚目的是在貿易領域。1992年起，東協國家便建立了區域內的自由貿易區。在1997年的亞洲金融危機之後，東協國家更意識到只靠東南亞地區的經濟整合仍然無法完全抵抗外來的衝擊，於是東協內部開始計畫與東北亞地區主要強權中國、日本與南韓的合作。1999年東協與中、日、韓三國，在吉隆坡舉行的首次非正式會晤中發布《東亞合作聯合宣言》，正式啟動稱為東協「10+3」的機制，作為東亞自由貿易區的起步。

而後來在2005年12月舉行的第1屆東亞高峰會（East Asia Summit, EAS）中，與會國家包含東協10國加上中國、日本、韓國、澳洲、紐西蘭和印度，故稱東協「10+6」，期望未來能塑造一個更廣泛、更制度化的經濟合作架構——「東亞全面經濟夥伴」（Comprehensive Economic Partnership in East Asia，簡稱CEPEA）。

（三）面臨的挑戰

東協堪稱區域主義在東南亞地區的最佳體現，這個組織的前景也似乎令人期待，但是東協擴大後仍面臨許多考驗。❶首先，「東協模式」雖然可以維持國家主權的獨立性，但也使得許多比較具有爭議性的議題，因會員國間無法形成共識而遭到擱置。❷其次，東協國家雖然不斷擴大與中國和日本之間的經貿往來，但是一方面中國軍事與經濟實力的快速增長，以及東協部分國家與中國長久以來存在的領土爭端（南海問題），而另一方面，日本除了是東南亞地區最大的投資國，更是中國在這個區域的潛在競爭者，由此可見，這個組織與其他域外強權之間的關係動向不明，使東亞地區未來的區域整合之路仍然充滿變數。

東協十國

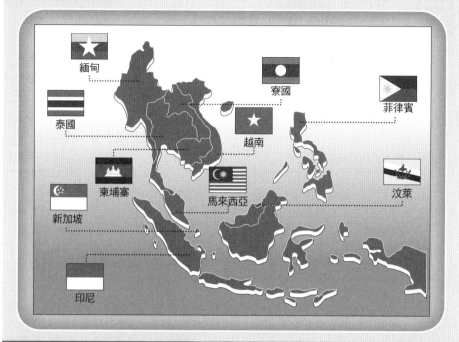

緬甸
寮國
菲律賓
泰國
越南
柬埔寨
汶萊
新加坡
馬來西亞
印尼

東南亞國協大事紀

時間	事件
1967年	印尼、馬來西亞、新加坡、菲律賓、泰國五國外長在曼谷舉行會議，發表了《曼谷宣言》（Bangkok Declaration），宣告成立一個防止彼此間因領土問題走向武力對抗的政治組織。
1976年	在印尼峇里島舉行的東協第一次領袖會議時，五國簽署了《東南亞友好合作條約》和《東協協調一致宣言》，確立了東協成立的宗旨和原則，成為東協未來發展的重要里程碑。
此後東協積極與周邊國家建立友好的經貿合作關係，並陸續接納了汶萊、越南、寮國、緬甸、柬埔寨五個會員，成為今日十國的規模。	
1997年	經歷亞洲金融危機之後，東協國家更意識到只靠東南亞地區的經濟整合仍然無法完全抵抗外來的衝擊，於是東協內部開始計畫與東北亞地區主要強權中國、日本與南韓的合作。
1999年	東協與中、日、韓三國，在吉隆坡舉行的首次非正式會晤中發布《東亞合作聯合宣言》，正式啟動稱為東協「10+3」的機制，作為東亞自由貿易區的起步。
2005年	第1屆東亞高峰會（East Asia Summit, EAS）在馬來西亞吉隆坡召開，與會國家包含東協10國加上中國、日本、韓國、澳洲、紐西蘭和印度，故稱東協「10+6」，期望能塑造一個更廣泛的經濟合作架構 —— 「東亞全面經濟夥伴」（Comprehensive Economic Partnership in East Asia，簡稱CEPEA）。

UNIT 12-7
亞太經合會（APEC）

圖解國際關係

亞洲太平洋經濟合作會議（Asia-Pacific Economic Cooperation, APEC），一般簡稱亞太經合會，是一個由環太平洋沿岸國家所組成的高層對話論壇。亞太經合會最初的概念始於 1989 年，當澳大利亞總理霍克（Robert Hawke）訪問南韓時，建議成立一個由亞太區域主要經濟體高階代表組成經濟諮商論壇。這個提議得到美國及部分亞洲國家的支持。同年 11 月間，12 個創始會員在澳大利亞首都坎培拉舉行首屆「亞太經合會部長級會議」，作為亞太經合會的主要協調機構，並將秘書處設於新加坡。

由體制上來看，亞太經合會屬於「論壇」性質，也就是以開放性的政策對話來尋求共識。自創設以來，會員數量陸續增加到 21 個：除我國外，還有澳大利亞、汶萊、加拿大、智利、中國、香港、印尼、日本、韓國、馬來西亞、墨西哥、紐西蘭、巴布亞紐幾內亞、秘魯、菲律賓、俄羅斯、新加坡、泰國、美國及越南等。

（一）組織的架構與發展

亞太經合會比較特殊的地方，是各會員均以「經濟體」（Economy）而非「國家」的身分相稱。其運作方式是於每年 9 月至 11 月間舉行部長級年會（APEC Ministerial Meeting），以決定亞太經合會活動的大政方針，並討論區域內的重要經貿問題。自 1993 年起，在當時美國總統柯林頓的倡議下，亞太經合會在每年部長級年會之後會召開非正式領袖會議，也就是外界所稱的 APEC 高峰會，經由所有國家元首共同發布領袖宣言的方式，揭示亞太經合會未來發展的政策方向。部長級年會之下設有資深官員會

議（Senior Officials' Meeting, SOM），為亞太經合會運作的核心機制，出席該會議之代表為各會員體主管部會的次長級或司長級官員，主要任務在執行部長級會議的決議，並建立工作程序及監督協調亞太經合會各級論壇之工作（我國亞太經合會資深官員由外交部國際組織司司長擔任）。資深官員會議之下設有 11 個工作小組（Working Groups）、4 個委員會（Committees）及 7 個特別任務小組（Special Task Groups），負責推動各領域的合作。近年來亞太經合會逐漸確立「貿易暨投資自由化」、「商業便捷化」，以及「經濟暨技術合作」等三個主要的任務，希望透過具體的經濟技術合作計畫來縮短已開發及開發中經濟體之間的發展差距。

（二）決策方式與未來挑戰

亞太經合會是目前亞太地區級別最高，影響力最大的區域性經濟組織，也是我國目前實際參與之最重要國際多邊機制之一。但現有的 21 個成員中，因為包含了發展中國家與已開發國家，兩者之間聚焦的議題經常有所分歧。加上其運作都是以「共識決」及「自願性」為基礎，這樣的方式無形中增加了決策的難度，因此未來的發展前景仍待觀察。

APEC經濟體

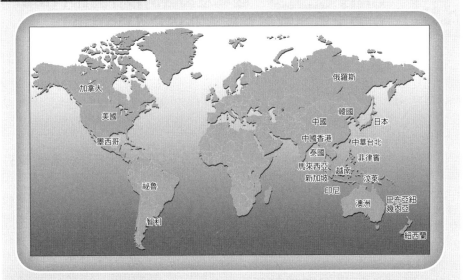

加拿大
美國
墨西哥
祕魯
智利
俄羅斯
韓國
日本
中國
中國香港
中華台北
泰國
菲律賓
馬來西亞
越南
汶萊
新加坡
印尼
澳洲
巴布亞紐
幾內亞
紐西蘭

APEC大事記

時間	事件
1989年	澳大利亞總理霍克（Robert Hawke）訪問南韓時，建議成立一個由亞太區域主要經濟體高階代表組成經濟諮商論壇，希望藉由亞太地區各國政府官員的對話與協商，來帶動區域經濟的成長與發展。
1991年	臺灣、中國、及香港加入APEC
1993年	在美國總統柯林頓倡議下，亞太經合會在每年部長級年會之後會召開非正式高峰會
1998年	最後三個成員俄羅斯、秘魯、與越南加入

APEC的組織架構

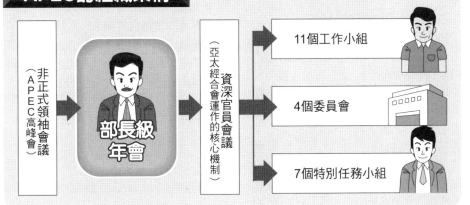

非正式領袖會議（APEC高峰會）

部長級年會

資深官員會議（亞太經合會運作的核心機制）

11個工作小組

4個委員會

7個特別任務小組

UNIT 12-8 區域全面經濟夥伴關係（RCEP）與跨太平洋夥伴全面進步協定（CPTPP）

自 2008 年全球金融風暴重創美國和歐洲的股市與金融交易市場後，投資者開始將眼光轉向衝擊較小、成長速度較快的亞洲新興經濟體，使其成為取代歐美市場的最佳選擇。在近年來亞洲的經濟整合中又以東協倡議的區域全面經濟夥伴關係（Regional Comprehensive Economic Partnership, 簡稱 RCEP）和 APEC 成員主導的跨太平洋夥伴全面進步協定（Trans-Pacific Partnership, 簡稱 CPTPP）最受到國際矚目。

（一）區域全面經濟夥伴關係

2011 年 11 月第 19 屆東協高峰會中正式通過 RCEP 的倡議架構，宣布東協 10 國加上中國、日本、韓國、澳大利亞、紐西蘭、印度共計 16 個成員國將於 2013 年展開建立亞太自由貿易區的談判，並以 2015 年作為談判完成目標。目前東協已經和這 6 個夥伴國簽訂 5 個雙邊自由貿易協定，RCEP 的未來目標設定在符合 WTO 架構下，將這 5 個自貿協定整合成一個，並且保留東協模式中尊重各國差異的原則，給予低度發展之東協成員額外的彈性空間以及提供技術援助和能力建構等相關條款。

（二）跨太平洋夥伴協定

跨太平洋夥伴協定（TPP）的前身為紐西蘭、新加坡、智利和汶萊四國的 FTA，自從 2008 年美國宣布加入後形勢出現重大轉變，TPP 在美國的主導下逐漸擴大整合的範圍，加入談判的會員國有 12 個，也是歷年最大規模的亞太多邊自由貿易協議。2017 年 1 月 23 日美國退出該協議，該組織改組為 CPTPP，2018 年正式簽署該協定。CPTPP 以建立高標準的自由貿易協定（甚至超越 WTO 規範內容）以及一步到位的談判模式為目標，甚至連向來在 WTO 談判中分歧性較高的農產品同樣要求全面開放零關稅，同時加入許多新興的貿易議題。

（三）RCEP 和 CPTPP 對臺灣的影響

2014 年 3 月 18 日一場由學生發起的反海峽兩岸服貿協議運動（又稱「太陽花運動」）躍上國際版面，隨著學生攻占立法院的消息在媒體上被大幅報導，我國人民也開始探討與重視何謂國際間的雙邊自由貿易協定，以及區域經濟整合可能對臺灣產業帶來的衝擊。然而 RCEP 和 CPTPP 之所以和我國經濟發展如此密切的原因在於，前者的成員國為我國主要的出口投資市場，根據經濟部統計，2015 年 RCEP 成員國約占我國貿易額 57.6％，我國對 RCEP 成員國之累積投資金額則高達 81％。相較之下，我國與 CPTPP 成員國的貿易量雖然較低，但仍占我國貿易額約 34.8％，對 CPTPP 成員國的投資額占 16.41％；再者，基於政治現實考量，目前中國已加入 RCEP 的談判行列（中國已連續四年為東協第一大貿易夥伴，其影響力可見一斑，未來 RCEP 的推動同樣需要仰賴中、日、韓等國的支持與參與）。而我國政府在持續關注 CPTPP 談判進度之餘，亦應在評估國家利益後積極尋求加入亞太地區的自由貿易談判，研擬相關配套措施，因應全球區域整合發展可能對我國弱勢產業造成的衝擊。

RCEP與CPTPP比較

	RCEP	CPTPP
成員國	東協十國加上中國、日本、韓國、澳洲、紐西蘭（共15國）	加拿大、墨西哥、祕魯、智利、澳洲、紐西蘭、越南、馬來西亞、新加坡、汶萊、日本（共11國）
創始國	東協10國	紐西蘭、新加坡、智利和汶萊（4P）
整合方式	廣化（擴大成員數目）	深化（提升自由化程度）
基本原則	遵循東協模式，接受各國平等但有差異的原則	延續4P的高標準自由化，強調成員間的一致性
自由化標準	與WTO一致	追求100%零關稅（黃金標準）
談判模式	循序漸進	一步到位（採「單一認諾」談判模式）
談判議題	貨品貿易、服務貿易、投資、經濟與技術合作、智慧財產權、競爭政策、爭端解決機制、其他議題等。（較保守）	貨品貿易、服務貿易、投資等主要議題外，也包括政府採購、勞工、環境議題、電子商務、動植物防疫檢疫等其他新興議題。（較多元）

參考資料：
徐遵慈，「論我國「雙軌併進」參與TPP與RCEP之策略與準備」，中華經濟研究院，
http://www.wtocenter.org.tw/SmartKMS/www/Epaper/wtoepaper/article393.htm。

第 **13** 章

國際法體系

•••••••••••••••••••••••••••••• 章節體系架構 ▼

UNIT 13-1
國際法簡介

（一）國際法的起源：邦際法與萬民法

國際法（International law，又稱國際公法）就是國家之間的法律，具體來說就是處理各個國家及政府組織之間各種關係的規則。國際法的起源可追溯到古希臘與羅馬時期。當時尚未出現以主權國家作為行為主體的國際社會，因此古希臘人為了處理城邦之間的衝突而逐漸發展出某些行為規則，即為「邦際法」；而古羅馬則是為了因應羅馬帝國的向外擴張，建立了用來規範所有在羅馬帝國統治下人民（包含羅馬人與非羅馬人）之間互動與交往的「萬民法」。「邦際法」中所包含的交戰前應先行宣戰的原則、交戰時不可侵犯來使的慣例，以及「萬民法」中的正義原則都成為後來國際法的重要概念。

（二）格勞秀士與現代國際法

一般公認現代國際法的起源始於荷蘭法學家格勞秀士（Hugo Grotius）在1625年的著作《戰爭與和平法》（De Jure Belli ac Pacis）。本書主張以自然法與萬民法作為國際法的淵源，強調自然狀態中固有的正義法則，而這樣的法則即使上帝不存在也能維持其有效性，故成為首部區隔自然法與神學的法學著作。除此之外，書中提及的許多重要原則至今仍然適用，例如正義的戰爭、和平的觀念、公海自由航行權，以及個人的基本權利和自由等概念。格勞秀士對國際法研究的貢獻使其被後代尊稱為國際法之父。

（三）現代國際法的發展過程

19世紀是國際法蓬勃發展的時代，❶一方面因為工業革命使歐洲社會成為世界的主流文明，歐洲國家之間的行為模式逐漸成為全球共同的規範。❷另一方面歐洲國家向外擴張導致國家之間的互動頻率倍增，使得國際社會必須尋求一種能夠規範國家行為並且具有效力的法律體系，於是國際法的存在開始受到重視。但當時國際法的存在與否仍然受到爭議，例如英國法學家奧斯丁（John. Austin）便主張由於國際法缺乏法律性質與制裁能力，僅能視為一種道德事實的存在；而格勞秀士學派的繼承者則主張國際法的法律來源是以國家之間交往的條約、慣例和自然法為主要依據，因此國際法確實存在並具有拘束力。20世紀初，國際法院的創立使國際法的存在正式具有法律體系的基礎，推翻了反對派的論點，而國際法的存在也已經普遍地為國際社會所接受。此外，國際法的主體（即規範的對象）也從過去的主權國家擴張到個人與國際組織。除了國家之間的行為規範之外，隨著人類科技的進步，海洋、大氣層、太空等領域也相繼成為國際法規範與研究的範圍。

國際法發展概要

古希臘羅馬時期

希臘人：
邦際法→交戰前先宣戰、
交戰時不侵犯來使

羅馬人：
萬民法→正義原則

格勞秀士（Hugo Grotius）

重要著作→ 1625年《戰爭與和平法》（De
jure belli ac pacis）：主張以自然
法與萬民法作為國際法淵源，
強調自然狀態下的正義原則。

重要概念→ 正義的戰爭、和平、公海航行
自由、個人基本權利與自由

19世紀：國際法蓬勃發展

外部：工業革命，將歐洲國家間行為模式拓展成為全球共同歸範。
內部：歐洲國家互動加劇，尋求規範國家行為並有效的法律體系。

20世紀：逐步確立

國際法院的出現讓國際法的存在正式具有法律體系的基礎，國際法的
規範主體也逐漸隨人類科技進步而拓展。

現今

★國際法定義

19世紀英國學者布萊利（Janes Brierly）將國際法定義為「一種對文明國家之間的互動關係
具有拘束力的規則和原則」。使用文明一詞可看出當時歐洲國家只將接受西方價值體系做
為判斷是否適用國際法的標準。

UNIT **13-2**
國際法淵源

（一）國際法院規約第38條之規定

因為國際社會不像國家內部有立法、司法與執行的機構，所以國際法的淵源為何的爭議比較大。不過今日多數國際法學者多引用《國際法院規約》第38條第1款的規定，作為國際法的主要淵源。其內容為：❶不論普通或特別的國際協約，確立訴訟當事國明白承認之規條者；❷國際習慣，作為通例之證明而經接受為法律者；❸一般法律原則為各文明國所承認者；❹在第59條規定下，司法判例及各國權威最高之公法學家學說，作為確定法律原則之補助資料者；❺經當事國同意適用「公允及善良」原則裁判案件之權。

（二）現代國際法的六種淵源

今日學者多將國際法的淵源分為：條約、國際習慣（或稱國際慣例）、一般法律原則、判例、學者的學說等五種，近來學者又將國際組織的決議列入。以下介紹這六種淵源的主要內容：

❶條約

指的是由兩個或兩個以上的國家或國際法人以國際法為依據所締結的國際書面協定。一般可分為「立法條約」（Law-making treaties）與「契約條約」（Contractual treaties），前者又稱為「規範條約」，是一種用來規範區域性或普遍性行為的規範，因此創造一個新的立法條約通常需要相當的時間與足夠、廣泛的國家參與，例如聯合國海洋法公約；後者則是針對兩個或少數國家之間的特定議題或利益所達成的條約，例如自由貿易協定。

❷國際習慣

指的是一種明確而持續的從事某種行為的習性，而這種習性源於堅信根據國際法有義務或權利來這樣做。國際習慣的形成通常涉及長時間且持續的「普遍實踐」，意味著一個明確且不斷地從事某些行動的習慣，隨著時間的累積，行為者之間的信賴程度也會逐漸增加，最後成為一種被各國公認且普遍視為必要的法律義務。例如兩國戰爭期間不得緝拿敵國漁船就是一種國際習慣。

❸一般法律原則

指的是各國法律體系所共有的原則，通常是在沒有條約、慣例或任何具有拘束力的行政或司法判例可循的情況下，文明國家所普遍承認的一般法律性原則。換句話說，就是將國內法律的一些原則類推適用在國際法之上，例如違反某一行為者必須對於權利受損者進行賠償及恢復原狀，這是法律的通常概念，在國際法中也曾引用。

❹判例

指的是國際法院的判例。雖然國際法院規約規定國際法院判決僅對當事國具有約束力，但是目前國際法院在做出判決時，不時引用過去的判決或諮詢意見，可見判例在證明國際法的原則上有很大的作用。

❺學說

早期國際法多半是習慣法，所以著名法學家的研究心得與主張對於確立國際法原則有很大的重要性。今日法學家主要的功能已經演變為對國際法規則、判例進行解釋。

❻國際組織決議

國際組織所做出的決議對於成員國具有拘束力，就當然成為國際法的淵源。例如當聯合國大會所做出的決議已經成為普遍的實踐時，即使是非會員國也會自動遵守。

締結條約的程序

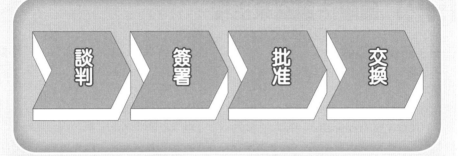

談判 　簽署 　批准 　交換

國際習慣的要件

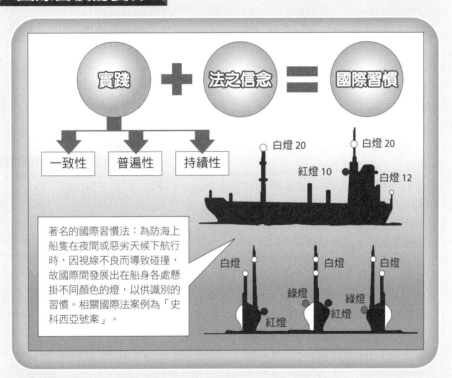

實踐 ＋ 法之信念 ＝ 國際習慣

一致性 　普遍性 　持續性

白燈 20 　　白燈 20
紅燈 10 　　白燈 12

著名的國際習慣法：為防海上船隻在夜間或惡劣天候下航行時，因視線不良而導致碰撞，故國際間發展出在船身各處懸掛不同顏色的燈，以供識別的習慣。相關國際法案例為「史科西亞號案」。

白燈 　白燈 　白燈
綠燈 　綠燈
紅燈 　紅燈 　紅燈

知識補充站 ★國際法與國際法院規約

《國際法院規約》是1945年聯合國成立後國際法院組織及行使職務的相關規定，故規約本身被視為聯合國憲章的一部分。規約第38條第1款列舉了國際法院進行裁判時，可以引用的五項法源，這五項法源就成為今日國際法學者所共同認定的國際法淵源。

UNIT 13-3
國際法與國家主權

（一）西伐利亞體系

今日國際關係學者在討論國家主權的起源時，多以 1648 年「三十年戰爭」結束後交戰國所簽訂的《西伐利亞條約》（Treaty of Westphalia）作為主權概念的起點。該條約載明各公侯之間享有各自結盟與宣戰的權力以及信仰宗教的自由，除了為主權國家之間的交往奠定平等的基礎之外，各國對內亦享有不受外力干預的自治權。也就是說，從此主權國家之上不再具有任何更高形式的統治權威，形成了由主權國家組成的「西伐利亞體系」。

（二）國際法下國家的權利與義務

上述說法如果是正確的，那國際法究竟如何影響國家的行為？除了國家之外，哪些團體或組織也可能具有國際法上所享有的法人地位？由於國際社會的發展日趨多元化，學者已經開始探討未來非國家行為者取代主權國家成為國際行為主體的可能性。根據國際法規定，必須在法律上有能力享受國際法的權利、負擔義務，以及能夠與其他主體發生法律關係（例如：在國際法院提起訴訟、締結條約等）的政治實體，才能稱為「國際法主體」，並且具有「國際法人格」，因此國家仍然是國際法中主要規範的對象。根據 1949 年聯合國擬定的「國家權利義務宣言草案」（Draft Declaration on the Rights and Duties of States）的內容，國家擁有的基本權利和義務如下：

❶獨立權

每個國家都有權利選擇政府的形式，並且不得干涉他國的國內、外事務（排他權），且對內擁有至高領土管轄權（內政權）以及對外決定如何與其他國家建立關係的權利（外交權）。

❷生存權和自衛權

雖然每個國家都有義務避免以武力作為國家政策的主要工具，但國家擁有用盡一切手段維持其生存的權利，因此每個國家都有權利在維護政治獨立與領土完整的目的下單獨或集體對抗外來的侵略和武裝攻擊（自衛權）。

❸平等權

即為法律上的平等，意指每個國家在法律上都應享有與其他國家平等的權利，並且在不分種族、性別、宗教和語言的情況下，尊重人權和基本自由。

（三）侵略行為與人道干預的規定

由於主權國家在國際法的保障下，對內享有至高主權以及對外擁有獨立決策的權利，使得「侵略行為」和「人道干預」這兩者之間的界定形成非常微妙的關係。侵略行為在聯合國 1974 年通過的決議中被定義為「一國使用武力或以不符合聯合國憲章規定的方式侵犯他國領土的完整或政治獨立性，即為侵略」，而人道干預的目的則是為了保護那些由國際所認定受剝削人權的群體，避免人民遭受重大的人權侵害，但由於聯合國尚未對人道干預建立明確的定義，因此經常被質疑為強權國家以武力侵略他國的藉口。這也突顯出在無政府狀態下，國際法的適用與否可能淪為強權國各自解讀的結果。

國際法下國家的權利與義務

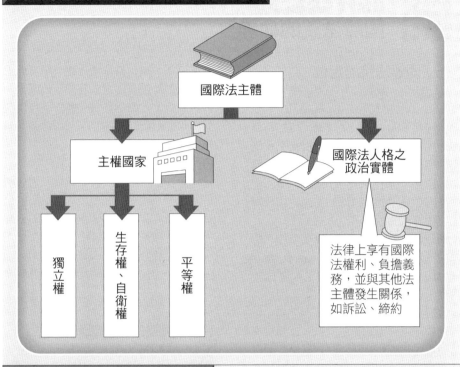

國際法主體

主權國家

國際法人格之政治實體

獨立權

生存權、自衛權

平等權

法律上享有國際法權利、負擔義務，並與其他法主體發生關係，如訴訟、締約

侵略行為與人道干預

侵略行為	一國使用武力或以不符合聯合國憲章規定的方式侵犯他國領土完整或政治獨立。
人道干預	為保護國際所認定人權受剝削的群體，避免受到更大人權侵害。

 ★人道干預的模糊地帶

美國在2003年出兵伊拉克推翻海珊政權，以及2011年北約在利比亞設立禁航區，防止格達費政府攻擊東部的叛軍，這兩個案例之間的差別在於利比亞行動具有聯合國授權，其合法性較高，也象徵著國際法對於國家行為仍具有一定的拘束力。

UNIT 13-4
國際法院的功能

圖解國際關係

（一）國際法院的定位

國際法院（或稱海牙國際法庭，英文為 International Court of Justice, ICJ）是聯合國轄下的司法裁決機構，位於荷蘭海牙，其主要的功能是對主權國家所提交的案件進行仲裁，或在聯合國大會及聯合國安理會的請求下，對法律案件提供諮詢意見，此外國際法院也審理涉嫌違反國際法的相關案件。

國際法院的前身是國際聯盟所設立的常設國際法院（英文為 Permanent Court of International Justice, PCIJ）。第二次世界大戰結束後，新成立的聯合國決議將常設國際法院予以解散，另外建立新的國際法院。而國際法院除了以過去的常設國際法院規約作為法律基礎並加以修正之外，也繼承了常設國際法院的管轄權，因此原本提交國際聯盟仲裁的案件亦移交至國際法院。

（二）國際法院的管轄權範圍

國際法院主要的管轄權可以分成兩部分：

❶訴訟管轄權

依規約規定，首先，必須由當事國雙方簽訂「特別協議」才能提交訴訟；其次，締約國可在簽訂雙邊或多邊國際條約時加入「爭端條款」，載明當條約之適用或解釋發生爭議時，任一當事國得根據這些事先的條款將爭端交付國際法院做出判決，不需再另行簽訂特別協議；最後，賦予國際法院「強制管轄權」是國際司法機構的最理想狀態，但由於國家仍然是國際法院唯一有資格的訴訟當事人，因此只要是涉及領土的爭端，國家經常會為了維護主權而拒絕接受國際法院的強制管轄，因此僅以任擇性條款的方式，規定當事國得隨時單方面聲明承認對於接受同樣義務的其他國家，國際法院的管轄權具有強制力。但這些聲明可能附帶時間的限制或排除某些爭端。

❷諮詢管轄權

國際法院得依聯合國安理會和大會的要求，提供法律上的諮詢意見。但根據聯合國憲章規定，聯合國底下的組織和專門性機構，則需經由大會的授權才可向國際法院提出符合其工作範圍之法律問題，而國際法院同樣得提供諮詢意見。

（三）國際法院的執行成效

國際法院除了是聯合國的司法機關之外，亦在聯合國憲章的基礎下運作。15 位法官由各國提名，經聯合國大會和安理會選舉後產生，任期 9 年。依聯合國憲章第 94 條規定，國際法院規約的締約國皆須遵守法院的判決，不過迄今國際法院所做出的 74 項判決中，有些並沒有被確實執行。除此之外，儘管國際法院具有超國家性質，但礙於國家對主權的堅持以及基於當事國必須自願且「同意」的原則下，國際法院的強制管轄並不具有普遍性。

國際法院管轄權

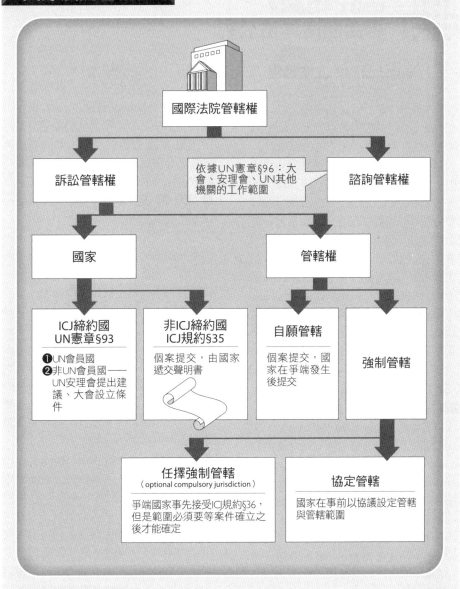

 ★ **國際法院的諮詢管轄權**

雖然國際法院的意見僅供諮詢，但是卻可能對國際法產生很大的影響力，例如1996年國際法院便針對擁有核子武器是否合法的議題發表諮詢性意見，因此確立了「威脅或使用核子武器」為非法行為的國際法觀點。2010年國際法院也曾做出「科索沃宣布獨立不違反國際法」的諮詢意見。

UNIT 13-5
聯合國海洋法公約

圖解國際關係

（一）海洋法公約的立法過程

早在 1930 年國際聯盟第一屆國際法編纂會議中便曾對海洋法中的領海問題進行廣泛的討論，但最終仍因各國堅持自身利益不肯讓步而無法達成協議。

二戰後聯合國共召開了三次國際海洋法會議，第一次在 1949 年的日內瓦舉行，會中通過領海及鄰接區公約、公海公約、捕魚及養護公海生物資源公約以及大陸礁層公約，但在領海寬度上未能達到共識。1960 年召開的第二次海洋法會議同樣在領海寬度問題上遭遇挫敗，直到 1973 年的第三次會議終於通過聯合國海洋法公約，並於 1982 年公開簽署，1994 年正式生效。聯合國海洋法公約的出現，堪稱國際法首次大規模的法典化。

（二）海洋法公約的主要內容

❶基線（Baselines）及內水

①正常基線（Normal Baseline），指沿海國官方承認的低潮線，通常適用於較為平直的海岸；②直線基線（Straight Baseline），適用於海岸線非常彎曲或者海岸線邊緣有許多島嶼，因此無法用正常基線來劃分的海岸；③內水，基線與陸地之間的水域稱為「內水」，此一區域被視為國家領土，因此沿海國之外的國家不享有任有何權利。

❷領海（Territorial Sea）

指除了本國內水以外，與沿岸國的海岸線平行的海域，而各國領海的範圍從領海基線向海外延伸以 12 海浬為限。各國對其領海享有無害通行權（Rights of Innocent Passage）（根據「領海公約草案」的規定，當船隻在沿岸國領海內從事任何可能危害到沿海國的「安全、公共政策或財政利益」的行為時，即非

「無害」），沿海國則享有領海上空、海床與底土的主權。

❸鄰接區（Contiguous Zone）

指連接領海外緣一帶且距離領海基線不得超過 24 海浬的海域。沿海國在鄰接區享有防止及懲罰任何侵犯其海關、財政、移民或衛生法權利的管轄權。

❹ 專 屬 經 濟 海 域（Exclusive Economic Zone）

從領海向外延伸到距離領海基線不超過 200 海浬的海域。沿海國在專屬經濟區享有「探勘、開發、養護和管理海床、底土和海水內的生物和礦物資源，以及從事像海水、海流與風力等經濟性開發和探勘活動」，最後沿海國對於此一海域內的人工島嶼、設施和結構之建造以及海洋科學研究與海洋環境保護等享有管轄權。但由於專屬經濟海域仍屬於公海的一部分，因此其他國家享有在專屬經濟海域內航行、飛越以及鋪設海底電纜與管線的自由。

❺大陸礁層（Continental Shelf）

亦稱「大陸架」，為鄰接大陸的海床和底土，大約為棚架十分之一的傾斜度向下自然延伸所構成的部分，深度可達兩百公尺。根據海洋法公約規定，如果沿海國的「大陸邊外緣」距離領海基線不足 200 海浬，則大陸礁層可擴張到 200 海浬（即專屬經濟海域的界限），但若「大陸邊外緣」與領海基線之間距離超過 200 海浬，則大陸礁層可延伸至①大陸坡腳 60 海浬處、或②距離領海基線 350 海浬處，又或者③距離海水 2500 公尺等深線 100 海浬處。而沿海國對大陸礁層擁有探勘及開發其天然資源的權利。

海洋法公約中的基本規定

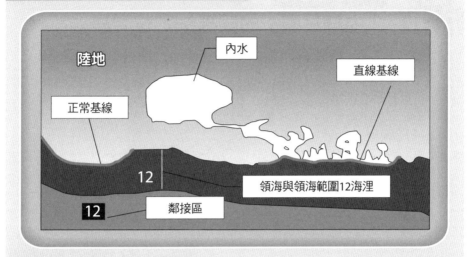

水域劃分基本概念

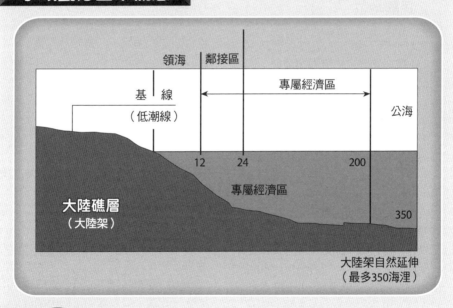

知識補充站 ★公海自由

海洋約占地球總面積的七成，其蘊涵的豐富資源經常成為國家爭奪的目標，因此規範國家在海洋上的活動是當代國際法的重要內容。早在17世紀格勞秀士出版的《海洋自由論》中即出現「公海自由」的概念，公海自由航行的原則率先得到國際的承認，並且承認各國在公海上享有航行、捕魚、海底纜線與油管和公海上空飛越的權利。

UNIT 13-6
「中華民國」的國際法定位問題

圖解國際關係

中華民國今日的國際地位是當前國際政治上極為特殊的現象。一方面我國擁有人民、土地、政府與主權，完全符合做為主權國家的條件；但另一方面，由於兩岸之間的政治糾葛，北京堅持臺灣為中國不可分割之一部分，堅決反對臺北以主權國家的身分參與國際事務，使臺灣在發展對外關係上受到極大的限制。以下將以國際法角度來討論臺灣的主權地位。

（一）從歷史與法理角度看中華民國地位

從歷史角度來看，臺灣的國際地位問題源於 1949 年。第二次世界大戰結束之後，中華民國政府以戰勝國姿態，派員至臺北接受日軍投降，宣布臺灣成為中華民國的領土，正式恢復對臺行使管轄權。中華民國政府宣稱對臺灣擁有主權的依據是二次世界大戰期間，與美、英等同盟國政府共同發表的兩項關於處理戰後日本領土的原則性聲明，即 1943 年的「開羅宣言」與 1945 年的波茨坦宣言。後來國民黨政府與中國共產黨爆發內戰，並於 1949 年底完全撤退至臺灣。此後中華民國的主權僅及臺灣、澎湖、金門、馬祖等地區，因此從法理角度來看，有學者認為 1949 年成立的中華人民共和國只繼承中華民國在中國大陸的統治權，並未推翻中華民國，只是迫使後者將主權行使的範圍限縮在臺灣。也有學者主張中華民國對臺灣的主權源於 1945 年第二次世界大戰結束後國民黨政府對臺灣的實質控制。此種作為在國際法上屬於交戰國在戰爭結束之際征服之領土，符合國際法中所謂「保持占有原則」（the principle of Uti Possidetis），因此雖然中華民國失去在中國大陸的領土，卻因為對臺灣的實質控制而繼續以主權國家的形式存在。

（二）國際社會如何看待中華民國

從歷史與法理角度來看，中華民國當然是一個主權獨立的國家，不過目前最大的問題不在於國際社會是否接受，而是北京的中華人民共和國並不承認這個狀況，並且有能力否決其他國家承認中華民國的獨立地位。依照 1933 年《蒙特維多國家權利義務公約》的規定，國家作為國際法人應同時具備以下四種資格：固定的居民、一定界限的領土、政府以及與其他國家交往的能力。其中第四項資格就是臺灣是否具有主權國家身分的關鍵；因為如果一個自稱獨立的國家卻欠缺與他國交往的能力，便不能成為國際法所承認的主權國家。這可以說明我國為何必須維持一定數量的邦交國，因為邦交關係是一個主權國家具有對外交往能力的象徵。

目前國際社會對於臺灣地位的認知是「未被國際社會普遍承認的國家」（state with limited recognition），與臺灣類似的例子還有巴勒斯坦、科索沃等數個國家。因此臺灣問題不能算是國際政治上的唯一特例，只是國際法與國際政治學者對臺灣法理地位的論述和其他案例比起來相對更多。而臺灣與這些國家相比，人口數量、領土面積、經濟實力都高出許多，顯然更具有參與國際事務的條件。

中華民國的國際法定位

中華民國的國際法定位		
	歷史	法理
WWII	1943年的「開羅宣言」、1945年的「波茨坦宣言」宣告將臺灣歸還中華民國。	❶中華人民共和國基本上是繼承中華民國在中國大陸的統治權，並未推翻中華民國。 ❷1945年二戰結束後，中華民國對臺灣進行實質控制，概念符合「保持占有原則」（Uni Possidetis）。
1949	國民黨政府與共產黨爆發內戰，中華民國正式撤退到臺灣（主權及臺灣、澎湖、金門、馬祖），此後中華民國僅存在於臺澎金馬。	

中華民國以一個國家作為國際法人所必須具備的資格

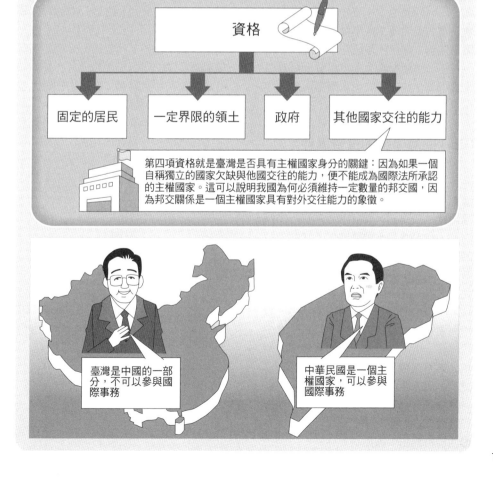

資格

固定的居民　　一定界限的領土　　政府　　其他國家交往的能力

第四項資格就是臺灣是否具有主權國家身分的關鍵：因為如果一個自稱獨立的國家欠缺與他國交往的能力，便不能成為國際法所承認的主權國家。這可以說明我國為何必須維持一定數量的邦交國，因為邦交關係是一個主權國家具有對外交往能力的象徵。

臺灣是中國的一部分，不可以參與國際事務

中華民國是一個主權國家，可以參與國際事務

189

UNIT **13-7**
南海主權爭議

（一）南海的重要性

　　從地圖上來看，目前分布於南海上的島礁幾乎都是珊瑚礁，面積極小，如果僅就這些島礁上的資源是不足以吸引周遭國家如此積極爭取，甚至不惜大動干戈。南海之所以成為兵家必爭之地，起因於蘊藏在海底的豐富石油及其航運利益。根據《聯合國國際海洋法公約》（UNCLOS）中的「陸地支配海洋原則」，任何國家必須先擁有陸地才能主張其周遭的經濟海域所有權（請參考單元 13-5），《公約》第 121 條規定，島的要件必須是「自然形成，於高潮時仍高於水面的陸地」，若各國想要擁有島嶼周遭的天然資源採集權，這塊陸地就需要能夠「維持人類居住」或能夠「維持其經濟生活所必需」，但截至目前為止國際海洋法仲裁庭尚未對這兩個要件作出解釋，也無判決前例。

（二）南海爭議的重要事件

　　2002 年東協 10 國與中國簽署了《南海各方行為宣言》，各方重申以《聯合國憲章》宗旨和原則、1982 年《聯合國海洋法公約》、《東南亞友好合作條約》、和平共處五項原則以及其他公認的國際法原則作為處理國家關係的基本準則，並在平等和互相尊重的情況下以和平的方式解決彼此間的爭議。

　　近年來中國海軍實力的快速擴張，讓南海周邊國家感到威脅。中國以「歷史性權利」與「九段線」主張對整個南海地區擁有主權，臺灣、菲律賓、越南、汶萊、馬來西亞等南海周邊國家，都各自宣稱擁有部分南海主權，目前南海群島實際的占領情況如下：

❶西沙群島由中國控制。

❷中沙群島之黃岩島（Scarborough Shoal）由中國實際控制。

❸南沙群島各島礁分別由我國、中國、越南、菲律賓、馬來西亞等國實際控制中。

❹我國除控制東沙島外，在南沙群島中目前保有太平島與中洲礁。

　　近年來中國不斷在實際控制的八個島礁上積極填海造陸並予以軍事化，引發國際社會關切。

（三）2016 年南海仲裁案

　　由於中非爭議不斷，菲律賓於 2013 年 1 月依據《公約》附件七向海洋法國際仲裁庭提案，認為中國長期主張之「九段線」超越了《公約》允許的海洋權利，因此不具法律效力。2016 年 7 月法庭公布仲裁結果，認定中國對九段線範圍內的資源擁有「歷史性權利」的主張，並無法律基礎，也判決南沙群島之各島礁最多只是礁而非島，亦即不能產生專屬經濟區。中國官方至今對於裁決結果仍是抱持的「不參與、不承認、不接受」的態度。

南海仲裁案

圖例：
- ── 中國南海「九段線」
- ---- 聯合國海洋法公約 200海里專屬經濟區
- ● 有主權爭議島嶼

來源：聯合國海洋法公約，美國中央情報局

知識補充站 ★中國南海「十一段線」與「九段線」的由來

二次世界大戰結束後，中華民國政府接受日本投降，從日本手中收回西沙與南沙群島，國民政府重新審定南海諸島島名，並出版「南海諸島位置圖」及「南海諸島新舊名稱對照表」，標出東沙、西沙、中沙和南沙四群島，並採用四群島的最外緣島礁與鄰國海岸線之間的中線，在其周邊以未定國界線標繪一條由十一段斷續線組成的「傳統疆域線」，此即為「十一段線」（或稱U型線）。（註：十一段線順時針位置為巴士海峽─北呂宋海槽─馬尼拉海溝─南沙與菲律賓之間─南沙海槽（原名巴拉望海槽）─南沙與馬來西亞之間（曾母暗沙南面，是最南的一段）─南沙與印尼納土納群島之間（最西的一段）─南沙與越南之間─西沙與越南之間─北部灣中部─北部灣北部）。

後來中華人民共和國總理周恩來於1953年建政後為修好與越南的邦交，在中華民國主張的十一段線基礎上移除與越南相鄰的北部灣、東京灣兩線，即成為現在的「九段線」，中國據此聲稱九段線內的東沙、西沙、中沙、南沙等群島都是其固有領土。

第 14 章

國際組織

UNIT 14-1
國際組織的歷史、定義與分類

（一）國際組織的發展過程

國際組織是國家或非國家行為者透過合作的方式，來實現共同目標的平台或機構。今日國際組織的雛形可以追溯到1815-1822年的維也納會議，當時召開會議的目的是規劃拿破崙下台之後的歐洲政治版圖；1837年成立的日耳曼關稅同盟（Zollverein）則是區域經濟整合的開端；19世紀後期的萬國郵政聯盟（Universal Postal Union）與國際電報聯盟（International Telegraphic Union）則是在特定議題領域合作的國際組織。進入20世紀後，國際組織在數量與功能上都大幅增長：一次世界大戰後建立的國際聯盟與二戰之後的聯合國都是以主權國家為基礎的全球性國際組織，而其他區域性、功能性，以及非官方的國際組織也大量出現，說20世紀是國際組織蓬勃發展的時代並不為過。

（二）國際組織的定義

關於國際組織的定義，依據國際法學者謝爾默斯（H. G. Schermers）在《國際制度法》（International Institution Law）一書中指出：「國際組織是一種跨越國界，且以促進國際合作與理解為目標的多國機構；一般說來，凡是兩個以上的國家，其政府或民間團體、個人，基於某種目的，以特定協商形式而創設的各種機構，均可稱為國際組織。」

（三）國際組織的分類

由於國際組織的宗旨、成員與運作方式的多元化與相互重疊，使其難以被嚴格地劃分為特定類型，但若依據不同的標準大致可區分為三種類型：

❶若依組織成員的分布範圍可區分為「全球性」與「區域性」組織

前者組織的成員遍及全世界，無地緣範圍之劃分，例如聯合國；後者的組織成員則侷限於特定區域，例如由東南亞十國組成的東南亞國協。但有時區域性的國際組織仍然可能接受區域外的成員加入，例如我國就是中美洲銀行的域外會員。

❷若依組織成立的宗旨與性質可區分為「一般性」與「專門性」國際組織

前者以維護成員的普遍利益為目標，涵蓋的範圍相當廣泛，包括政治、軍事、經濟、社會等方面，例如聯合國；後者則在組織成立之初，即明確地定義出組織的目標與職能，以維護成員特定領域的利益為己任，例如世界衛生組織、世界貿易組織等等。

❸若依組織成員的資格可區分為「政府間」與「非政府」組織

前者係以主權國家為主要成員，經由國家締結國際協議後的產物，例如國際民航組織（ICAO）的會員國是在「芝加哥國際民航公約」的基礎上建立的；後者則以非國家行為者為主體，經常為了追求特定的共同目標而產生，如國際紅十字會。

冷戰結束後，當全球化進程的不斷加快，人與人之間、國家與國家之間互動的模式已呈現出與過去截然不同的面貌，使得過去建立在國家主權之下的規範與習慣已經不足以解決跨國性的公共議題，如今不同類型與規模的國際組織已經構成非常錯綜複雜的網絡，成為國際社會互賴程度的指標。

組織分類	組織特色	組織標誌
「全球性」國際組織	**世界衛生組織** 會員（194個主權國家）、副會員（波多黎各與托克勞）、世界衛生大會觀察員（包括台灣在內有七個）。	
「區域性」國際組織	**東協** 成員國有印尼、馬來西亞、新加坡、菲律賓、泰國、寮國、緬甸、柬埔寨、汶萊、越南等十國，皆位於東南亞。目標為促進區域內各國在經濟等方面的合作，並拓展與域外國家或組織的對話。	
「一般性」國際組織	**聯合國** 大會討論《聯合國憲章》涵蓋範圍下的各種問題；安理會負責世界和平與安全；經社理事會的任務是協助聯合國大會促進國際經濟和社會合作和發展，轄下並有許多專門性國際組織。	
「專門性」國際組織	**世界氣象組織** 聯合國專門機構之一，總部設於瑞士日內瓦。宗旨為促進國際間合作、推廣服務、推廣氣象學的應用，以及鼓勵相關領域的研究與培訓。	
「政府間」國際組織	**國際民航組織** 聯合國專門機構之一，以1944年52國在芝加哥簽署的《國際民用航空公約》為基礎成立，負責協調航空業所面對的一系列政治與技術上的問題。	
「非政府」國際組織	**國際紅十字會** 總部設於瑞士日內瓦，為一人道主義機構。根據《日內瓦公約》以及習慣國際法的規定，紅十字會被國際社會賦予獨特的地位，保護國內和國際性武裝衝突的受難者。	

UNIT *14-2*
聯合國簡介

「聯合國」（United Nations）是一個由主權國家所組成的國際組織。這個組織是第二次世界大戰期間由美國總統羅斯福所倡議，目的是在戰後建立一個保障世界和平、促進國際合作的組織，以取代失去功能的國際聯盟（League of Nations）。聯合國在 1945 年 6 月於美國舊金山正式成立，後來在美國紐約設立總部。目前聯合國共有 193 個會員國，是國際上調解爭端、保障人類福祉與發展、協調各國行動的重要平台。以下就聯合國的宗旨與原則和組織架構進行概述。

（一）聯合國成立的宗旨
❶維持國際和平及安全，並為此目的，採取有效集體辦法，以防止且消除對於和平之威脅，制止侵略行為或其他和平之破壞；並以和平方法且依正義及國際法之原則，調整或解決足以破壞和平之國際爭端或情勢。

❷發展國際間友好關係，並採取其他適當辦法，以增強普遍和平。

❸促進國際合作，以解決國際間屬於經濟、社會、文化及人類福利性質之國際問題，且不分種族、性別、語言、或宗教，增進並激勵對於全體人類之權利及基本自由之尊重。

（二）聯合國的六個核心機構
❶大會（General Assembly）

由 193 個會員國組成，可以說是聯合國的權力核心。每年 9 月舉行的聯合國大會，就如同世界論壇，不僅聯合國未來發展的主要議題在此被討論決定，大會的決議更可在全世界形成輿論力量。

❷安全理事會（Security Council）

由包括美、中、英、法、俄等 5 個常任理事國和 10 個非常任理事國組成，負責處理與國際和平與安全相關的議題。安理會表決時必須得到 5 個常任理事國在內的 9 個理事國（三分之二）才能通過決議，常任理事國擁有否決權。

❸經濟暨社會理事會（Economic and Social Council）

簡稱經社理事會，負責協調和促進國際經濟、社會、文化、教育和衛生等各方面的合作和發展。聯合國預算中有三分之二用於經社理事會的活動，可見其重要性。

❹國際法院（International Court of Justice）

為聯合國的司法機關。其主要功能是對國家間爭端進行裁決，或是對國際法發展提供諮詢意見。

❺秘書處（Secretariat）

秘書處負責處理聯合國所有的日常事務，目前約有 7500 位工作人員。秘書長是聯合國的靈魂人物，不僅必須統籌聯合國各機關的一切活動，有時必須直接介入國際間爭端擔任調停人，或是將可能威脅國際和平及安全的事件移交安理會處理。目前秘書長是南韓籍的潘基文（Ban Ki-moon）。

❻託管理事會（Trusteeship Council）

任務是管理及監督託管領土的發展並輔導其自治或獨立。在最後一塊託管領土帛琉於 1994 年獨立後，託管理事會目前暫停運作。

聯合國的功能性組織

這些組織也被視為聯合國系統的一部分，但並非所有聯合國會員國都是這些組織的成員。

名稱	成立時間	總部所在地	會員狀況
世界衛生組織 WHO	1948年 4月7日	瑞士 日內瓦	會員（194個主權國家）、準會員（波多黎各與Tokelau）、世界衛生大會觀察員（包括臺灣在內有七個）。
國際電信聯盟 ITU	1965年	瑞士 日內瓦	ITU的工作由它的「成員」管理。作為聯合國的機構，所有聯合的成員國都可以是ITU成員，他們也被叫做「成員國」。公司和其他組織可以按照「部門成員」或者「聯盟者」身分加入，這兩種成員資格都可以直接參與標準的制定。目前ITU包含193個成員國，900個部門成員。
世界氣象組織 WMO	1950年 3月23日	瑞士 日內瓦	截至2022年為止，共有193個會員與6個區域會員，包括英屬加勒比地區、法屬波利尼西亞、香港、澳門、荷屬安地列斯群島和阿魯巴、新赫里多尼亞。
國際民航組織 ICAO	1947年 4月4日	加拿大 蒙特婁	成員（締約國）均為聯合國會員國，目前有193個成員國。
世界知識 產權組織 WIPO	1967年	瑞士 日內瓦	截至2022年為止，共有193個會員國，亦可以觀察員身分加入；目前有250餘個觀察員，其中僅巴勒斯坦為政治實體。
國際海事組織 IMO	前身為「政府間海事諮詢組織」，爾後於1982年更名為「國際海事組織」	英國 倫敦	目前有175個成員國，3個準會員。
聯合國糧農組織 FAO	1945年 10月16日	義大利 羅馬	截至2020年5月，共有195個成員。
萬國郵政聯盟 UPU	1874年	瑞士 伯恩	目前有192個成員國，非聯合國成員得經UPU內三分之二的成員同意後加入。
國際農業發展基金 IFAD	1977年 11月30日	義大利 羅馬	成員限定為聯合國或其專門機構之會員，目前有177國加入。
世界旅遊組織 UNWTO	1934年	西班牙 馬德里	目前有159個正式會員，7個準會員，包括包括香港、澳門、荷屬Antilles及Aruba、波多黎各等。
國際勞工組織 ILO	1919年建立，並於1946年成為聯合國專門機構	瑞士 日內瓦	該組織成立於1919年，通過凡爾賽條約的談判形成，最初是國際聯盟的一個部門。國際聯盟解散後，聯合國成立，它成為一個聯合國的團體。它現在的憲章《費城宣言》從1944年開始採用。
聯合國教科文 組織 UNESCO	1945年 11月16日	法國 巴黎	成員限定為聯合國會員國，共有193個會員國，以及12個准會員國。
聯合國工業 發展組織 UNIDO	1966年 11月17日	奧地利 維也納	成員限定為聯合國會員國，截至2023年1月，共有171個會員國。
國際貨幣基金組織 IMF	1945年 12月27日	美國 華盛頓	成員必須為聯合國會員國，目前有190個會員國。
世界銀行集團 WBG	國際復興開發銀行（IBRD），1945年成立／國際金融公司（IFC），1956年成立／國際開發協會（IDA），1960年成立／多邊投資擔保機構（MIGA），1988年成立／國際投資爭端解決中心（ICSID），1966年成立	美國 華盛頓	目前各機構擁有的成員國總數：國際復興開發銀行（IBRD）有189個會員國、國際開發協會（IDA）有172個會員國、國際金融公司（IFC）有186個會員國、多邊投資擔保機構（MIGA）有182個會員國、國際投資爭端處理中心（ICSID）有163個會員國。
國際原子能總署 IAEA	1957年 7月29日	奧地利 維也納	截至2023年3月，目前有176個成員國。

UNIT **14-3**
聯合國改革問題

聯合國創立的初衷是在全世界的範圍內建立一套促進所有國家共同合作發展的體系，保障世界和平。不過由於冷戰的爆發，聯合國一開始在國際安全事務上的成就極為有限；且由於為數眾多的第三世界會員國往往將聯合國機構當成批評富裕國家的論壇，使聯合國最後往往淪為國家間意識形態衝突的場域。冷戰結束之後，聯合國在全球事務所扮演的角色日益重要，但是其原本的組織架構已經不足以應付新時代的國際情勢，許多要求聯合國改革的聲音也隨之而起。

（一）財政狀況

聯合國一年總預算不到20億美元（不包括維和行動費用），其主要來源是各會員國繳交的會費。這樣的數字並不算多，因為全球每年花在軍事上的支出就高達9,000億美元，由各國繳交的會費支應就綽綽有餘。但聯合國在過去二十年來一直是處於透支狀態，原因是各國拖欠聯合國會費。近年拖欠的金額竟然高達13億美元。延遲繳交會費的國家中，有些是窮得根本繳不出來，有些則是以延遲作為手段抗議聯合國對某些問題的立場（例如美國），或是藉此要求聯合國在某些政策上加以配合。美國歷年來積欠聯合國的會費已經達到10億美元以上。

（二）安理會改革

安理會的設計是由強權來主導並維持國際社會的安全秩序，不過其組織結構（中、美、英、法、俄五個常任理事國）明顯已經不符合今日的全球權力分配狀況，日本、德國已經成為世界級強國，常任理事國中也沒有非洲及南美洲的代表。此外，安理會國家的數量（15個）也是根據幾十年前當時會員國的數量來設計。因此近年來各界都認為安理會的數量必須增加，而日本、德國、印度、巴西等四國更組成 G4 集團，聯手爭取成為安理會新的常任理事國。聯合國前任秘書長安南（Kofi Annan）曾經在 2005 年提出兩個版本的安理會改革方案，將安理會成員數量增加至 24 個，並依區域來分配各洲增加的席次數量，不過沒有獲得多數國家響應。近來美國陸續表態支持日本、印度成為常任理事國，而德國也已經實際上與其他常任理事國一起參與協調國際爭端（例如伊朗核危機）。雖然各國對於安理會改革尚未形成共識，但是外界預測最後可能將日本、德國、印度等國納入安理會，使其成為不具否決權的常任理事國。

（三）人權委員會改革

附屬在經社理事會下的人權委員會是聯合國最早成立的機構之一，但是因為其會員是由會員國互選產生，過去曾經多次出現由人權紀錄惡劣的國家獲選進入人權委員會的狀況，因此聯合國大會在 2006 年表決通過建立一個新的人權理事會（Human Rights Council），並規定在選舉理事會成員時，必須考慮候選國在促進和保護人權方面所作的貢獻。此外如經三分之二成員國同意，聯合國大會可中止嚴重違反人權的國家的人權理事會成員資格。目前人權理事會隸屬於大會，並完全取代過去人權委員會的功能，可說是聯合國改革中比較成功的案例。

聯合國財政改革

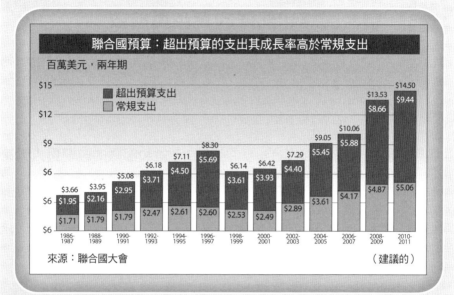

聯合國預算：超出預算的支出其成長率高於常規支出

百萬美元，兩年期

■ 超出預算支出
□ 常規支出

年期	超出預算支出	常規支出
1986-1987	$1.95	$1.71
1988-1989	$2.16	$1.79
1990-1991	$2.95	$1.79
1992-1993	$3.71	$2.47
1994-1995	$4.50	$2.61
1996-1997	$5.69	$2.60
1998-1999	$3.61	$2.53
2000-2001	$3.93	$2.49
2002-2003	$4.40	$2.89
2004-2005	$5.45	$3.61
2006-2007	$5.88	$4.17
2008-2009	$8.66	$4.87
2010-2011	$9.44	$5.06

$3.66 $3.95 $5.08 $6.18 $7.11 $8.30 $6.14 $6.42 $7.29 $9.05 $10.06 $13.53 $14.50

來源：聯合國大會 （建議的）

安理會改革

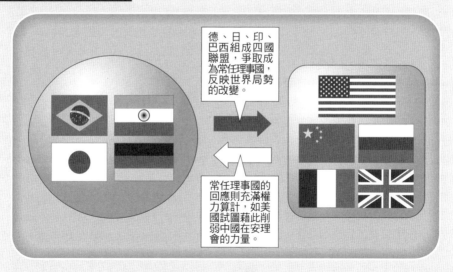

德、日、印、巴西組成四國聯盟，爭取成為常任理事國，反映世界局勢的改變。

常任理事國的回應則充滿權力算計，如美國試圖藉此削弱中國在安理會的力量。

知識補充站 ★聯合國財政改革建議

為了解決財務不足問題，近年來聯合國內外有許多改革的建議，例如對國際上的軍火交易增加特別稅捐（因為會增加戰爭風險，增加聯合國負擔），不過到目前為止仍然沒有實現的可能。

UNIT 14-4
聯合國維和部隊的角色與成效

聯合國憲章裡並沒有關於「維持和平行動」（Peace Keeping Operations）的規定，對維持國際秩序與和平的規定分別放在憲章第六章「爭端之和平解決」與第七章「對於和平之威脅、和平之破壞及侵略行為之應付方法」之中。一旦有國家對他國發動侵略，聯合國可依照集體安全的原則授權由會員國組成的聯合國部隊進行反擊。然而除了 1956年對蘇伊士運河危機授權成立第一次的「聯合國緊急部隊」（First United Nation Emergency Force），以及 1962年針對荷屬新幾內亞的「聯合國安全部隊」（United Nations Security Force）背書，大會之後就未再授權使用武力。基本上聯合國部隊必須接受聯合國指揮，但仍歸屬於各會員國。

（一）維和部隊的任務與原則

但由於美蘇冷戰對立的關係，以聯合國部隊來維持世界和平的計畫根本無法實現，因此聯合國發展出維持和平行動的概念，必須在爭端當事國雙方都同意的情況下，由聯合國派遣一支中立的部隊部署於交戰團體之間，將雙方隔開，以確保短時間內情勢的穩定。維和部隊的軍事配備一般以輕兵器為主，對使用武力的狀況有嚴格的規定。因此維和部隊的行動基本上必須遵守三個原則：❶所有當事國同意；❷保持中立的態度；❸以及僅限在自衛的情況下使用武力。

隨著國際情勢與衝突類型的改變，聯合國維和部隊的任務已經從單一的監督停火與隔離衝突，進一步延伸到維持和平、締造和平與建立和平等綜合性活動，甚至擔負起監督臨時政府選舉與協助經濟重建的使命。但最重要的是，維和部隊必須持續保持中立的態度，否則會失去其調停者的可信度，更可能讓原本已經趨緩的衝突情勢再度升溫。

（二）維和部隊的經費與人力來源

維和部隊的運作仍須仰賴各會員國提供的經費與人員來維持。目前大部分的經費是由已發展國家來承擔，截至 2008年為止美國與日本是最主要的經費負擔者，約占總體的 43 %。但相對地，若這些國家積欠聯合國的維和攤款，便可能使維和行動陷入財政危機，例如美國便同時是維和部隊經費的最大貢獻國與欠費國。

根據聯合國統計，截至 2014 年 4 月，全世界總共執行了 71 項維和行動，目前正在進行的行動有 12 項，約有 7.6萬人（包含警察、觀察員與軍隊）正在聯合國的指揮下從事維持和平的行動。而這 12 項中行動中就有 6 項發生在非洲，可見非洲是目前聯合國執行維和行動次數和預算最高的地區，而中東則可能是效果最差的地區，例如「中東停戰監督組織」執行至今已持續超過 60 年。雖然維和行動執行至今有成功、也有失敗的案例，但自 1990 年起，維和行動不論是在規模、次數和費用都有逐漸增長的趨勢，光是在 90 年代成立的維和行動就高達 35 次，且在 2014 年公布的維和部隊預算已高達 78.3 億美元，這都象徵著未來維和部隊必須因應時勢的改變與衝突規模的擴大而有所轉型，並在維持和平任務中扮演更重要的角色。

聯合國維和部隊的維和行動

世界維和現狀

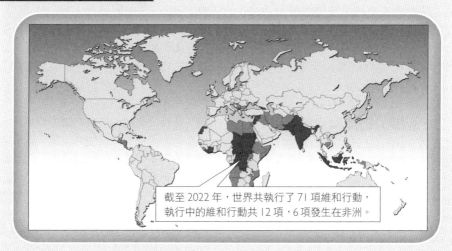

截至 2022 年，世界共執行了 71 項維和行動，執行中的維和行動共 12 項，6 項發生在非洲。

知識補充站 ★維和行動的目的

維和行動的目的並非懲罰侵略者，也不是迫使當事國接受聯合國的方案，而是執行觀察與維持和平的任務：一方面聯合國會派出觀察員監督雙方執行停戰協議的狀況，另一方面針對國家情勢進行衡量，並監督是否有違反人道的情況出現。

UNIT **14-5** 功能性國際組織實例：
世界衛生組織（WHO）

世界衛生組織（World Health organization，以下簡稱 WHO）是一個以促進全球公共衛生與人類健康的國際組織，也是聯合國裡專門負責國際衛生工作的國際機構。WHO 於 1948 年成立，總部設於瑞士日內瓦，目前共有 194 個會員國。

（一）組織的結構

從組織結構來看，世界衛生大會是 WHO 的最高權力機構，每年 5 月在日內瓦召開，會議的主要目的是確定工作方向與通過預算。執委會是世界衛生大會的執行機構，負責執行大會的決議、政策和委託的任務，它由 32 位衛生領域的技術專家組成，執委會成員由成員國選派，再由世界衛生大會批准後任命。此外 WHO 在美洲、非洲、歐洲、東地中海、東南亞與西太平洋等六個區域設有區域辦事處。

（二）組織的職能與目標

根據 WHO《組織法》的規定，「享有最高而能得到的健康標準，為人類普遍的基本權力之一」，因此 WHO 的主要職能包括：促進流行病和地方病的防治；提供和改進公共衛生、疾病醫療和相關事項的教學與訓練；推動確定生物製品的國際標準。而 WHO 認為目前全球急需解決的四個重點目標如下：
❶建立全球性網絡，以協助和抑止地方突然爆發的傳染性疾病。
❷減少煙草的使用，並鼓勵健康的飲食與活動，以防治癌症、中風、心臟病、糖尿病等慢性病的步伐。
❸加強實現 2000 年聯合國舉辦的千年峰會上所提出的千年發展目標，其中與公共衛生有關的包括支持國家防治愛滋病、肺結核與瘧疾以及增進兒童和婦女的健康與營養。
❹改善衛生保健，使世界上的人民都能公平地享有完善的衛生服務。

（三）組織的貢獻

自 WHO 成立以來，確實為全球人類健康做出不少貢獻，例如 1979 年宣布消滅天花；以及 2003 年由世界衛生大會通過的「全球煙草控制框架條約」，這是史上第一份在 WHO 協商下誕生的全球公共衛生條約；2003 年嚴重急性呼吸道症候群（SARS、非典型肺炎）疫情爆發期間，WHO 也在防止疫情擴散上發揮一定的影響力。

雖然人類科技與文明不斷地向前躍進，但與此同時也伴隨著氣候變異可能帶來的變種病毒與抗藥性，以及貧富差距加大帶來的醫療資源分布不均，這些都是與人類生存相關的全球公共衛生問題。此外，全球化帶來的疆界模糊化與科技進步帶來的人口快速流動，都間接增加了傳染性疾病的散播速度，從早期的天花與霍亂到現在的愛滋病，都因為難以被控制在特定區域，成為單一國家無法自行解決的全球公共衛生問題，因此像 WHO 這樣的全球性衛生組織便應運而生。在可預見的未來，WHO 仍然會在促進全球公共衛生與防疫工作上繼續扮演關鍵的角色。

世界衛生組織的工作

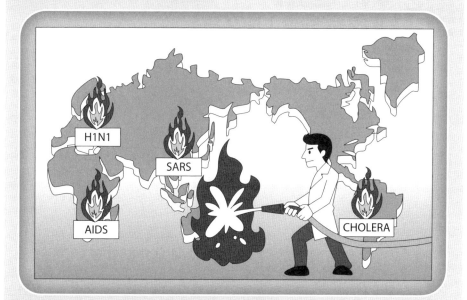

世界衛生組織的職能與目標

職能	WHO《組織法》的規定，「享有最高而能得到的健康標準，為人類普遍的基本權力之一」，因此WHO的主要職能包括：促進流行病和地方病的防治；提供和改進公共衛生、疾病醫療和相關事項的教學與訓練；推動確定生物製品的國際標準。
目標	建立全球性網絡，以協助和抑止地方突然爆發的傳染性疾病。
	減少煙草的使用，並鼓勵健康的飲食與活動，以防治癌症、中風、心臟病、糖尿病等慢性病的步伐。
	加強實現2000年聯合國舉辦的千年峰會上所提出的千年發展目標，其中與公共衛生有關的包括支持國家防治愛滋病、肺結核與瘧疾以及增進兒童和婦女的健康與營養。
	改善衛生保健，使世界上的人民都能公平地享有完善的衛生服務。

 ★臺灣與WHO

臺灣在2006年宣布自願與國際社會同步實施由WHO管理的國際衛生條例（International Health Regulations），並自2009年開始以觀察員的身分參與世界衛生大會，在參與全球公共衛生體系上可說已有初步成效。

UNIT 14-6
非政府組織（NGOs）

在現代國際社會的所有成員中，非政府組織可能是最複雜、但也最活躍的一個群體。非政府組織並不是以主權國家為成員，而是為實現共同目標所組成的群體。聯合國經濟暨社會理事會（ECOSOC）在 1950 年的一份決議就將非政府組織定義為：所有不是經由國際條約所建立的國際性組織團體。同時非政府組織也不是企業：跨國企業均以獲利為目的，但非政府組織的目的往往是宣揚並實踐人類社會的某些價值，如環境保護、消弭貧窮等等，因此有的時候會使用非營利組織（non-profit organizations, NPOs）這個稱呼。據估計目前國際性的非政府組織數量大概在 40000 個左右，在聯合國註冊並擁有觀察員地位的非政府組織大概有 1500 個。

這些國際性的非政府組織因為活動多半跨越國家界限之外，再加上其非官方、靈活的特質，有時能對國際政治發揮很大的作用。不過也不是所有非政府組織都嚴守不干涉其他國家內政的原則：例如有些宣揚人權或環保理念的非政府組織的行事風格經常會觸怒部分國家的政府。以下僅介紹幾個比較著名的國際性非政府組織。

（一）國際紅十字會（Red Cross）與紅新月會

這是一個致力於全球人道救援的國際性組織，由紅十字國際委員會、紅十字會與紅新月會國際聯合會，以及各國紅十字或紅新月分會三個部分組成，迄今在全球有 9700 萬名工作人員。其中紅十字國際委員會是由瑞士籍商人杜南（Henry Dunan）於 1863 年在日內瓦成立，原始目的是為了救援在國內及國際衝突中的受難者。國際聯合會則創立於第一次世界大戰後，主要目的是協調各國內部紅十字會或紅新月會之間活動。目前全球共有 189 個國家內有紅十字會或紅新月會的分會，它們依據國際人道法原則與紅十字會章程獨立運作，並以每四年召開一次的國際大會作為這個組織的最高權力機構。

（二）國際特赦組織（Amnesty International）

這是一個致力於監督各國人權狀況的非政府組織，於 1961 年創立，目前在全世界有超過 700 萬名會員，並在 150 個以上的國家活動。國際特赦組織是全世界最大的人權組織，目前主要的任務是呼籲各國廢除死刑、釋放政治犯、禁止刑求，以及保障個人在審判過程的合法權利等等。國際特赦組織目前在 80 餘個國家設有分會，彼此間透過國際執委會協調活動與策略。

（三）綠色和平組織（Greenpeace）

這是一個以保護環境為目的的國際性組織。這個組織於 1971 年成立，總部位於荷蘭阿姆斯特丹，並在全球 41 個國家設有辦事處。其早年主要的訴求是反對大氣層內的核試驗及反對公海捕鯨，後來逐漸擴大為關注拖網捕魚、全球暖化和基因工程等議題。由於其採取的抗議策略有時會直接挑戰國家的公權力並引起媒體關注，因此在全球環保運動中一直享有很高的知名度。1985 年間，法國政府甚至派遣特工炸毀綠色和平組織的反核抗議船，是為著名的彩虹戰士號事件。

組織標誌	組織名稱	特色
	國際紅十字會與紅新月會	紅十字國際委員會是由瑞士籍商人杜南（Henry Dunan）於1863年在日內瓦成立，原始目的是為了救援在國內及國際衝突中的受難者。國際聯合會則創立於第一次世界大戰後，主要目的是協調各國內部紅十字會或紅新月會之間活動。目前全球共有186個國家內有紅十字會或紅新月會的分會，它們依據國際人道法原則與紅十字會章程獨立運作，並以每四年召開一次的國際大會作為這個組織的最高權力機構。
	國際特赦組織	1961年創立，目前在全世界有超過200萬名會員，並在150個以上的國家活動。國際特赦組織是全世界最大的人權組織，目前主要的任務是呼籲各國廢除死刑、釋放政治犯、禁止刑求，以及保障個人在審判過程的合法權利等等。國際特赦組織目前在80餘個國家設有分會，彼此間透過國際執委會協調活動與策略。
	綠色和平組織	1971年成立，總部位於荷蘭阿姆斯特丹，並在全球41個國家設有辦事處。其早年主要的訴求是反對大氣層內的核試驗及反對公海捕鯨，後來逐漸擴大為關注拖網捕魚、全球暖化和基因工程等議題。1985年間，法國政府甚至派遣特工炸毀綠色和平組織的反核抗議船，是為著名的彩虹戰士號事件。

第14章 國際組織

 知識補充站　★臺灣的非政府組織

臺灣囿於國際地位特殊的現實，因此非政府組織對於國際行動的參與仍以經濟援助或人道救援為主。目前國內積極從事對外救援行動的民間組織與慈善團體主要有臺灣世界展望會、中華民國紅十字會、羅惠夫基金會、慈濟、路竹會及臺灣國際醫療行動協會等，這些非政府組織除了可以展現我國對國際社會的關懷之外，還能藉此增加我國國際能見度。

UNIT 14-7
臺灣參與國際組織的問題

圖解國際關係

（一）從「漢賊不兩立」到務實外交

臺灣的國際地位與對外關係是當前國際政治上極為特殊的現象。一方面臺灣擁有領土、人民、政府，以及與其他國家交往的能力，完全符合作為主權國家的條件；但另一方面，由於兩岸之間的政治糾葛，北京堅持臺灣為中國不可分割之一部分，堅決反對臺灣與其他國家建立外交關係、以主權國身分參與國際組織、簽訂國際條約等，使得臺灣在發展對外關係上受到極大的限制。

在1980年代中期後，我政府在外交上不再堅持過去「漢賊不兩立」的政策，也就是不再迴避與中國大陸同時參加國際組織，而是設法保住已經參與的國際組織會籍，或是設法讓臺灣以比較彈性的名稱與方式加入。這樣的做法有一定的效果，例如亞洲開發銀行（ADB）。自1986年中國大陸加入亞洲開發銀行之後，我國的會籍名稱被改為中國臺北，但我方只是持續表達抗議但是不輕言退出，持續至今；1991年我國以中華臺北的名義加入亞太經合會（APEC）、2002年以臺澎金馬個別關稅領域加入世界貿易組織（WTO）等也都是成功的案例。

（二）我國參與聯合國的策略

在所有國際組織之中，聯合國的影響力與地位最大，聯合國的各專門機構也是各國共同處理全球性議題最重要的平臺，因此我國政府自1993年開始，就嘗試將重返（加入）聯合國作為外交政策的主要目標之一。自1993年到2009年，我國政府的策略是請邦交國向聯合國提案，訴請國際社會重視臺灣2300萬人民在聯合國體系沒有適當代表之不公平現象，這種間接的做法並沒有任何效果，因此朝野兩黨還分別在2008年總統大選期間推動參與聯合國的公民投票，希望向國際社會表達臺灣希望參與聯合國的意願。2008年之後，政府在加入國際組織的策略上有所調整，不再直接訴求進入聯合國，改推敏感度較低的聯合國專門機構參與案，並鎖定國際民航組織與世界氣象組織等與臺灣關係比較密切的機構做為嘗試目標，只是至今仍未有實質突破。

（三）我國參與國際組織的成果

截至2011年為止，我國以正式會員身分參加的政府間國際組織共有37個，不過多數都是功能性或區域性的國際組織，例如世界動物衛生組織、亞太法定計量論壇、北太平洋鮪魚國際科學委員會等，其中影響力比較大的大概也只有亞太經濟合作與世界貿易組織。另外我國以觀察員身分參加的國際組織有21個，其中國內比較熟知的大概也只有世界衛生大會（World Health Assembly）。然而自2017年開始，臺灣再也未曾收到WHA的邀請函，顯見未來臺灣要能在北京不杯葛的情況下進入國際組織，可能只能選擇普遍性較低但功能性強，對會員身分有一定程度彈性，且臺灣在此一領域能呈現一定影響力的組織。

組織分類	組織標誌	加入時間	加入名稱	身分
亞洲開發 銀行 Asian Development Bank	ADB	1966	Taipei, China （中國臺北）	正式會員
亞太經合會 Asia-Pacific Economic Cooperation	APEC Asia-Pacific Economic Cooperation	1966	Chinese Taipei （中華臺北）	正式會員
艾格蒙聯盟 Egmont Group	EGMONT	1998	Taiwan （臺灣）	正式會員
世界貿易組織 World Trade Organization	WORLD TRADE ORGANIZATION	2002	正式名稱： 臺澎金馬關稅領域 簡稱：Chinese Taipei （中華臺北）	正式會員
亞太防制 洗錢組織 Asia / Pacific Group on Money Laundering	APG	1997	Taipei China （中國臺北）	正式會員
世界衛生大會 World Health Assembly of the World Health Organization		2009	Chinese Taipei （中華臺北）	觀察員

第15章

外交決策

• 章節體系架構 ▼

UNIT **15-1**
外交決策簡介

國際關係中的許多現象其實是國家執行某些政策的結果，因此研究外交政策有時成為理解複雜國際事務的一種策略。對於外交政策我們可以分成三個部分來理解，分別說明如下。

（一）影響外交決策的因素

一個政府對於某一個外交議題所做出的決定可能受不同因素的影響，這些因素可能來自國內（例如民意、政府的意識形態、社會經濟狀況等），也可能來自外部（例如其他國家所施加的壓力），或是兩者交互影響的結果。從這個部分，我們可以觀察出各種背景因素與決策之間的聯繫。舉例來說，美國雖然自詡為人權的捍衛者，其參議院卻迄今沒有批准三個以保障人權為目的之國際公約：經濟社會及文化國際權利公約、消除對婦女一切形式歧視公約，以及兒童權利公約。美國之所以沒有批准這些公約主要是因為國內的反對，但是也因為美國幾乎是已開發國家中唯一沒有批准這些公約的國家，使得美國政府在批評其他國家人權狀況時往往會遭到這些國家的譏諷責難。

（二）外交決策的過程

研究外交決策過程時主要關注的是組織結構以及做決定的方式，過去學者常用打開決策的「黑盒子」來形容這個部分。決策者人數的多寡對於政策的決定方式有很大的影響，而決策機構的組成方式，例如哪些部門能夠參與討論、這些部門之間的關係如何都可能影響決策的結果。例如中國大陸在 1970 年代之前，外交決策的權力大多集中在毛澤東、周恩來等少數的幾個領導人手裡，因此當時中國的外交政策顯得比較獨斷；在 1980 年代鄧小平主政期間，有更多的單位及人被納入決策體系之內，使得外交政策成為一些黨政軍高層領導磋商後「拍板」的結果。而在民主社會如美國，外交決策者除了白宮及國務院等行政機系高層之外，眾多的智庫及學者提供的分析意見也會被納入參考。美國參議院因為掌握批准條約及任命外交事務官員的權力，因此也可說是決策體系的一部分。

（三）外交決策的結果

決策的結果就是外交政策的執行。這部分觀察的當然是政策執行的效果及其影響。不過有的時候一個好的決策團體不一定會做出好的決定（見單元 15-5 團體思維），而政策執行之後也會再反饋（feedback），重新成為影響決策的一個因素。美國在 2003 年出兵伊拉克之後，雖然很快就發現要在當地建立一個穩定的民主政體不如想像中容易，且美軍在戰爭結束後所遭遇的死傷反而比作戰期間更多。但是如果冒然自伊拉克撤兵，其結果就是證明美國伊拉克政策的全盤失敗。因此小布希總統一直到卸任為止，都對伊拉克持續增兵，導致美國在伊拉克的花費高於最初預估的有 10 倍之多。

分析外交決策的三部曲

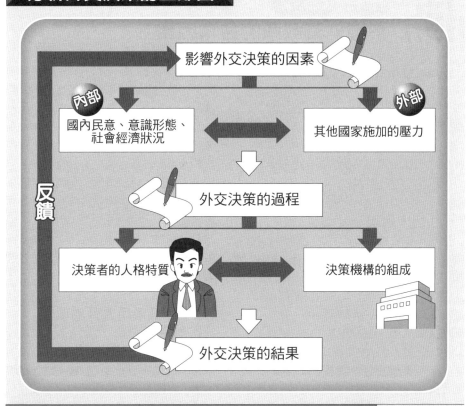

影響外交決策的因素

內部　國內民意、意識形態、社會經濟狀況　↔　**外部**　其他國家施加的壓力

外交決策的過程

決策者的人格特質　↔　決策機構的組成

反饋

外交決策的結果

外交決策的結果（無法承認錯誤的決策）

小布希從2003年宣布出兵到伊拉克，不斷的從美國投入士兵到伊拉克直至2008年。

UNIT 15-2
影響外交政策的各項因素

圖解國際關係

任何一項外交決策背後的原因可能不只一個，而且國家的大小、文化等差異也有所影響。單元 1-4 中所提出的三個國際關係分析層次（個人、國內和國際）其實是一個很實用的分析工具，在此我們同樣使用這三個層次來理解影響外交政策的背後因素。

（一）個人層次

影響外交決策過程的關鍵性因素，主要指決策者與國家領導人。畢竟外交決策仍是由人所做出來的，因此決策者的人格特質與生活經歷及其對周圍環境的認知等因素都會直接影響決策，尤其在領導人擁有獨特個人魅力、或是組織結構賦予領導人較大的權力時，個人層次的影響會更加明顯。如果 1939 年的德國不是由希特勒執政，可能就不會做出攻打波蘭的決定；假使二戰期間的英國不是邱吉爾擔任首相，可能早就同意與納粹德國談判停戰。

（二）國內層次

外交是內政的延伸，因此政府內部的政策經常對國家的對外決策造成影響，甚至扮演決定性的作用。國內層次的因素可再分為下列三點：❶地緣位置：包括國家的人口、地理位置、面積大小，以及資源的豐富程度；❷國家利益：每個國家對國家利益的優先順序有不同的考量，而這些利益的設定通常受到利益團體、政黨與民意的影響；❸文化的差異：包括意識型態、宗教、發展程度等等。

（三）國際層次

國際情勢的發展也會對一個國家的外交政策產生影響，例如冷戰初期呈現的是一種美蘇競相提升軍備實力的緊張氛圍，許多地緣位置重要的國家只能被迫選擇與其中一個超強結盟；冷戰結束後，經濟互賴與全球化程度加深，國際間開始重視經貿合作，簽訂自由貿易協定成為主流；除此之外，國與國之間外交關係的維持如果發生改變也可能影響國家的外交政策，例如 1970 年代美國改變中國政策轉而承認北京之後，許多國家就跟著轉向與大陸發展關係，臺灣的邦交國數量就開始銳減。

（四）內部環境或外部環境

從實際研究來看，我們大致可以發現大部分關於外交政策的討論都是沿著兩條思路來進行，第一是偏重外部環境（也就是國際層次）或是內部環境（個人或國內）的解釋；第二是強調用單一模型來理解外交政策（例如國家追求利益）、或是把每一個案例都當成特例（也就是看重文化因素）。因此影響外交決策的因素可能比想像中複雜，忽略了任何一種層次的檢視都可能產生以偏概全的結果，而不同的研究偏好也可能得出完全不同的結論來。

影響外交政策各項因素

個人層次：決策者與國家領導人

人格特質、生活經歷、周圍環境的認知

領導人擁有獨特個人魅力 → 影響力強

組織結構賦予領導人較大的權力

國內層次：政府內部的政策影響國家的對外決策

地緣位置 → 人口、地理位置、面積大小、資源多寡

國家利益 → 受利益團體、政黨與民意的影響

文化差異 → 意識形態、宗教、發展程度

國際層次：國際情勢的發展影響一個國家的外交政策

冷戰美蘇對抗

↓

許多國家
只能擇一結盟

全球化 → 簽訂自由貿易協定成為主流

國與國的外交關係 → 美國承認北京，使許多國家與其建交

知識補充站 ★國家形象理論

美國學者赫爾曼（Richard Herrmann）提出國家形象理論，他認為除了國家間對彼此文化認知的差異之外，國家形象對外交決策的影響還有兩個面向：國家間對彼此國力的認知（關乎國家的外交策略選擇範圍大小，強國可選擇施壓與全面進攻的方式，小國則較常使用嚇阻與屈從的方式，例如美國便經常以「世界警察」的角色自居）；敵人與朋友的差別（國家決策會依照對不同國家之間敵我關係的建構而採取不同的策略）。

UNIT 15-3
外交決策過程：決策模型與決策者

圖解國際關係

一個國家的外交政策通常是領導者與各級官僚評估、協調下的產物，因此決策者在決策過程中扮演很關鍵的角色。目前關於外交決策模型與決策者的討論，最著名的莫過於艾里遜（Graham Allison）。他在《決策本質》（Essence of Decision）一書中，根據1962年古巴飛彈危機的決策過程推演出三種可能的決策模型：

（一）理性政策模型（Rational Policy Model）

這個模型假設決策體系是一個高度集中化的單一理性行為者，因此決策者會透過對決策成本效益的評估，選擇最有利或成本最低的政策來達成目標。理性決策的過程包括設定目標、排列目標的優先順序，並了解每種選擇可能造成的結果，最後盡可能以達到最佳結果為決策結果。但理性決策模型的侷限在於：決策者的人格特質或其所處的決策團體不易掌握，而且決策者的動機與價值觀經常會受到外部環境與內部輿論所影響，因此一旦決策者發生認知上的改變或者在資訊不完全的情況下錯誤解讀情勢，便可能得到一個非理性的結果。另一位學者西蒙（Herbert Simon）提出了有限理性模型，主張人類的理性是有限的，不可能獲得完整資訊並且做出符合最大利益的決策。

（二）組織過程模型（Organizational Procedure Model）

在這個模型中，行為者不需要事先設定目標與優先順序，因為政府的外交政策是由一套組織規劃的標準作業程序（standard operating procedures）來制訂，大多不會輕易改變，只會循序漸進。組織過程模型的缺點在於：一個組織如果沒有建立標準操作程序，它將無法有效地執行其設定的目標，但若組織的決策過程過於繁冗又可能因此缺乏應對國際情勢瞬息萬變的靈活性。同樣地，組織也不可能公平地執行所有建議的可能性，畢竟發展一個新的標準操作程序是需要花費時間的。

（三）政府政治模型（Governmental Politics Model）

又稱官僚議價模型（bureaucratic bargaining model），意即決策的結果是不同部門官僚之間討價還價的結果。官僚的力量可歸因於兩個因素，即組織的必要性和官僚的利益，而官員們最有興趣的通常是討價還價和妥協後所得到的預算分配、決策自主性和職權。但官僚議價模型的缺點在於：各個部門處於不同的位置、各自追求不同的利益，難免具有本位主義的傾向，再加上決策往往是部門之間角力協商的結果，因此在制訂外交政策的過程中除了會受到國家、組織和個人利益等因素的影響之外，光是花費在尋求共識的時間與成本便相當高昂。

艾里遜的研究提供了我們分析外交決策的三種原型。雖然其理論問世迄今已經將近四十年，至今仍然學界廣泛引用，具有很高的參考價值。

艾里遜的決策模型

理性決策模型（Rational Policy Model）

決策者

設定目標　排列順序　利益估算

利益最大化的結果

關於決策者的假設❶

優點：可透過對決策成本效益的評估，選擇有利或成本最低的政策達成目標。

缺點：其人格特質與決策環境可能左右決策者決策，在資訊獲得不完全的狀況下可能導致錯誤解讀。

關於決策者的假設❷

西蒙：有限理性模型
主張人類的理性是有限的，不可能獲得完整資訊並做出利益最大化的決策。

組織過程模型（Organizational Procedure Model）

政策目標

政府標準作業程序

外交決策

 缺點　無法公平一致評估所有建議。若政府無標準程序，可能無法有效執行目標；程序繁冗則缺乏應對靈活性高的國際事務。

政府政治模型（Governmental Politics Model）或稱官僚議價模型（Bureaucratic Bargaining Model）

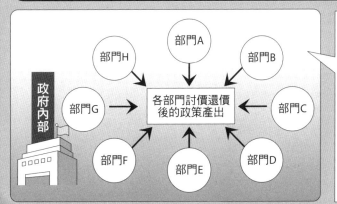

政府內部

部門A　部門B　部門C　部門D　部門E　部門F　部門G　部門H

各部門討價還價後的政策產出

缺點（本位主義）
各部門各自追求利益、決策受國家、組織、個人利益因素影響；協商過程冗長。

UNIT **15-4**
危機決策

圖解國際關係

「危機決策」指的是某些可能對國家利益造成嚴重傷害的事件爆發時（例如可能導致戰爭），決策者必須在有限的時間內做出判斷並回應處理的決策形式。

（一）危機決策中的重要元素

目前對危機決策最有系統性的研究主要集中在組織理論與決策理論。在危機決策的過程中，判斷對方發出的訊號（語言或動作）成為解讀對方意圖的重要依據，但訊號可能是虛張聲勢，也可能是試圖釋出善意，如何準確判斷變得十分重要。同樣地，決策者也可利用訊號的釋放試圖改善雙方的緊張關係或是嚇阻對方。一旦有任何一方的決策者傳遞錯誤訊息或做出錯誤解讀，就可能引發軍事衝突。因此在危機決策的過程中，最重要的便是保持雙方溝通管道的暢通，其次要確保資訊來源的完整度，如此才能根據確實的情況進行分析，進而決定回應的對策。

（二）1962 年古巴飛彈危機

關於危機決策的研究，首推 1962 年10 月爆發的古巴飛彈危機。當時蘇聯協助古巴秘密建造飛彈基地，對美國國土安全構成前所未有的威脅。為了因應此一危機，美國總統甘迺迪在白宮內成立一個處理危機的小組，稱為國家安全執行委員會，成員主要包括總統的核心幕僚、外交體系（國務院）、情報單位（中情局）、軍方等。當時委員會的軍方代表主張應該立刻以軍事手段摧毀古巴的飛彈設施，但是這樣一來就有可能引發美國與蘇聯之間的戰爭。但是如果訴諸外交手段，待飛彈基地建造完成後蘇聯就有可能對美國採取先發制人攻擊。一時之間，美國與蘇聯之間陷入前所未有的緊張狀態。甘迺迪總統當時採取的手段是派遣海軍艦隊封鎖古巴周遭海域，禁止任何運載飛彈設備的蘇聯船隻進入古巴；另一方面則嘗試與蘇聯領導人赫魯雪夫（Nikita Khrushchev）進行祕密溝通，希望以撤除美國在土耳其飛彈基地的方式換取蘇聯從古巴撤退。最後蘇聯政府在獲得美國絕對不進攻古巴的保證後，同意拆除在古巴的飛彈基地，持續十三天的危機宣告落幕。

（三）其他危機決策的案例

古巴飛彈危機期間所留下來的各種檔案紀錄近年來多已經解密，使得外界得以窺探當時雙方內部的決策方式，成為少數研究危機處理的活教材。其他著名的危機處理案例包括 1996 年臺灣總統大選期間中共進行針對臺灣的飛彈試射及軍事演習，驚動美國派遣航空母艦戰鬥群來此一地區警戒的臺海危機，以及 2001 年 4 月美國海軍 EP-3 偵察機在南海上空與中共軍機相撞而迫降海南島的事件。不過由於研究資料難以取得，迄今外界很難針對這些案例進行深入研究。

危機決策

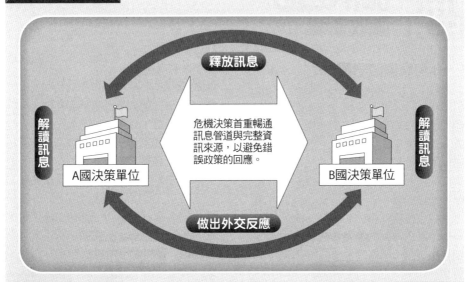

釋放訊息

解讀訊息

危機決策首重暢通訊息管道與完整資訊來源,以避免錯誤政策的回應。

A國決策單位

B國決策單位

解讀訊息

做出外交反應

古巴危機

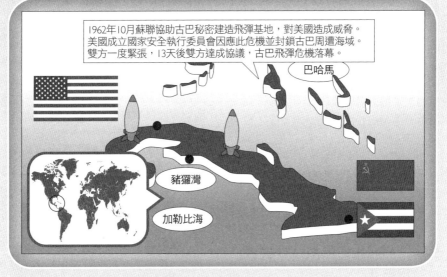

1962年10月蘇聯協助古巴秘密建造飛彈基地,對美國造成威脅。美國成立國家安全執行委員會因應此危機並封鎖古巴周遭海域。雙方一度緊張,13天後雙方達成協議,古巴飛彈危機落幕。

巴哈馬

豬玀灣

加勒比海

★危機決策研究的起源

危機決策的相關研究始於冷戰期間,由於當時美蘇兩大超級強權都擁有足以毀滅對方的核子武器,使得如何在危機發生時立即處理和防止事態的擴大與惡化成為避免開啟戰端的關鍵。即使冷戰已經結束,國家不再輕易揚言使用核武,但發生危機的可能性卻未就此下降,因此危機處理在國家決策中仍然扮演重要的角色。

UNIT 15-5
團體思維

（一）何謂團體思維

團體思維（Groupthink）理論主要是想解釋為什麼在某些情況下，即使決策者獲得充分的資訊並依循理性原則來判斷，仍會做出錯誤的決定。歷史上也曾出現不少這類的案例，例如二次世界大戰期間，即使某些將領知道日本與美國開戰並無勝算，為什麼還會在御前會議上支持偷襲珍珠港的決定？一向理性思考的德國人，為什麼在希特勒做出某些荒謬決策時，沒有人敢挺身而出加以反對？

（二）傑尼斯的團體思維理論

最早對這個問題進行系統性研究的是美國學者傑尼斯（Irving Janis）。他在研究1962年豬玀灣事件（the Bay of Pigs Incident）失敗的原因時得到一些靈感。傑尼斯發現在決策過程中，某些決策者為了怕遭受其他成員的排擠，或害怕承擔決策錯誤所需負擔的責任，或是被迫尋求意見一致的共識，以致決策結果即使有很明顯的瑕疵，也不願意公開表示反對，寧願選擇沈默或附和多數人的意見。這樣的情形會讓好的意見被埋沒，最後導致集體災難（fiascos）。

（三）團體思維的形成條件與表現形式

傑尼斯認為這種團體思維形成的先決條件有三：

❶在訊息不完全與時間緊迫的情況下，決策團體的成員無法獲得外部或完整的資訊與意見；❷一個強勢的領導者會運用其權力或威望，引領其他成員認同其所偏好的選擇；❸缺乏一個有系統的標準程序來處理決策。

而團體思維有八種表現形式：

❶強勢的領導人或過分樂觀與高度自信的團體成員，可能因此忽略了潛在的危險及警告；❷團體經常將時間花在如何加強集體決策的合理化，而非對決策的重複審查和評價；❸成員會因為「忠誠度」而相信團體所做出的決策是正義的，因此忽視來自內在道德的挑戰，甚至可能使很多荒謬、罪惡的行動合理化；❹團體可能將對手視為邪惡或難以溝通協調，因此不願與其爭論或談判；或將其視為軟弱、愚蠢與不具威脅性，因此假設我方做出攻擊的決策必然會獲得勝利；❺團體中對於不同的意見、看法或懷疑團體立場和計畫的人，總是立即給予反擊，並且可能利用冷嘲熱諷的方式。因此為了獲得團體的認可，多數人在面對這種嘲弄時會選擇與團體意見保持一致；❻基於「多數決原則」，成員對於議題有疑慮時總是保持沉默，忽視自己心中所產生的疑慮，認為自己沒有權力去質疑多數人的決定或智慧；❼在一個內部凝聚力較高的團體中，群眾的壓力和自我壓抑的結果會導致群體的意見看起來是一致的，並造成群體統一的錯覺。尤其是在只有少數成員抱持異議的情況下，沒有人願意成為破壞團體一致性的兇手；❽某些成員會故意扣留或者隱藏負面的資訊和資料，或是限制成員提出不同的意見，以此來保護團體決策的合法性和影響力。

團體思維理論可說是對傳統決策研究的重大修正，迄今仍是分析許多錯誤決策的有效工具，因此在決策相關理論中占有一席之地。

傑尼斯（Irving Janis）的團體思維理論

團體思維的表現方式

團體思維的表現方式

❶ 領導人過分樂觀與自信
❷ 加強集體決策的合理化
❸ 為了「忠誠」忽視內在道德的聲音
❹ 將對手邪惡化或低估其反擊能力
❺ 為了獲得團體認可而附和
❻ 「多數決原則」而忽略心中疑慮
❼ 害怕成為破壞團體一致性的兇手
❽ 保留或隱藏負面資訊

 ★豬玀灣事件

豬玀灣事件是當時美國總統甘迺迪批准中情局訓練一支由古巴流亡份子組成的軍隊，協助其返回古巴推翻卡斯楚政權，但是這支反抗軍一上岸後就遭到全數殲滅，整個計畫完全挫敗，甘迺迪政府的威信也深受打擊。

UNIT 15-6
美國出兵伊拉克的決策過程

美國在 2003 年以反恐為名出兵伊拉克,打了一場代價極高的戰爭。事後來看,美國出兵伊拉克不僅沒有獲得國際與國內社會的充分支持,還讓總統小布希及其共和黨政府在往後數年陷入戰爭的泥淖而難以脫身。對於美國這樣一個軍事力量無人能敵,且擁有豐富資源與科技優勢的超級強權來說,這樣錯誤的決策是如何形成的呢?

(一)決策過程中的個人因素

從決策者的角度來看,小布希身為美國總統老布希之子,其父在 1991 年第一次波灣戰爭未能一舉拔除海珊政權所留下的遺憾多少對其有所影響。因此在決策的過程中,布希對海珊政權的憎惡程度應該會是一個重要的因素。而布希家族過去與石油公司有很深的淵源,有些人推斷出兵攻打伊拉克這個產油國真正的目的是讓美國獲得石油上的利益。

(二)決策過程中的官僚因素

有人認為布希政府的外交決策有很大的一部分是受到一小群主張維持美國全球軍事優勢的外交政策團隊所影響,包括副總統錢尼、國家安全顧問萊斯以及國防部長倫斯斐等,這些人被媒體冠以「火神隊」(the Vulcans)的外號,以古希臘神話中專司鍛造武器的神祇來形容這個團隊的特質:重視權力、頑強、韌性與耐力。在國際政治上,這些人都奉行現實主義原則,但更傾向以美國的自由主義理想與強大的軍事力量來改變世界。

(三)民意的因素

所有的政府在執行政策時基本上都須考慮國內民意。九一一恐怖攻擊事件的經歷已使美國人民凝聚出一股向外打擊恐怖勢力的共識,因此在出兵伊拉克前,美國支持戰爭的比例曾高達 68%。當時美國國內不論是自由派或保守派學者皆贊成布希政府在未經安理會授權同意的情況下逕自出兵,並獲得國會同意使用武力的授權。國內的鼓舞成為後來小布希政府執行決策的一大助力。

(四)訊息錯誤導致決策錯誤?

不過從伊拉克戰爭之後由媒體所披露出的各種訊息顯示,美國政府在決策出兵的過程中很可能使用了錯誤的情報,因而做出錯誤的判斷。小布希總統最後決定出兵最大的關鍵在於宣稱伊拉克祕密製造核武,並且可能讓這些武器流入恐怖份子手中。但是美國在推翻伊拉克之後,至今都沒有找到海珊政府祕密製造核彈的證據,也無法證明伊拉克政府曾經與基地組織等恐怖主義團體有聯繫。

從這個案例我們可以看到美國政治體制下決策者與國內輿論對決策過程的影響,以及錯誤情報所帶來的災難性結果。雖然已事過境遷,但隨著更多內幕資料浮出檯面,未來世人回顧這個事件時將有更多不一樣的解讀。

美國出兵伊拉克的決策過程

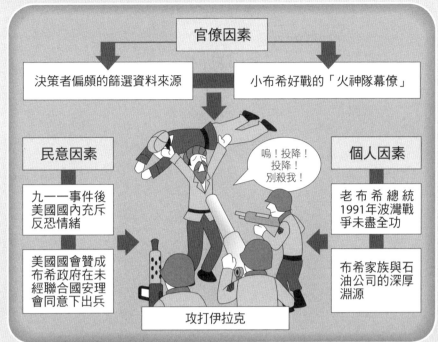

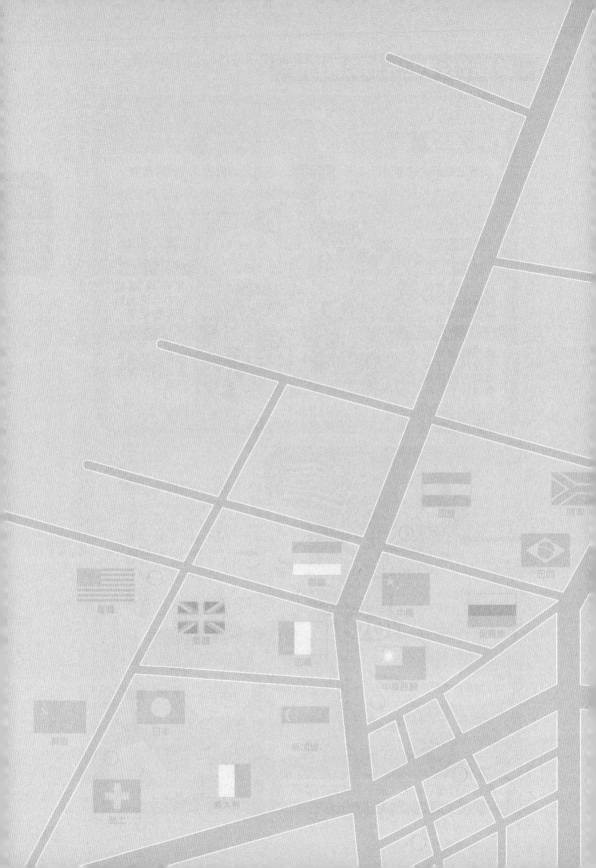

第 **16** 章

當代國際關係理論的發展

UNIT 16-1
國際關係理論發展過程中的三次論戰

圖解國際關係

在國際關係理論的發展過程中曾出現三次主要的辯論，每一次的論戰都反映了當時國際情勢變化對理論界的衝擊，以及學者之間的分歧。這三次辯論也讓國際關係理論的內容變得更加多元。

（一）第一次論戰（理想主義 vs. 現實主義）

第一次世界大戰後，國際上瀰漫著強烈的反戰氣息，當時的美國總統威爾遜認為人性可以透過後天教育進行改造，並提倡以集體安全取代權力平衡，這種追求道德理想、相信國際制度的建立將為世界帶來永久和平的學派被稱為「理想主義」。但是後來國際聯盟無力阻止部分國家對外侵略，隨後第二次世界大戰爆發，導致理想主義觀點備受質疑。批評者認為理性主義在國際關係現象的分析上未能充分反映現實，過分強調利益的和諧，忽略了國家追求權力的本質，以及國際政治存在衝突現象，該學派即為「現實主義」。這次辯論的結果現實主義占上風，成為國際關係的主流理論。

（二）第二次論戰（行為主義 vs. 傳統主義）

1950 年代國際關係學界的討論轉向研究方法的論戰。行為主義者批評理想主義與現實主義的研究方法過於傳統，概念的定義也不夠精確，缺乏一套檢證的標準，主張以科學、量化的方法來檢視國際情勢。行為主義者認為國際情勢可以透過價值中立的方式進行評估，並且歸納出一套普遍的行為準則，例如賽局理論、理性選擇理論即試圖以模型化的方式解釋國際現象。另一方面，捍衛傳統研究方法的學者則堅持國際現象無法單純以數據和統計的方式來解釋，更無法建立一套普遍適用的法則，而且量化的研究方法在解釋國家之間的差異仍有其侷限性，更容易忽略歷史脈絡對國家發展的影響。此次辯論沒有明顯的勝家，不過此後美國國際關係學界在很大程度上受到科學行為主義的影響，歐洲學者則仍然偏好傳統的研究途徑，例如後來被稱為英國學派的學者都屬於傳統派。

（三）第三次論戰（實證主義 vs. 後實證主義）

蘇聯解體與冷戰結束對國際關係學界造成巨大衝擊，因為過去的研究都無法預見國際體系的重大變化，許多學者開始從理論本質的角度來批評現有的理論，展開了實證主義（positivism）與後實證主義（post-positivism）的論戰。實證主義與後實證主義最主要的差別在於「對世界本質的看法」以及「用什麼方法來定義知識」。後實證主義的興起在於其對實證主義只關注國家的戰爭與和平或經濟等議題感到不滿意，並否定研究者可以置身於其研究的對象之外，以完全客觀中立的方式來詮釋世界的觀點，他們主張所有的理論都是研究者為了特定目的而建構出來的。國際關係學界開始形成兩個新陣營，目前這場論戰仍在進行，也沒有明顯的贏家。

國際關係理論的三次論戰

第一次大論戰

理想主義
人性可以被改造、廢除秘密外交、以集體安全取代權力平衡、相信國際制度的建立可創造永久和平。

現實主義
理想主義者忽視了國家追求權力的本質，以及國際政治中存在衝突現象，因此他們的道德訴求只是烏托邦。

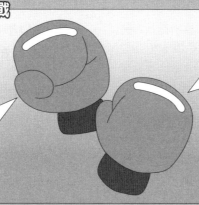

第二次大論戰

行為主義
批判傳統的研究方法，高舉科學主義之旗幟，發展出賽局理論、理性選擇理論等解釋國際現象之模型。

傳統主義
國際現象不能單純以量化的方式來解釋，更無法建立一套普遍適用的法則，而且歷史因素的重要性也不容忽視。

第三次大論戰

後實證主義
從本體論、認識論與方法論上挑戰實證主義：包含批判理論、英國學派、後現代主義、建構主義、女性主義等等。

實證主義
與可觀察之經驗事實相符者為真，社會科學與自然科學並無不同，科學知識本質上是價值中立的

UNIT 16-2
建構主義

　　自國際關係研究出現以來，現實主義與自由主義一直都在理論界居主流的地位。但是冷戰的驟然結束大大挑戰了這兩個傳統的基本假設，也就是工具性利益思考模式，以及無政府狀態下國際體系的不可改變性。其中深受社會學與批判理論所影響的「建構主義」（Constructivism）在 1990 年代應運而生，成為對傳統國際關係理論最大的批判力量。

　　建構主義者認為現實主義與自由主義的盲點，在於過分強調物質結構的影響力，而忽略了非物質觀念因素（ideal factors）對於形塑國家和政治行為者的影響力，以及行為者與環境的相互建構。在這個基礎下，建構主義的主要論點可歸結為以下三個部分：

（一）觀念和物質因素同樣重要

　　建構主義認為觀念因素在社會生活中的角色與有形物質力量同樣重要，所謂的觀念因素包含文化、規範、信念和意識形態等，美國學者溫特（Alexander Wendt）曾表示「物質的資源只有透過人類活動中的共同分享知識結構才能獲得意義」，意即如果資源未被人類賦予特定的意義，那麼將無法對人類行為造成任何影響。例如美國對國際事務的影響力有時並不只是其強大的軍事力量，而是各國共同接受美國具有的威望，物質（軍事力）與非物質（威望）共同作用才會產生影響力。

（二）身分認同決定國家利益

　　建構主義者認為，主流國際關係理論只強調國家行為基於理性，並追求權力以保障其利益，但卻未說明國家的利益是建立在什麼基礎上。建構主義者主張自我認同的身分是建構利益的重要因素。自我認同的身分不同，所認知的利益也就不同。舉例來說，對許多國家來說，發展核武是讓國際社會承認其大國地位的一種策略，因此印度、北韓等國都把發展核武力量當成重要的國家政策；但是對於日本與德國來說，其國際地位並不需要透過發展核武的方式來確立。一個國家的自我認同身分是其與其他國家互動產生的結果，並由此來決定國家的利益。

（三）結構（structure）和能動者（agents）之間的相互建構

　　建構主義者認為，任何觀察者在對一個事件、甚至是一個特定人物進行研究時，必然會受到個人主觀觀念所影響，這些觀念可能是文化、知識、信仰或意識形態等，我們無法完全以客觀的態度來觀察這個世界。因此建構主義者主張「互為主觀」，也就是主體與客體相互建構的過程。所以「國際體系由主權國家所組成，並且呈現無政府狀態」的論述，其實並不是客觀存在的事實，而是觀察者（國際關係學者）與觀察對象（無政府狀態下的國際體系）相互建構的結果。

社會建構論的挑戰

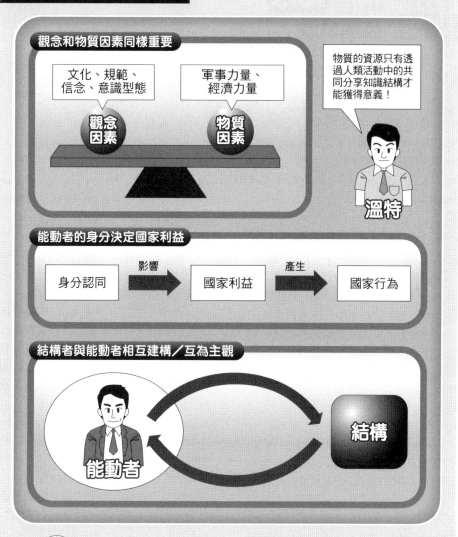

觀念和物質因素同樣重要

文化、規範、信念、意識型態 → **觀念因素**

軍事力量、經濟力量 → **物質因素**

物質的資源只有透過人類活動中的共同分享知識結構才能獲得意義！

溫特

能動者的身分決定國家利益

身分認同 ──影響──▶ 國家利益 ──產生──▶ 國家行為

結構者與能動者相互建構／互為主觀

能動者 ⇄ 結構

知識補充站 ★霍普夫對建構主義學者的分類

霍普夫（Ted Hopf）將建構主義學者分為傳統與批判兩派，前者試圖探索「身分認同」如何影響利益（以及行為），並主張以經驗政治現象為研究的重點；後者受到批判理論與後現代思潮的影響，強調揭露主流國際關係理論背後的權力宰制關係。傳統派的代表人物有卡贊斯坦（Peter J. Katzenstein）、費娜摩（Martha Finnemore）、溫特（Alexander Wendt）；批判派的代表為艾希利（Richard Ashley）、德代元（Der Derian）、沃爾克（R. B. J. Walker）等人，這些人有時也被歸類在後現代主義的陣營中（見單元16-6）。

UNIT 16-3
英國學派

「英國學派」是從 1970 年代開始發展的國際關係理論學派。之所以使用這個名稱因為這派理論的倡導者多半出自英國，也有人認為使用英國學派這個詞是為了突顯與主流美國國際關係理論的差異，主要的理論創始人之一懷特（Martin Wight）則稱其為理性主義（Rationalism）。

（一）英國學派的主要論點：國際社會、規範、歷史研究

英國學派對國際政治現象的部分假設與現實主義相同，二者都主張國際體系的本質是無政府狀態，主權國家是主要行為者，國家之間會發生衝突甚至戰爭。不過英國學派與現實主義最大的不同是認為國際體系中存在著某種程度的秩序，國家之間的互動不是純粹的實力較量，而會遵循一些彼此共同認可的規範。因此英國學派主張使用國際社會（international society）這個概念來取代國際體系（international system），因為社會內成員的行為會受到規範制約。

至於國際社會存在哪些規範？英國學派學者布爾（Hedley Bull）認為所有國家應該都會致力於盡量維持彼此減少衝突的發生，確立國家之間所簽訂的條約必須遵守，以及國家的主權地位受到保障。這些規範在今日國際社會的主要表現形式就是國際法與各國間外交來往的行為準則。

除了強調秩序與規範，英國學派的另一個特色是重視歷史的研究，主張從傳統的歷史、哲學、法律和社會學的角度來詮釋與理解國際關係，而非建立一套可用通則檢驗的因果解釋。因此英國學派感興趣的題目多半是國際社會演變的過程，以及成員之間所認可的規範如何出現並對成員的行為產生影響。

（二）連帶主義與多元主義

英國學派認為秩序及規範有兩種形式：

❶一種是建立在成員之間擁有共同文化的基礎上，成員對社會的認同感會促使其遵守規範。

❷另一種規範是成員之間同意的一些互動原則，成員遵守規範的動機是為了維持社會內的正常運作並保障其利益不受侵害。學者布爾（Hedley Bull）將前者稱為連帶主義（Solidarism），目前最接近的案例就是歐洲聯盟；後者則稱為多元主義（Pluralism），例如國際貿易體系的運作。英國學派學者認為當前國際關係的發展其實是逐漸由多元主義演變為連帶主義，如果國際社會中的所有成員最後發展出一致的價值觀，例如對人權、正義、公平等概念發展出相同的看法，國際社會就能進化成為世界社會（World Society）。從這個角度來看，英國學派理論具有現實主義缺少的道德關懷，認為人類有能力創造出更良善的社會。

英國學派的三大傳統

英國學派的主要論點

國際社會	英國學派主張使用國際社會（international society）這個概念來取代國際體系（international system），因為社會之內的成員的行為會受到規範制約。
規範與秩序	英國學派與現實主義最大的不同是其認為國際體系中存在著某種程度的秩序，國家之間的互動不是純粹的實力較量，而會遵循一些彼此共同認可的規範。（連帶主義與多元主義）
歷史研究	主張從傳統的歷史、哲學、法律和社會學的角度來詮釋與理解國際關係，而非建立一套可用通則檢驗的因果解釋。

 ★格勞秀斯傳統

英國學派學者認為其理論是介於現實主義與自由主義之間的中間路線（via media），也有人認為此學派最大的特點在強調國際法對維繫國際社會秩序的作用，因此借用國際法之父格勞秀斯（Hugo Grotius）之名，將這個學派稱為格勞秀斯傳統（Grotian tradition）。

UNIT 16-4
批判理論

圖解國際關係

（一）批判理論的起源

　　批判理論源於啟蒙時代的批判觀念，並深受康德、黑格爾與馬克思的影響。他們繼承了馬克思主義中「人類解放」的核心概念，並延續與修正馬克思的主張，也就是強調改變世界的必要性，因此批判理論者都擁有一個共同的政治目標，那就是消除權力（這裡所說的權力與國際關係研究所使用的權力不是同一個概念）對人的宰制、追求人類的解放與自由，以及強調改變現狀的可能。依照學者溫瓊斯（Richard Wyn Jones）的說法，國際關係批判理論主要區分為「法蘭克福學派」與「葛蘭西學派」，這兩個學派之間的差異其實不大，但是多年來卻呈各自發展的狀態。

（二）法蘭克福學派

　　這個名稱起源於 1930 年代德國法蘭克福大學的社會學研究所，當時這裡匯集了許多具有批判意識的左派學者，如霍克海默（Max Horkheimer）、阿多諾（Theodor Adorno）等。這個研究群體主要的特點在揭發資本主義體系對人的宰制。霍克海默為最早將社會科學的知識區分為「傳統」與「批判」兩種，前者指的是那些為了讓現代體系運作更為順暢而發展出來的理論，後者指的是能夠揭發現代體系背後權力宰制關係，並且將人類從這種權力結構解放出來的理論。當代法蘭克福學派的主要傳人是德國學者哈伯瑪斯（Jurgen Habermas），他早期關注於理性原則的探討，後來轉向道德規範的相關研究。英國學者林克萊特（Andrew Linklater）則是將法蘭克福學派及哈伯瑪斯理論應用到國際關係理論的主要學者，他認為人類解放的過程必須先使主權國家所界定的疆界失去其道德意涵，也就是所謂的公民身分不再以傳統主權國家來定義，才能形成更具包容性的世界社會。

（三）葛蘭西學派

　　這個名稱源於義大利籍馬克思理論家葛蘭西（Antonio Gramsci, 1891-1937）。他以「霸權」（hegemony）概念來檢視資本主義體系內的統治階級如何強化現有的國際政治經濟秩序，以保障此一體系內主要國家的利益，因此霸權是發達資本主義國家內統治階級維持其支配地位的主要方法。葛蘭西也認為統治階級除了照顧其利益集團之外，同時也運用知識、道德、社會制度等種種力量，造就出一種整合各種社會勢力的「歷史集團」（historical bloc）。在此一歷史集團內，下層階級的要求獲得某種程度的滿足，而統治階級也得以建立一個支持其繼續統治的集體意識。考克斯（Robert Cox）把葛蘭西霸權概念運用到國際體系中，主張強權內部統治階級所創造出來的霸權逐漸擴散到社會所有階級，再擴散到其他國家。領導霸權的國家必須創造並維護這個過程中所建構出來的秩序，而其他國家統治階級對霸權的擁護也是使其獲利並繼續保持統治地位的主要方法。

小博士解說

　　目前在國際關係學界裡使用批判理論的人仍然是少數，主要原因在批判理論傳統源於馬克思主義，因此關注世界的角度與研究方法都和主流國際關係理論不同，不過作為一個完整知識體系的傳統，批判理論已經在國際關係學界裡逐漸站穩腳步並發揮影響力。

法蘭克福學派

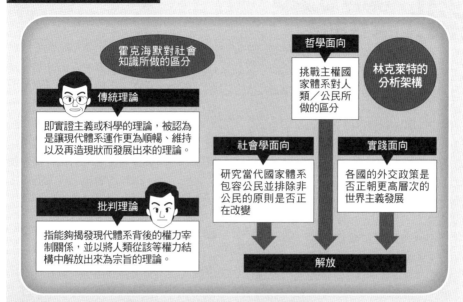

霍克海默對社會知識所做的區分

傳統理論
即實證主義或科學的理論，被認為是讓現代體系運作更為順暢、維持以及再造現狀而發展出來的理論。

批判理論
指能夠揭發現代體系背後的權力宰制關係，並以將人類從該等權力結構中解放出來為宗旨的理論。

哲學面向
挑戰主權國家體系對人類／公民所做的區分

林克萊特的分析架構

社會學面向
研究當代國家體系包容公民並排除非公民的原則是否正在改變

實踐面向
各國的外交政策是否正朝更高層次的世界主義發展

解放

葛蘭西學派——霸權的運作方式

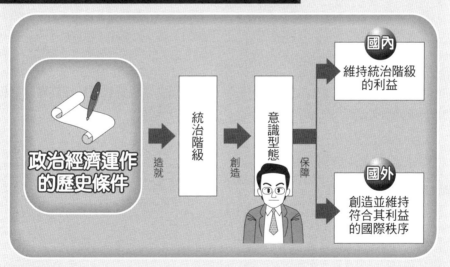

政治經濟運作的歷史條件

造就

統治階級

創造

意識型態

保障

國內
維持統治階級的利益

國外
創造並維持符合其利益的國際秩序

★批判理論的霸權概念

葛蘭西所說的霸權概念指的是在資本主義社會下，統治階級成功地說服社會其他階級接受自己的道德、政治以及文化的價值觀念，以維持統治地位的方法，與一般國際關係學者所說的軍事或政治上的強權不同。因此國內也有學者將其翻譯成文化霸權（Cultural Hegemony）。

第16章 當代國際關係理論的發展

231

UNIT **16-5**
女性主義

（一）理論的起源

國際關係理論中的女性主義觀點最早出現在 1988 年，當時在英國倫敦召開一個女性與國際關係研究會議，並把會議中的論文以專刊的形式出版在著名的學術期刊《千禧年》（Millennium）。此後女性主義的觀點正式進入國際關係領域，持續對理論的發展做出貢獻。有別於過去人們對於女性主義的印象經常只停留在高喊女權至上的一種社會運動，當代女性主義國際關係理論的學者則是試圖將「性別」的觀點帶入充滿陽剛味的國際關係學界。他（她）們強調知識的製造過程必然受到理論建構者的社會地位影響，因此由男性宰制的權力結構所塑造出來的知識結構必然無法客觀。又因為國際關係的研究學者以男性居多，因此創造出來的理論總是強調衝突與戰爭，以及如何運用權力來保持和平。所以女性主義者認為只有設法改變國際關係理論中的父權結構及男性思維，才有可能創造出真正進步的理論。

（二）主要觀點

❶性別是一種社會建構

女性主義者認為在社會中男性與女性的性別（gender）區分往往是文化所塑造出來的，而不是生物意義上的性別。生物意義上的性別差異並不會對人的行為造成決定性的影響，但是因為社會上對男性特質與女性特質具有的成見，造成長久以來國際關係理論只重視男性觀點而忽略女性的現象。

❷批判男性、女性的二元思維

女性主義者強調，在父權制社會下根深蒂固的二元思維模式，決定了這兩種性別的特徵，例如男性個性比較果決理性，而女性多為優柔寡斷，因此男性被賦予積極、獨立、主動、統治、支配的能力，能負責公共領域的事務；而女性則被認為是消極、依賴、被動、被支配的特質，其活動場所只能放在私領域。這種二元思維實際上是將男性特質凌駕在女性之上，造成前者統治後者的不公平社會機制。唯有打破這種二元思維，才能破除既存的性別偏見。

❸強調女性在國際關係中的作用

女性主義者強調婦女在全球事務中一直扮演著非常重要的角色，例如婦女所發起的反戰運動在歷史上不同時期都曾對降低軍事緊張造成一定的影響；在戰爭時期，女性往往是撐起參戰國內部經濟發展的主要力量；直到今日，仍有國家的主要外匯基礎是源自於女性在其他國家幫傭的所得。但是主流國際關係理論學者往往對這種情況視而不見。

❹強調女性視野對重新建立國際關係理論的貢獻

女性主義者認為傳統國關理論是帶有男性偏見的學門，只關心權力與支配，而女性追求和平、重視弱者、強調合作的思維方式，能夠協助這個領域建構出更進步的理論與思維方式。

女性主義國際關係理論的主要觀點

觀點 1

性別是一種社會建構的結果
男女並不具有先天上的差異

觀點 2

批判男性、女性的二元思維
男性——公領域、
女性——私領域

觀點 3

女性在國際關係中的作用
婦女在全球事務中扮演非常
重要的角色，例如反戰運動

PEACE

觀點 4

女性視野對重新建立國際關係理論的貢獻：
重新定義權力與安全的概念，建構更和
平的國際關係

 ★女性主義的發展

經過二十餘年的發展，女性主義已經在國際關係理論中占有一席之地，女性主義
學者如蒂克娜（J. Ann Tickner）、韋伯（Cynthia Weber）、西爾維斯特（Christine
Sylvester）、恩若（Cynthia Enloe）的著作也已經成為國際關係學生的必讀教材。

UNIT 16-6
後現代主義

（一）後現代主義與國際關係理論

在所有挑戰主流國際關係理論的諸多嘗試中，後現代主義（postmodernism）可能是最具顛覆性的一支力量。作為哲學與文學意義上的後現代主義，原始目的是為了挑戰自啟蒙運動以來人類不斷追求理性與現代性的思維方式，不承認真理或普遍性法則的存在。他們認為唯有對現有的知識體系進行不斷的解構，才能「打破現代性既存的框架」。國際關係領域中的後現代主義學者以愛希利（Richard Ashley）、德代元（James Der Derian）、沃克（R. B. J. Walker）等人為代表，他們的理論深受法國哲學家傅柯（Michel Foucault）和德希達（Jacques Derrida）的影響，其理論內容多強調揭發西方知識界對話語權的壟斷，並嘗試對現有的國際關係理論進行解構，因此自成一格。

（二）後現代主義的研究方式

由於後現代主義者對所有的知識與權力都抱持批判態度，並不主張建立一套新的理論體系來取代現有的國際關係研究，因此用歸納的方式來論述其主張並不適當，不過我們仍然可以嘗試勾勒出後現代學者所關切的議題及其研究方式。

❶解構知識與權力的關係

後現代主義不相信世界上存在絕對客觀且價值中立的知識，因為所有的知識都是權力塑造的結果，權力已經隱藏在所有的知識體系中，權力與知識之間呈現一種相互依存的關係。因為真理是被製造出來的，任何真理都會受到當時的時代背景以及提倡者的主觀意識所影響，包含了個人的價值判斷，因此實證主義學者想在國際關係學界建立普遍法則是一種不可能實現的狹隘觀點。巴特爾森（J. Bartelson）便曾在《主權的系譜學》一書中指出：像國家主權這樣的概念，如果沒有透過知識勾勒出主權的具體型態，主權便只是一個看不到也摸不到的東西，甚至無法存在。

❷強調文本脈絡的分析

在研究方法上，後現代主義者非常重視文本的詮釋而非理解。正如法國哲學家羅蘭巴特（Roland Bathes）認為只要一本書完成之後，其意涵便與作者之間不再具有任何關連，因為不同的讀者對同一本書的解讀可能大相逕庭，後現代主義國際關係學者也強調對文本進行「解構」與「雙重閱讀」，主張這樣的策略可以幫助我們找出文本內容中二元對立的事物，藉此區分出兩者之間孰為支配者與被支配者，進而打破二者之間的不平等關係。例如上述沃克的研究就經常以國際關係經典名著作為批判與解讀的對象，藉此動搖傳統主流國際關係理論的支配地位。

雖然後現代主義者針對主流國際關係理論提出許多批判，但他們的努力往往被多數學者所忽略。最主要的原因在於他們拒絕發展出一致的理論基礎，再加上其致力於解構知識、解讀文本、與建構系譜的研究方式和國關學界有一些距離，因此決定了其與主流理論間難以對話的命運。

後現代主義的研究方式

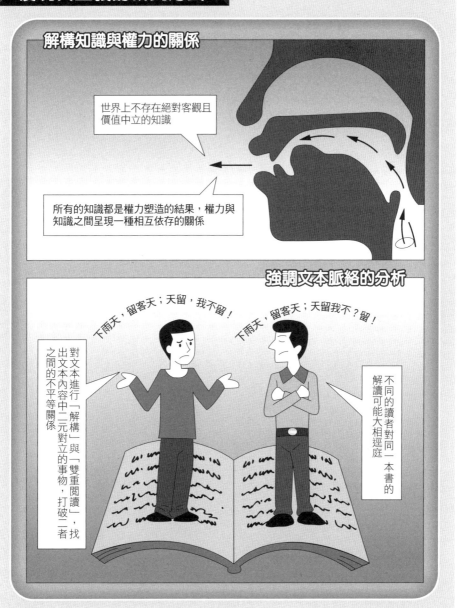

 ★後現代主義的貢獻

後現代主義的存在，證明國際關係理論能夠容納多元研究途徑的存在，並藉由這些非主流理論對自身進行不斷的批判與改進，這或許正是後現代主義最大的貢獻。

第 17 章

國際關係的現況與挑戰

UNIT 17-1
未來國際政治版圖的變化趨勢

圖解國際關係

在單元 1-2 中，我們曾經說明了過去一個世紀以來國際政治權力結構的演變過程，但是對於未來國際政治版圖將如何變化這個問題仍然沒有提出肯定的答案。以下僅提出目前比較流行的趨勢：

（一）美國霸權的延續

第一種說法是美國仍然會在 21 世紀繼續成為國際政治的主要霸權，其影響力會持續下去，主要理由是美國強大的軍事力量很難被其他單一國家超越。不過在歷經九一一恐怖攻擊事件及 2008 年金融風暴後，美國的弱點暴露無疑，因此現在已經很難有人認為美國可以純粹以軍事力量繼續稱霸。不過也有人主張美國真正的優勢不在軍事，而是在科技上持續創新的能力，以及其流行文化、生活方式、政治制度等非物質的影響力。美國哈佛大學教授奈伊（Joseph Nye, Jr.）所提出的軟實力（soft power）大致就是這個概念。後來他又提出「巧實力」（smart power）的概念，認為美國應該結合硬實力（軍事力量）與軟實力並巧妙地交互運用，來保持美國在全球範圍的影響力。不過美國是否真的能運用軟（巧）實力繼續領導世界仍未可知。

（二）金磚國家主宰下的世界

如果就經濟力量來看，美國已經不能算是霸權，但究竟誰能取代美國？ 2003 年初，國際知名的高盛銀行控股集團曾發表一份被稱為「金磚四國」的研究報告，預言到公元 2050 年時全球經濟版圖將重新洗牌，現有六大工業國中的英國、德國、法國、義大利將被淘汰出局，取而代之的是中國、印度、巴西、俄羅斯等四個新興經濟體。中國與印度具有豐沛的人力資源，而巴西、俄羅斯則擁有豐富的自然資源，如果能互補合作，這四個國家將在 21 世紀中葉成為主宰世界的強國。近年來又有人將南非列入金磚的行列，如果純粹就經濟發展的速度來看，這些金磚國家當然具有超越英法德等國的實力，不過如果以人均收入來計算，這些國家的經濟實力與歐美先進國家仍有不小的差距，因此未來國際政治權力結構是否會就此翻轉，仍有待觀察。

（三）充滿不可預測性的未來世界

第三種說法是認為「不可預測性」已經取代「實力均衡」成為未來世界運作的基本規則，提出這樣說法的是美國趨勢分析家雷默（Joshua Cooper Ramo）。他提出的概念大致可稱為沙堆理論，也就是系統動能不斷維持在不可預測甚至崩潰的邊緣——他認為這是大自然運作的基本定律之一，只是早已經習慣主宰世界的人類並不知道如何用這種方式來理解自己所處的環境而已。他認為今天我們所生活的環境就像崩解前的沙堆：不論是核武擴散還是金融危機，我們永遠都無法預測崩潰的那點會在何時、以何種方式發生，並且隨著全球化進程的持續，發生在世界不同角落的不同事件，都不約而同地滲進這個全球秩序的沙堆之中。但是除了這樣的說法頗具新意之外，他對於未來國際政治發展並沒有建構出更清楚的圖像。

未來的國際政治版圖

美國依然是21世紀的主要霸權

硬實力
軍事力量

巧實力
科技創新力

經濟力量
金磚五國的出現

不可預測性
金融危機
核武擴散
石堆幾時倒不知道?

UNIT **17-2**
主權國家的興衰

圖解國際關係

　　所有關於未來國際情勢發展的預測中，主權國家能否繼續發展下去是許多學者關切的焦點。今日國際社會的許多現象都是以國家間互動的形式存在，主權國家被認為是國際社會的基本單元，對內部享有絕對的管轄權，因此有的政府可以用主權不容侵犯的理由來迫害自己的人民；對外彼此間享有平等的地位，因此在多數國際組織中，會員國無論大小其投票權一律平等。

（一）主權獨立仍是民族的最終目標

　　取得主權國家的身分就等於是獲得進入國際社會、與其他國家平起平坐的權利，使得有些民族將獨立建國視為其奮鬥的最終目標。這樣的現象已經持續了近兩個世紀，直到今天仍然有許多被其他族群統治的弱小民族，以各種方式爭取建立屬於自己的國度，如在以色列占領下的巴勒斯坦人、土耳其境內的庫德族人，以及流亡到印度的藏人等等。不過這種民族自決導致國家持續分裂的現象並不只出現在政治情勢不穩的地區，已開發國家有時也會出現這樣的情形：加拿大魁北克省的法語族群要求獨立建國已經有很長時間，甚至曾經兩度舉辦公民投票。雖然並非所有民族獨立運動組織都主張以激烈手段來達成目標，但是他們與中央政府（或與其他族群）之間的緊張關係往往是國家內部或區域情勢不穩定的主要來源。

（二）訊息傳播打破了主權至高無上管轄權

　　主權國家過去所享有的特權似乎也在逐漸消失。除了北韓等極少數的例外，今日絕大多數政府或統治者都很難把自己與其他國家完全隔離，隨心所欲地統治轄下的人民。由於各種現代通訊工具的發展，人民多數已經能夠接受來自外面世界的訊息，或把自身的處境對外傳播，這使得國際輿論能夠對獨裁的統治者形成新的壓力。近年來我們甚至可以看到國際社會以人道的名義直接對某些國家實施制裁，例如 2011 年 3 月聯合國安理會通過決議，在利比亞設置禁航區，以防止其統治者格達費從空中打擊叛軍。這些事件都說明了今日的獨裁者很難用主權不容他國干涉為理由來統治自己的國家。

（三）國家不會消失，但也不再神聖

　　過去幾十年來，一直有學者預測主權國家最終會被其他的統治形式所取代，不過即使今天絕對主權的概念已經不再流行，我們也很難判斷其最後會如何轉化，況且至今還有一堆民族仍然致力於獨立建國的偉大事業。美國學者哈斯（Richard Haas）如此預測：國家未來不會消失，但是也不再神聖。在未來的世界裡，國家將會與其他強大的非主權行為者如大企業、非政府組織、區域與全球機構、甚至販毒集團與恐怖主義團體共享權力。換言之，不同的理念、團體、財富、資訊甚至毒品武器等都會更頻繁地在國家的疆界內外流動。國家的強弱不再由彼此之間的實力大小來決定，而是抗拒或控制這些跨國界力量的能力。

主權獨立仍是民族的最終目標

 ★國家主權不再至高無上

非洲國家象牙海岸總統葛巴博（Laurent Gbagbo）輸掉2010年總統大選後，拒絕交出政權並捍拒國際調停，最後國際社會承認的總統當選人瓦塔哈（Alassane Ouattara）手下軍隊竟然在與聯合國部隊合作攻入首都並生擒葛巴博。

UNIT 17-3
太空垃圾與太空戰爭

今日的地球已經很難有任何一片土地或海洋是人類不曾進入或開發的地域，國際法對於國家如何開發領土內的自然資源，以及公海或南極等地區的使用權利都已經有相當完備的規定，因此未來如果有哪一個領域可能成為強權國家之間競爭的目標，必定就是太空。

（一）從太空競賽到衛星競賽

自從 1957 年蘇聯發射第一個人造衛星史潑尼克（Sputnik）至地球軌道後，人類迄今已經探索太空半個世紀。冷戰時期，兩大超強美國與蘇聯傾全力進行太空競賽且互有勝負：蘇聯首先在 1961 年將人類送上太空，美國則在 1969 年登陸月球成功。今日的美國與俄羅斯已經不再繼續較量太空科技的實力，但有更多的國家對於競逐太空躍躍欲試。根據聯合國外太空事務辦公室（UNOOSA）資料指出，截至 2022 年各國已經將八千多顆衛星送上太空，目前仍有 4,852 顆衛星在持續運作。這些衛星對今日人類的生活十分重要，舉凡國際通訊、軍事偵測、行車導航、甚至娛樂等都有賴這些衛星的貢獻。美國仍然是衛星大國，中國與英國緊追其後。近年來更加值得觀察的是太空技術民營化的現象，SpaceX 目前已發射第一代星鏈（Starlink）將近 4,400 顆的衛星，擁有超越美國的衛星數量，並且提供獵鷹九號火箭發射衛星的商業服務。

（二）太空活動產生的問題

人類日趨頻繁的太空活動已經產生兩個問題：

❶太空垃圾的增加

太空垃圾的來源主要是已經廢棄不用的衛星、用過的火箭，以及各種由衛星脫落或衛星碰撞產生的殘骸或零件。雖然許多太空垃圾會在落入大氣層時燒燬，但仍有相當數量留在軌道上，美國太空總署估計，直徑在 10 公分以上的太空垃圾就足以完全擊毀一個衛星，目前直徑 10 公分以上的太空垃圾大約有 5,000,000 顆。美國學者凱斯勒（Donald Kessler）曾提出一個理論，認為當低地球軌道上的物體數量到達一定的程度時，會彼此碰撞產生更多的殘骸，最後讓軌道上布滿太空垃圾，而人類將再也無法向軌道發射衛星或進行太空探索。

❷反衛星武器（簡稱 ASAT）的發明與部署

目前關於太空活動的唯一一部國際法《外太空條約》（Outer Space Law）只禁止各國在軌道上部署核子武器，卻沒有禁止各國發展反衛星武器。2007 年 1 月，中國發射一枚飛彈擊毀位於低地球軌道上的一枚廢棄衛星，證明中國已經具備反衛星武器的能力。而美國目前發展中的 X-37B 太空飛機，也被認為是未來太空戰鬥機的雛形。中國與美國競相投入反衛星武器的研發，未來有可能在軍事衝突中摧毀對方的衛星作為報復，如此將製造更多的太空垃圾殘骸，危及全人類和平使用太空的權利。

因此國際社會應該著手立法禁止反衛星武器的研發，或阻止美國與中國進行太空武器的競賽，否則後果將不堪設想。

太空垃圾與太空戰爭

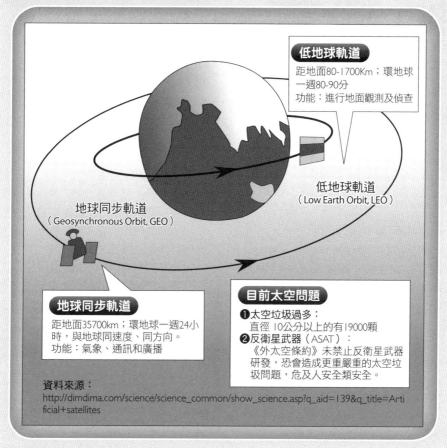

低地球軌道
距地面80-1700Km；環地球一週80-90分
功能：進行地面觀測及偵查

低地球軌道
（Low Earth Orbit, LEO）

地球同步軌道
（Geosynchronous Orbit, GEO）

地球同步軌道
距地面35700km；環地球一週24小時，與地球同速度、同方向。
功能：氣象、通訊和廣播

目前太空問題
❶太空垃圾過多：
直徑 10公分以上的有19000顆
❷反衛星武器（ASAT）：
《外太空條約》未禁止反衛星武器研發，恐會造成更嚴重的太空垃圾問題，危及人安全類安全。

資料來源：
http://dimdima.com/science/science_common/show_science.asp?q_aid=139&q_title=Artificial+satellites

 ★衛星運行的軌道

衛星目前運行的軌道主要有兩個，約有半數的衛星位於低地球軌道（Low Earth Orbit, LEO），其位置在離地面80到1700公里之間，環繞地球一周的時間大約是80-90分鐘，主要用於對地觀測及偵察。地球同步軌道（Geosynchronous Orbit, GEO）位於離地面35700公里的高空，這個軌道運行的衛星以24小時環繞地球一周的速度、循同一方向繞行地球，所以從地球往上看，這些衛星幾乎是靜止不動的。地球同步軌道衛星其主要的用途是氣象、通訊和廣播。

 ★月球條款（The Moon Treaty）

自1969年阿姆斯壯登陸月球後，月球已儼然成為人類了解最多的外太空星球，因此聯合國於1979年通過規範各國在月球及其他星球上的活動之協定，又稱「月球條約」。該條約主要的內容在於將月球上的資源歸類為「人類共同的遺產」，應共同開發與維護，並禁止從事任何軍事用途。

UNIT 17-4
中小型國家的競爭力與臺灣的未來

圖解國際關係

在閱讀完本書之後，可能很多人心中都會浮現這樣一些問題：我們要如何用國際關係的常識來看待臺灣的未來？憑臺灣現在的處境及地位，我們到底能不能影響國際政治的局勢？在這個單元中，我們嘗試用中小型國家的發展與競爭力來理解臺灣的現況和機會，以作為本書的結尾。

（一）如何評估國家實力？

本書之前許多章節一再強調：現代國際關係是建立在主權國家之間互動的基礎上，其結果就是「強權」——也就是政治、經濟、軍事力量較大的一些國家——主宰了世界局勢的發展。但實際上只有很少數的國家具有成為強權的資格，領土、人口、資源多寡、甚至地理位置都決定一個國家在國際社會中的地位。既然大多數國家的影響力都不能與強權相提並論，它們如何突顯自己的重要性？如何在競爭激烈的國際體系中生存與發展？

目前國際上對國家競爭力的評估主要有二：

❶第一是世界經濟論壇（World Economic Forum）所發表的全球競爭力報告（Global Competitiveness Report）。這個報告是以政治制度及經濟表現等九個層面來給國家的表現打分數。

❷另一個是瑞士洛桑國際管理學院（IMD）每年所發布的世界競爭力年鑑（World Competitiveness Yearbook），只有將近 60 個國家在評鑑範圍之內，不過也是以政府效能及經濟表現等四個不同指數來評估國家的表現。如果我們看這兩個評鑑每年所公布的排名，可發現名列前茅的大多都是小國，例如瑞士、瑞典、芬蘭、新加坡、荷蘭等。美國、日本等工業大國有時排名也很前面，但是很難超越前面這些國家；而俄羅斯、中國、印度等新興強權的排名就比較後面了。

（二）小國如何崛起

這樣的排名呈現出的是一個很有趣的現象，也就是小的國家其實有可能在競爭激烈的國際社會中脫穎而出，但要勝過其他國家就必須發展出獨特的生存策略。小國生存發展的關鍵因素到底為何？從以上這兩個報告評鑑的內容來看，一個國家內部的制度是否健全、基礎建設是否完備、國民素質是否整齊、經濟上的表現是否亮眼都是關鍵。當然整體來說，這些報告所看重的還是商業上的競爭力，這證明了小國既然不可能在軍事與資源上與強權一較長短，能憑藉的只能是經濟實力。像 18 世紀的荷蘭、冷戰時期的芬蘭，以及東南亞的新加坡都是小國成功的例子。

（三）臺灣的實力與發展策略

臺灣與世界其他國家相比，領土面積只排名 137，人口則排名 55，也缺乏石油礦物等天然資源，本質上就是一個中小型國家。不過在過去幾十年來，臺灣憑藉著自身的努力而發展成國內生產毛額全球第 24 大的經濟體（以相對購買力來計算則排名 19），也算非常難得了。展望未來，臺灣如果能夠採取適當的發展策略、穩健成長，則無論世局如何變化，周遭強權如何看待臺灣，臺灣最終還是能在國際政治中擁有自身的發言權與一席之地。

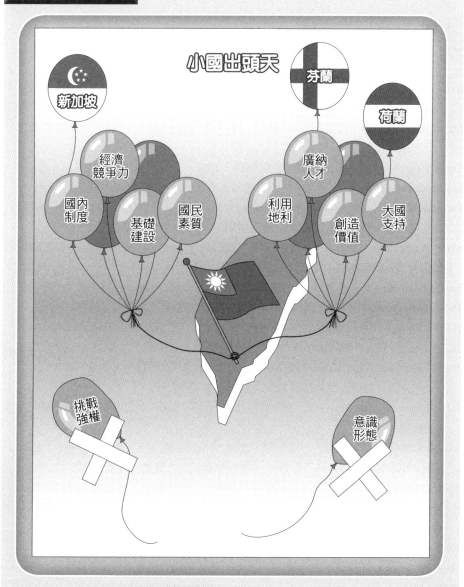

★小國如何崛起

知識補充站

國內學者也曾經就小國如何生存的問題做過研究,最後歸結出幾個小國成功的祕訣:不被意識形態糾纏、廣納各方人才、創造自己被需要的價值、不挑戰鄰近的強權、利用地利與大國的支持來擴大自身的影響力,以及抓住全球化的機會發展經濟。

一、延伸閱讀

圖解國際關係

Bruce M. Russett, *International Regions and the International System* （Chicago: Rand & McNally Company, 1967）

David Baldwin 主編，肖歡容譯，2001，《新現實主義與新自由主義》（浙江：浙江人民出版社）

David Held, Anthony McGrew 著，林祐聖譯，2004，《治理全球化》（臺北：韋伯）

David McLellan 著，蔡伸章譯，1990，《馬克思後的馬克思主義》（臺北：巨流）

Donella Meadows, Jorgen Randers, Dennis Meadows 著，高一中譯，2006，《成長的極限：30 週年最新增訂版》（臺北：臉譜出版）

Errol Morris 執導，2003，《戰爭迷霧》（紀錄片 DVD，美國前國防部長麥納瑪拉訪談錄，2003 年奧斯卡獎最佳紀錄片）

Fancis Fukuyama 著，李永熾譯，1994，《歷史之終結與最後一人》（臺北：時報）

Hans J. Morgenthau 著，張自學譯，1990，《國際政治學》（臺北：幼獅）

Hedley Bull 著，張小明譯，2003，《無政府社會》（北京：世界知識出版社）

Jack Donnelly 著，高德源譯，2002，《現實主義與國際關係》（臺北：弘智）

Jean-Christophe Victor, Virginie Raisson, Frank Tetart 著，劉宗德、周幸譯，2010，《世界，未來會是什麼樣子？》（臺北：大是文化）

John Rourke 與 Mark Boyer 著，張明貴、賴明芝譯，2005，《世界政治》（臺北：風雲論壇）

Joseph S. Nye 著，吳家恆、方祖芳譯，2006，《柔性權力》（臺北：遠流）

Joseph S. Nye 著，李靜宜譯，2011，《權力大未來》（臺北：天下文化）

Joshua Goldstein 著，歐信宏、胡祖慶譯，2007，《國際關係》（臺北：雙葉書廊）

Kelley Lee 著，林世嘉譯，2010，《世界衛生組織》（臺北：財團法人臺灣醫界聯盟基金會）

Kenneth Waltz 著，胡祖慶譯，1997，《國際政治體系理論解析》（臺北：五南）

Nassim Nicholas Taleb 著，林茂昌譯，2008，《黑天鵝效應》（臺北：大塊文化）

Richard Haass, "Sovereignty," *Foreign Policy*, September/October 2005

Robert Gilpin 著，陳怡仲、張晉閣、許孝慈譯，2004，《全球政治經濟》（臺北：桂冠）

Robert Keohane 和 Joseph Nye，門洪華譯，2005，《權力與相互依賴》（第三版）（北京：北京大學出版社）

Samuel *Huntington* 著，黃裕美譯，1997，《文明衝突與世界秩序的重建》（臺北：聯經出版公司）

Zbigniew Brzezinski 著，高德源譯，2008，《美國的危機與轉機》（臺北：左岸文化）

卜正民（Timothy Brook）著，黃中憲譯，2009，《維梅爾的帽子：從一幅畫看十七世紀全球貿易》（臺北：遠流圖書）

丹尼爾・尤金（Deniel Yergin）著，薛絢譯，2011，《石油世紀》（增訂版）（臺北：時報）

巴巴拉・塔克曼（Barbara W. Tuchman）著，張岱雲等譯，2004，《八月砲火》（臺北：聯經）

王啟明，2010，《歐洲政經整合的三重奏》（臺北：秀威）

王逸舟著，1999，《國際政治學，歷史與理論》（臺北：五南）

丘宏達著，2004，《現代國際法》（臺北：三民）

包宗和主編，2011，《國際關係理論》（臺北：五南）

白雲真、李開聖著，2009，《國際關係理論流派概論》（杭州：浙江人民出版社）

列寧（Vladimir Ilyich Lenin）著，1992，《帝國主義是資本主義的最高階段》（北京：人民出版社）

吉爾平（Robert Gilpin）著，楊光宇譯，1994，《國際關係的政治經濟分析》（臺北：桂冠）

江啟臣著，2011，《國際組織與全球治理概論》（臺北：五南）

米爾斯海默（John Mearsheimer）著，王義桅和唐小松譯，2008，《大國政治的悲劇》（上海：上海人民出版社）

余寬賜，2002，《國際法新論》（臺北：啟英文化）

亞歷山大・溫特（Alexander Wendt）著，秦亞青譯，2000，《國際政治的社會理論》（上海：世紀出版集團）

周琪主編，2006，《意識形態與美國外交》（上海：上海人民出版社）

彼得・馬丁（Peter Martin）、布魯諾・霍納格（Bruno Hollnagel）著，許可達、闕旭玲譯，2004，《歷史上的投機事業》（臺北：左岸）

林碧炤，2013，《國際政治與外交政策》（臺北：五南）

金宜久著，2004，《簡明伊斯蘭史》（臺北：東大圖書公司）

洪茂雄著，2005，《南斯拉夫史：巴爾幹國家的合與分》（臺北：三民書局）

約瑟夫・奈伊（Joseph Nye, Jr.）著，吳家恆、方祖芳譯，2006，《柔性權力》（臺北：遠流）

英國國家廣播公司（BBC）紀錄片，2007，《原子彈轟炸廣島》

班納迪克・安德森著，吳叡人譯，2010，《想像的共同體：民族主義的起源與散布》（新版）（臺北：時報）

秦亞青主編，2008，《理性與國際合作：自由主義國際關係理論研究》（北京：世界知識出版社）

徐遵慈，2014，《論我國「雙軌併進」參與 TPP 與 RCEP 之策略與準備》，中華經濟研究院電子報，第 393 期，http://www.wtocenter.org.tw/SmartKMS/www/Epaper/wtoepaper/article393.htm

高爾（Al Gore）主演，2007，《不願面對的真相》（紀錄片 DVD）（派拉蒙影片發行）

曼威‧柯司特（Manuel Castells）著，夏鑄九等譯，1998，《網路社會之崛起》（臺北：唐山）

康斯勒（James Howard Kunstler）著，郭恆祺譯，2007，《沒有石油的明天》（臺北：商周出版）

張亞中，1998，《歐洲統合：政府間主義與超國家主義的互動》（臺北：揚智）

張亞中主編，2007，《國際關係總論》第二版（臺北：揚智）

張錫模著，2003，《聖戰與文明：伊斯蘭與世界政治首部曲》（臺北：玉山社）

張錫模著，2006，《全球反恐戰爭》（臺北：東觀出版社）

許慶雄、李明峻 合著，2001，《現代國際法》（臺北：元照）

郭承天著，1996，《國際建制與國際組織》（臺北：時英出版社）

陳牧民著，2009，《國際安全理論：權力、主權與威脅》（臺北：五南）

陳隆志、陳文賢主編，2008，《聯合國：體制、功能與發展》（臺北：新學林）

陳隆志、陳文賢主編，2009，《聯合國專門機構：體制、功能與發展》（臺北：新學林）

麥克‧克雷爾（Michael T. Klare）著，洪慧芳譯，2008，《石油的政治經濟學》（臺北：財信出版）

喬舒亞‧庫柏‧雷默（Joshua Cooper Ramo）著，2009，《不可思議的年代》（臺北：行人文化）

彭滂沱著，2001，《天擇：猶太人的故事》（臺北：臺灣商務印書館）

彭滂沱著，2007，《打造美國總統：從羅斯福到柯林頓的決策領導》（臺北：時報）

湯瑪斯‧佛里曼（Thomas L. Friedman）著，蔡繼光、李振昌、霍達文譯，2000，《了解全球化：凌志汽車與橄欖樹》（臺北：聯經出版公司）

華勒斯坦（Immanuel Wallerstein）著，郭方、劉新成、張文剛譯，1998，《近代世界體系》（1-3 卷）（臺北：桂冠）

楊永明著，2003，《國際安全與國際法》（臺北：元照）

楊永明著，2010，《國際關係》（臺北：前程出版社）

楊碧川著，2000，《切‧格瓦拉傳：20 世紀最後革命家》（一橋出版社）

賈德‧戴蒙（Jared Diamond）著，廖月娟譯，2006，《大崩壞：人類社會的明天》（臺

圖解國際關係

北：時報）

劉必榮，2009，《世界真的變了！──10 個你必須知道的未來》（臺北：先覺）

劉必榮、林志昊著，2011，《世界地圖就是你的財富版圖：掌握國際觀，獲利更可觀》（臺北：先覺）

劉必榮著，2008，《國際觀的第一本書：看世界的方法》（臺北：先覺）

蔡東杰，2007，《東亞區域發展的政治經濟學》（臺北：五南）

鄭端耀，1999，《國際建制與國際核不擴散的關係─理論分析架構的探討》，美歐季刊，第 13 卷第 2 期，頁 107-136。

魯克‧貝克等著，許貴運譯，2008，《火線大新聞：伊拉克戰爭未曾曝光的內幕》（臺北：高手專業）

賽巴斯提安‧哈夫納（Sebastian Haffner）著，2009，《從俾斯麥到希特勒：回顧德意志帝國》（臺北：左岸文化）

魏靜芬與徐克銘著，2002，《國際海洋法與海域執法》（臺北：神州）

龐士東（William Poundstone）著，葉家興譯，2007，《囚犯的兩難──賽局理論與數學天才馮紐曼的故事》（臺北：左岸）

張凱銘，2023，《俄烏戰爭中人工智慧科技之應用態勢及其戰略意涵》，歐亞研究，第 23 期，頁 11-21。

延伸閱讀與參考資料

二、參考網站或網頁

全球安全網（英文網站）：http://www.globalsecurity.org/

全球衝突地圖（英文網頁，諾貝爾和平獎委員會設立）：http://nobelprize.org/educational/peace/conflictmap/

原子科學家公報網站（英文網站）：http://thebulletin.org/

國際原子能總署官方網站（英文網站）：http://www.iaea.org/

Adam Roberts, "The Changing Faces of Terrorism," BBC 新聞網（英文網頁）：http://www.bbc.co.uk/history/recent/sept_11/changing_faces_01.shtml

中華經濟研究院，GATT/WTO 歷史沿革（中文網頁）：http://taiwan.wtocenter.org.tw/WTOhistory.asp

The Groningen Growth and Development Centre（英文網站，收錄 Angus Maddison 的歷史研究相關資料）：http://www.ggdc.net/index.htm

The World Factbook（英文網站，美國中央情報局出版的調查資料）：https://www.cia.gov/the-world-factbook/.

世界銀行網站（簡體中文）：http://www.worldbank.org.cn/Chinese/

維基百科「第三世界」詞條（中文網頁）：http://zh.wikipedia.org/wiki/ 第三世界

聯合國毒品和犯罪問題辦公室，《2010 年世界毒品報告》（網路版）：http://www.unodc.org/documents/data-and-analysis/WDR2010/EXECUTIVE_SUMMARY_-_CH.pdf

聯合國氣候變化框架公約（United Nations Framework Convention on Climate Change），《聯合國氣候變化框架公約之京都議定書》（網路版），http://unfccc.int/resource/docs/convkp/kpchinese.pdf

Newsweek（新聞週刊）, "It is not a Silver Bullet," Oct. 27, 2007（英文網頁）：http://www.newsweek.com/2007/10/27/it-s-not-a-silver-bullet.html（關於替代能源的報導）

東協官方網站（英文網站）：http://www.aseansec.org/

臺灣東協研究中心網站（中文網站）：http://www.aseancenter.org.tw/#

國際法院官方網站（中文網站）：http://www.icj-cij.org/homepage/ch/

聯合國官方網站（中文網站）：http://www.un.org/zh/

商業週刊，《金磚四國專題報導》（中文網頁）：http://www.businessweekly.com.tw/topic/2005/brics.php

Union of Concerned Scientists, "Securing the Skies," October, 2010（科學家對防止太空競賽之報告與政策建議，網路版）

http://www.ucsusa.org/assets/documents/nwgs/securing-the-skies-full-report-1.pdf

維基百科「太空垃圾」詞條（中文網頁）：http://zh.wikipedia.org/zh-tw/ 太空垃圾

WEF 世界競爭力報告網站（英文網站）：http://www.weforum.org/issues/global-competitiveness

IMD 世界競爭力年鑑網站（英文網站）：http://www.imd.org/research/publications/wcy/index.cfm

國家圖書館出版品預行編目資料

圖解國際關係／陳牧民,陳宛郁著. -- 六版
-- 臺北市：五南圖書出版股份有限公司, 2023.09
　　面；　　公分. --（圖解政治系列；4）
　ISBN 978-626-366-341-1　　　　　（平裝）
1.CST：國際關係
578　　　　　　　　　　　112011514

1PN4

圖解國際關係

作　　者 ― 陳牧民（257.6）　陳宛郁（246.6）

發 行 人 ― 楊榮川

總 經 理 ― 楊士清

總 編 輯 ― 楊秀麗

副總編輯 ― 劉靜芬

責任編輯 ― 呂伊真

封面設計 ― P.Design視覺企劃　陳亭瑋

出 版 者 ― 五南圖書出版股份有限公司

地　　址：106台北市大安區和平東路二段339號4樓

電　　話：(02)2705-5066　　傳　　真：(02)2706-6100

網　　址：https://www.wunan.com.tw

電子郵件：wunan@wunan.com.tw

劃撥帳號：01068953

戶　　名：五南圖書出版股份有限公司

法律顧問　林勝安律師

出版日期　2012年 9 月初版一刷
　　　　　2013年 7 月二版一刷
　　　　　2014年 9 月三版一刷
　　　　　2017年 3 月四版一刷
　　　　　2018年 9 月五版一刷
　　　　　2023年 9 月六版一刷

定　　價　新臺幣380元

經典永恆・名著常在

五十週年的獻禮——經典名著文庫

五南，五十年了，半個世紀，人生旅程的一大半，走過來了。

思索著，邁向百年的未來歷程，能為知識界、文化學術界作些什麼？

在速食文化的生態下，有什麼值得讓人雋永品味的？

歷代經典・當今名著，經過時間的洗禮，千錘百鍊，流傳至今，光芒耀人；

不僅使我們能領悟前人的智慧，同時也增深加廣我們思考的深度與視野。

我們決心投入巨資，有計畫的系統梳選，成立「經典名著文庫」，

希望收入古今中外思想性的、充滿睿智與獨見的經典、名著。

這是一項理想性的、永續性的巨大出版工程。

不在意讀者的眾寡，只考慮它的學術價值，力求完整展現先哲思想的軌跡；

為知識界開啟一片智慧之窗，營造一座百花綻放的世界文明公園，

任君遨遊、取菁吸蜜、嘉惠學子！